테이블 디자인

식탁문화와 새로운 스타일 제안

테이블 디자인

식탁문화와 새로운 스타일 제안

황 규 선

㈜교 문 사

머리말

인류는 자연 속에서 갖가지 식자재를 생산하고 조리하여 오랫동안 영양을 섭취하기 위한 식사를 해왔습니다. 그러나 서로 다른 라이프스타일로 인한 문화로서의 식사를 일반적으로 논하기 시작한 것은 얼마 되지 않은 일입니다. 인류는 대륙을 통하거나 해상로를 이용하여 서로의 전통 식문화를 서서히 교류하였고 항공과 유무선 통신 등 신기술의 발달로 그 속도가 빨라지면서 폭넓은 식문화를 공유하고 체험하는 현재에 이르렀습니다.

21세기는 문화의 새로운 막을 펼쳐가는 시대입니다. 이제껏 인류는 서로 다른 문화를 동경하고 모방하며 새로운 문화를 창조해 왔습니다. 마찬가지로 먹을거리에 관한 환경 역시 같이 변화하고 발전해 왔습니다. 그러나 인류의 과도한 호기심으로 인해 무분별하게 양산된 식사 형태와 식사 방법 탓에 생리적으로나 정신적으로 새로운 식문화 연구가 필요하게 되었습니다. 또한 복잡한 사회 환경으로 인한 가정식의 붕괴, 외식산업의 확장에 따른 건강과 안전을 기준으로 한 소비자의 다양한 니즈(needs)에도 대응해야 합니다.

인류가 단지 생명을 유지하는 식사의 형태를 벗어나 T. P. O.에 맞는 식사 방법을 선택하게 되면서 식생활 분야는 견고한 비즈니스의 세계로 돌입하였습니다. 이로 인해 생산에서의 유통, 조리 가공, 판매, 공간 디자인, 서비스, 매너를 순차적으로 통괄한 식문화의 형성과 먹을거리의 안전기준을 서술하는 슬로 푸드, 로컬 푸드 등이 식환경이라는 확장된 개념으로 통합되었습니다. 다시 말해 21세기는 심한 경쟁에도 불구하고 차별화를 위하여 소비자의 감성을 이끄는 시각적인 연출 디자인을 생산지에서 식탁에 오르기까지 또는 식탁 주위의 공간 디자인까지 중요하게 생각해야만 하는 시대인 것입니다.

이러한 시대적 요구에 맞추어 식문화에서 생산자, 조리사, 영양사, 외식경영자, 푸드 광고인, 식공간 디자이너, 식환경 디자이너 등의 전문가들이 탄생했고 이를 총괄하여 푸드 스페셜리스트라고 말할 수 있습니다.

푸드 스페셜리스트의 최대의 목표는 식사의 쾌적함(amenity)입니다. 그리고 이와 동시에 환대(hospitality) 정신이 기본이 되어야 합니다. 식사를 제공하는 사람은 환대의 기본 정신을 지니고 식사를 하는 사람의 오감의 밸런스를 생리적 · 미적으로 조화롭게 연출 디자인하여 행복한 시간을 보낼 수 있도록 해야 합니다. 이것은 21세기의 가정은 물론 외식산업에서 주목 받는 가장 중요한 요소인 것입니다.

이를 바탕으로 이 책의 1부에서는 우리나라를 위시로 각국의 테이블 디자인의 배경과 지식을 다루었고, 2부에서는 1부의 개념을 바탕으로 디자인 스킬을 응용하여 실용학문으로의 확장 가능성을 다양한 작품을 예로 들어 설명하였습니다.

책의 출간을 허락해 주신 류제동 사장님과 늦어진 일정에도 불구하고 웃음으로 기다려주시던 교문사의 양계성 상무님과 편집부 여러분 그리고 일본의 식공간과 생활문화라운드 테이블의 사무국장 사노씨와 회원 여러분, 일본 식문화의 거장이신 오쿠무라 선생님의 사진 제공에 감사드립니다. 파리의 페네로프사의 사진 제공을 위하여 애써준 은선씨, 숙명여대, 동국대, 리빙컬쳐 그 외의 제자들의 진심어린 전시 사진 제공과 도움, 특히 정리 작업 등을 도와준 윤영, 민지, 윤희와 책 작업으로 인한 스트레스를 묵묵히 받아준 남편에게 감사의 마음을 전합니다.

마지막으로 이제 막 꽃피우기 시작하는 이 분야의 후배들에게 이 책이 작은 보탬이 되기를 바랍니다.

2007년 1월 14일 문연재에서

저 자

차 례

Part 1 식사와 문화 1

Contents

PRINCIPLES OF MARKETING
교수님 마케팅이 뭔가요?
진지...
amazon
마케팅은 한마디로 '가치를 만들고 고객관계를 관리하는 과정'이라고 할 수 있습니다.
수익성 고객 관계관리
마케팅의 두 가지 목표는
1 뛰어난 가치로 새로운 고객을 유인하는 것
2 만족스럽게 하여 기존 고객의 충성도를 높이는 것
이라고 할 수 있어요.

차 례

Part 2 식공간 연출 디자인 185

Contents

차례

Chapter 9

Chapter 10

Part 1

식사와 문화

식사와 문화

Chapter......

1 한국의 식사 문화
2 중국의 식사 문화
3 일본의 식사 문화
4 서양의 식사 문화

인류가 지역의 기본 식자재를 주식으로 정하여 식사의 개념을 갖기까지는 오랜 시간이 걸렸다. 수많은 시행착오를 거쳐 조리를 이해하게 되었고, 이렇게 조리한 것을 먹기 위해 손이나 도구를 사용하고, 식사 자세, 식습관, 환경에 따라 편의에 맞게 변화하여 현재에 다다랐다. 또한 인류는 지역에 따라 다른 기후로 인한 지역 식자재의 특성을 살려 지역의 맛을 만들어 가고 식탁의 쾌적함을 추구하기 위하여 노력해 왔다.

인류 최초의 식탁 장식은 막강한 힘을 가진 존재에 대한 감사와 풍작을 기원하기 위한 축제의 단에 첫 수확 작물을 올리던 것이었다. 거기에는 가장 좋은 수확물과 그것을 담기 위한 도구, 우연히 발효된 원시적인 주류, 주위의 들꽃, 자신들의 힘으로 자연에서 얻은 동물의 뼈, 석물, 아름다운 빛깔의 물건들이 장식되었을 것이다. 이렇듯 인류는 첫 수확의 기쁨을 최상의 것들로 장식하여 하늘을 향해, 땅을 향해 감사의 기도를 올리는 **의식**을 통해 다음 수확도 풍요롭기를 기원하였다.

인류는 또한 농작물의 수확과 가축의 소유를 통해 부를 축척함으로써 먹을 거리를 높게 쌓아 장식한 식탁이 **부의 상징**이 되었고, 나아가 **권력의 상징**이 되었다. 그 후 산업 혁명과 기계 문명은 서민들에게 풍성한 식탁을 안겨 주어 왕족, 귀족의 특권이었던 식탁의 **민중화**가 시작되었다. 이와 같이 식탁은 **의식화**, **상징화**, **민중화**의 단계를 거쳐 수만 년 전부터 지금까지 끊임없는 반복과 시행착오를 겪으며 현재까지 이어지고 있다.

식사 문화란 이 과정에서 생긴 조리 문화와 식탁 문화를 포함하여 '먹는다'와 관련된 모든 것의 총체적인 개념으로 정의할 수 있다. 조리 문화의 주요 구성요소는 요리, 식재료, 조리 도구 외에 요리인의 조리에 대한 감성으로 이루어지고, 식탁 문화는 메뉴, 식기, 식사 도구, 테이블 데커레이션, 매너 및 서비스 외에 개인의 '식(食)'에 대한 가치관을 포함하고 있다.

식사 문화의 전통을 제각기 만들어 지켜 온 각국의 민족들은 지구상의 다양한 환경에 적응하면서 외래의 식사 문화를 수용하고, 그것을 자기 문화와 융합시키면서 자국의 식사 문화를 더 높은 수준으로 완성시켰다. 이러한 현대인의 복잡한 식사 문화는 그들이 소속되어 있는 지역에서 주식으로 하고 있는 식재료를 지표로 한다면 빠르고 정확하게 이해가 될 것이다.

쌀을 주식으로 하는 식사 문화는 동북아시아인 한국, 중국, 일본을 거쳐 인도 동부, 동남아시아에 분포하며, 화덕을 이용하여 쌀을 찌거나 끓이는 조리법이 발달하였다. 밀가루를 주식으로 하는 식사 문화는 중국 북서부에서 인도 서부를 거쳐 중동, 이집트 등의 북아프리카에 분포하며, 오븐이나 탄두리를 이용하여 굽는 조리법이 발달하였다. 또한 동물의 젖과 육류를 주식으로 하는 식사 문화는 곡물이 생산되지 않는 몽골이나 유라시아 대륙의 일부 지역에 분포하는데, 이러한 곳은 특히 유제품의 제조 기술이 발달하였다.

17세기 초부터 육류, 동물의 젖, 빵을 주식으로 하기 시작한 식사 문화는 유럽과 아메리카, 오세아니아 지역에 분포하며, 오븐을 이용하여 굽는 조리법이

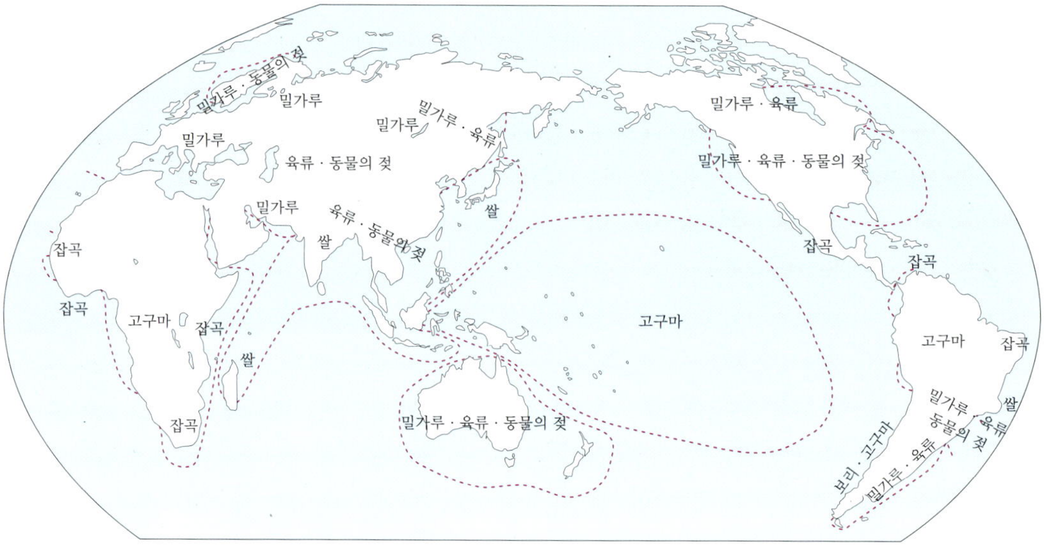

현대 조리 문화를 분류한 주식의 지표도

형성되었다. 그 외에도 중남미와 아프리카는 잡곡을 주식으로 하고, 남태평양, 남아메리카, 아프리카 중앙부 지역은 고구마를 주식으로 하는 조리 문화가 형성되었다.

이렇게 서로 다른 식자재를 주식으로 한 인류는 그에 따른 조리 방법으로 각자의 조리 문화를 특징짓게 되었고, 의식이나 부와 계급의 상징이기도 한 식탁 문화와의 결합으로 지역의 식사 문화를 완성시켰다. 이러한 가운데 각 민족들은 자신이 살고 있는 땅의 기후, 풍습에 따른 고유한 민족 음식을 발전시켜 오늘날 인류는 서로 다른 식사 문화를 동경하며 새로운 식탁 계급을 만들며 융합하는 양상으로 발전하고 있다.

Chapter 1

한국의 식사 문화

한국의 식사 문화는 한반도의 기후와 지리적 위치를 배경으로 농경 목축의 산물인 식자재를 이용하여 주식과 부식이 뚜렷이 구분되는 형식으로 현재에 이르렀다. 우리나라는 다양한 기후가 분포되어 있어 식자재의 종류가 풍부하며, 삼면이 바다인 반도의 특성으로 어류 또한 풍부하다.

한민족은 주거 난방과 취사를 겸한 온돌 형태로 인해 조리를 하는 장소와 식사를 하는 장소가 달라 음식을 옮기기 편리하고 앉아서 식사하기에 적합한 다양한 형태의 소반을 사용하였다. 조리법은 다른 문화권에 비해 비교적 단순하고 음식을 담는 모양도 소박한데, 식기에 푸짐하게 완만한 곡선으로 산의 모양을 내는 것이 특징이다. 또한 곡물 중심의 조리법으로 완성된 음식물의 형상과 탕반 문화로 깊이가 있는 완형 식기와 숟가락을 사용하게 되었고, 무게감이 있는 금속 젓가락은 한국의 특이한 식도구이다.

한국 음식의 특징으로는 양념과 고명을 들 수 있다. 양념은 한국 음식 특유의 맛과 향을 결정지었다. 그리고 음양오행설(陰陽五行說)에 기초한 고명은 음식과 더불어 오색오미(五色五味)를 통해 색과 맛의 조화를 표현하였다.

우리나라를 비롯한 동양 문화권에서는 중국에서 온 음양오행 사상이 우주의 인식과 사상 체계의 중심 원리로서, 우주와 인간 사회의 모든 현상은 음양오행의 원리에 의해 해석된다. 특히 명절 음식에 고명을 사용하여 우주의 기운과 신체, 음식 맛과의 조화를 중요시하였다. 그런데 고명의 오색 등으로 음식의 색이 화려해짐으로써 식기의 색을 단순하게 하기도 하였다.

조선시대의 '회혼례' 개별상 위에 음식들을 완만한 산의 모양을 내어 식기에 푸짐하게 담아낸 모습을 볼 수 있다.

오행의 각 기운은 청(靑), 적(赤), 황(黃), 백(白), 흑(黑)의 오색(五色)과 직결되고, 또한 오색은 오행의 원리에 따라 오미(五味), 오관(五官), 오장(五臟) 등과도 연결되어 있다고 보았다.

한국 음식은 약식동원(藥食同源), 즉 먹는 음식이 곧 약이 된다는 사상을 내재하고 있다. 약식동원의 기본 정신은 몸에 이로운 약이 되도록 양념을 약념(藥念)으로, 또한 약과(藥果), 약식(藥食), 약주(藥酒) 등으로 표기한 것에서도 엿볼 수 있다.

서양의 코스식과 달리 평면적으로 전개되는 한국의 반상 차림은 반상 전체를 식사하는 이가 주관하여 밥과 반찬을 조절하면서 식사를 즐기는 여유로움을 가질 수 있다. 또한 서양과 달리 음식의 크기가 수저로 먹기 쉽도록 되어 있다.

보양식, 양생 음식 등은 불교, 유교 등에 의한 일상 식사의 절제와 검소에 따른 영양 보충의 방편으로 이용되었다. 그리고 구황 식품은 사계절의 기후 변화에 따른 식량 부족을 초근목피로 대신한 것이었으나, 오늘날에는 건강식의 식재료로 선호되고 있다.

발효 식품인 김치, 고추장, 된장, 식초 등은 한국의 대표 음식으로서 현대인의 건강에 큰 몫을 하고 있다. 특히 세계 5대 건강식품의 하나인 김치는 어떤 장소에서든 확실한 존재감을 나타낸다는 뜻의 정치적 용어로도 세계적으로 통용되고 있다.

우리나라는 다양한 곡물과 과일을 얻을 수 있어 계절에 따른 술의 종류가 풍부하였다. 또한 곡물 문화의 영향으로 각종 곡물로 만든 떡과 한과 등이 의례식, 세시절식 등에 따라 다채롭게 발전하였다.

조선 시대에는 주자학의 영향으로 의례식이 발전하여 현대에까지 영향을 주고 있다. 이처럼 식(食)에 대한 한민족의 가치관은 시대에 따라 채택된 사상이

음양오행의 원리

오행	방위	오색	오장	오관	오미
금(金)	서	백	폐장	코	매운맛
수(水)	북	흑	신장	귀	짠맛
목(木)	동	청	간장	눈	신맛
화(火)	남	적	심장	혀	쓴맛
토(土)	중앙	황	비장	몸	단맛

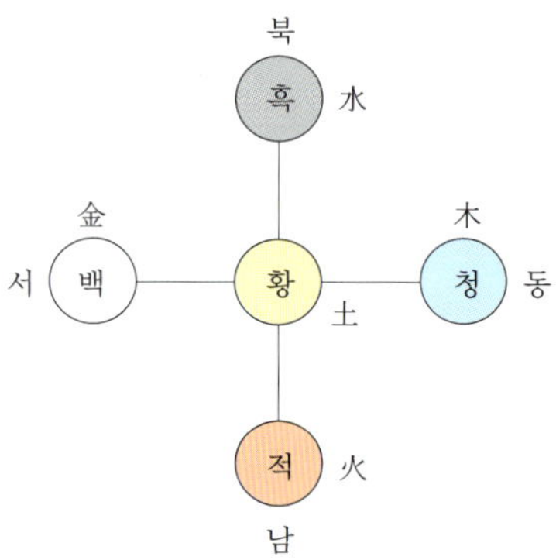

양념과 고명

기본 오미	식 품
짠맛(鹹)	소금 · 간장 · 된장 · 고추장
단맛(甘)	설탕 · 꿀 · 조청 · 엿
신맛(酸)	식초 · 감귤류의 즙
매운맛(辛)	고추 · 겨자 · 천초 · 후추 · 생강
쓴맛(苦)	생강

오색 고명	식 품
붉은색(赤)	고추 · 대추 · 당근
초록색(綠)	미나리 · 호박 · 오이 · 실파
노란색(黃)	달걀노른자
흰색(白)	달걀흰자
검은색(黑)	석이버섯 · 목이버섯 · 표고버섯

TIP 다양한 쌀의 조리

서로 다른 자연 조건에 따라 쌀의 특성과 조리법도 달라졌는데 중국의 볶음밥, 한국의 국밥, 일본의 덮밥을 예로 들 수 있다.

나 종교를 통해 변화하기도 하고 융화되면서 개인, 가정, 국가의 식사 문화로 형성되었다.

1. 한국의 식사 문화사

1) 음식 소비 형태의 5단계

음식의 소비 형태는 인류의 역사에 따라 크게 5단계로 나누고 각 지역 식사 문화의 척도로 삼을 수 있다.

원시적 균형의 단계

이 단계에는 기후의 영향을 크게 받아 농경이나 목축보다는 수집이나 사냥을 통해서 식량을 조달했다. 토기의 제조로 음식을 끓여 먹을 수 있게 되었으며, 조리에는 석기와 골각기를 사용했는데 돌망치, 긁개 등도 이용하였다. 그러나 개인 재산이라는 개념이 없었으며 식량도 공유하여 같은 음식을 모두 나누어 먹었다.

이 시기는 무당이나 신관의 세력이 강한 시대이자 모계 중심 사회로서, 양식이 모자라 유아나 노동력이 없는 노인을 버리기도 하였다. 게다가 식사의 개념이 전혀 형성되지 않았고 기아를 면하기 위해 식량이 될 수 있는 모든 것을 손으로 먹었다.

식량 부족의 단계

이 시기는 굶주림의 연속이었다. 일부 상류계층을 제외하고는 지속적인 인구

증가로 기아 상태가 계속되었으며, 여전히 유아의 사망률이 높았다. 남아 선호 경향과 가부장적인 권위가 강했던 시대로, 가장을 비롯한 남자들과 그 외의 가족들이 차별화된 식사를 하였다. 그리고 부(富)를 음식의 양으로 표현하기도 하여 고임상의 높이를 제한함으로써 신분의 차이를 두기도 하였다.

1960년 국민 소득은 불과 150~250달러 정도로 먹을 것이 부족했으므로 과한 양의 음식과 메뉴로 손님 대접을 하는 것이 예의였으며, 식사를 했는지를 묻는 것으로 인사를 대신하기도 하였다.

안정의 단계

제 3공화국의 경제 성장 정책의 일환인 새마을 운동으로 국민 소득이 급증하고 식량 문제도 어느 정도 해결되었다. 국민 소득은 700~1,000달러 선으로 배고픔의 단계를 벗어나 주식 외의 식품 등에도 관심을 갖게 되었다. 각 가정의 식탁은 거의 비슷한 양상을 띠었으며, 비만이 부의 상징이 되었다. 또 2차 세계대전 후에 과학의 진보로 인해 새로운 조리 기구가 개발되었다.

식생활을 즐기는 단계

식량 문제가 해결되면서 쌀 소비뿐만 아니라 육류, 어류, 과일, 가공 식품 및 즉석 식품의 소비가 늘고 외식업의 종류가 다양해졌으며 위생적인 식당이 생겨나게 되었다. 엥겔지수는 40% 내외로 88올림픽을 기점으로 고급 음식점이 늘고, 테이블 식사에 관한 매너 교육이 생겨났다. 외국의 식자재가 수입되면서 미각이 발달되었고, 무분별한 음식 섭취로 비만, 성인병 및 당뇨병이 발생하기 시작했다.

식생활에 있어 건강 문제가 이슈가 되는 단계

국민 소득이 4,000달러에서 만 달러 이상으로 증가되면서 삶의 질이 향상되고 노인 인구가 증가하게 되었다. 비만 인구가 급증하면서 다이어트에 지대한 관심을 갖기 시작하고, 그에 따른 음식이나 외식업 및 신조어 등이 생겨나게 되었다. 한편 고도 성장 속에서 여러 형태의 단계가 공존하고 있어 식생활 문화도 경우에 따라 각기 다르게 대응되는 시기이기도 하다.

또한 기존의 성인병이었던 비만, 당뇨 등이 소아 비만, 소아 당뇨로까지 확산되어 심각한 사회 문제로 대두되었다. 이로 인해 사람들이 건강에 대해 더욱 관심을 갖게 되었고 무농약, 유기농, 다이어트 식품 관련 분야의 새로운 직종이나 전문업체, 금연 운동, 식이요법, 대체의학, 약선 요리 등이 나타나게 되었다.

요리뿐만 아니라 식탁의 데커레이션에도 관심을 갖게 되어 도자기 산업 등이 발전하였다. 더불어 음식에 대한 광고, 홍보가 증대되고 관련 학과가 대학에 증설되어 식품영양학 외의 식문화에 대한 새로운 학문 분야가 전개되고 있다.

2) 시대에 따른 식문화 발전사

시대에 따라 발달하고 외국의 영향을 받아 변화해 온 과정을 통해 미래의 한국 식문화를 예견하고 제안할 수 있다.

구석기 시대(기원전 70만 년~기원전 1만 년)

한반도에서 인간이 거주하기 시작한 것은 구석기 시대이다. 인류학의 증거에 의하면 식량이 될 수 있는 것은 무엇이든지 취하였으므로 천연의 열매, 연한 나뭇잎, 과일, 나무뿌리, 조개, 물고기, 짐승 그리고 곤충까지도 모두 식량으로 하였을 것이다. 또한 구석기인들은 불을 이용할 수 있었으므로 타제 석기를 사용하여 요리도 해 먹었을 것이다.

신석기 시대(기원전 8000년~기원전 1000년)

우리나라의 신석기 시대는 조리 용구였던 빗살무늬 토기 시대라고도 한다. 이 시대에는 유약을 바르지 않고 만든 토기를 사용하고, 돌로 생활 도구를 만들어 사냥과 어로에 이용하였다. 그러다 더 안정된 식량 획득을 목적으로 목축을 시작하였고 야생 식물을 농사지어 먹었다.

조개껍데기를 그릇으로도 사용했는데, 국자 가리비라 하여 한쪽 끝에 두 개의 구멍을 뚫고 자루를 달아 국자처럼 썼다. 토기를 만들어 식자재를 담고 끓이는 행위는 음식 조리의 시작이 되었고, 토기를 가열 · 저장 · 운반 · 제사 등의 용도로 사용하면서 형태가 발달 · 변화하게 되었다. 따라서 토기가 저장 용도로도 사용되면서 저장 식품이 발달하게 되었다. 저장이나 운반용 토기는 마무리를 아름답게 하고 제사용은 정교하게 만들었으며, 또한 가열용 토기는 가열 시 그을음이 생성되기 때문에 표면에 장식이 없는 것이 특징이다.

빗살무늬 토기

고조선 시대(기원전 10세기~기원전 4세기)

이 시대에는 벼농사가 시작되었고, 기름진 토지와 이미 보급된 철제 농기구로 인해 농경이 발달하여 식생활에 많은 변화를 주었다. 청동기 문화가 발전한 고조선 시대에는 모래가 섞인 진흙으로 새로운 형태의 민무늬 토기를 만들었다. 이 토기는 진흙에 첨가된 모래가 열을 잘 전달하고 빗살무늬 토기보다 더 단단했으며, 표면에 무늬가 없고 바닥이 납작한 형태이다.

흙으로 만든 토기는 주로 삶는 데 이용하였고 저장과 발효용으로 겸하기도 하였다. 초기 철기 시대의 식기는 흙으로 만든 두형 토기가 많았고, 원삼국 시대에는 흙으로 만든 바리, 사발, 접시 등이 있었다.

쇠로 만든 공구가 보급되면서 나무로 정교하게 여러 가지 식기, 밥상, 쟁반, 술잔, 상자 등을 만들었다. 또한 중국에서 우리나라로 유입된 옻나무의 수지를 표면에 바른 칠기가 다양하게 사용되었다.

삼국 시대(기원전 1세기~7세기 중엽)

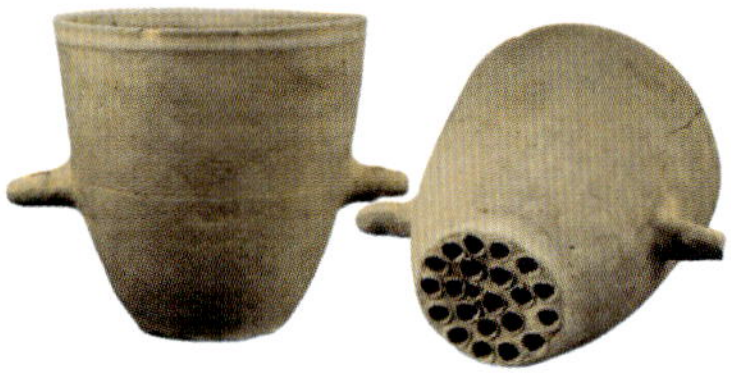

시루

삼국 시대 이후부터 농경이 확립되어 수렵, 어로로 얻는 식량은 보조 역할을 하게 되었다. 그러한 이유로 식생활에 큰 변화가 나타나게 되었는데, 쌀을 주식으로 하고 반찬을 부식으로 하는 주식과 부식이 분리되는 식생활이 이 시대에 정착되었다.

이는 통구의 무용총(4세기), 각저총(4세기 말~5세기 초)에 나타난 실내 생활 모습을 통해 짐작해 볼 수 있다. 굽이 세 개 달린 큰 대접에 과일을 높이 쌓아 놓은 모습과 뚜껑이 있는 바리 모양의 그릇, 굽이 짧은 사발, 여러 가지 찬이나 조미료를 담은 듯한 뚝배기, 보시기, 종발, 접시 모양의 그릇들이 보이며, 시대의 흐름에 따라서 부수적인 것이 늘어났다는 것을 알 수 있다.

삼국 시대의 여러 가지 토기

철, 구리 바탕에 금 또는 은을 입히는 도금술이 발달하면서 식기에도 이용되기 시작하였는데, 금속 식기는 신분에 따라 달리 사용되었다. 그리고 놋쇠 식기는 유물로 남아 있는 것은 없지만 『삼국사기』에 유석이 등장한 것으로 보아 사용했으리라 추측할 수 있다. '유'는 놋쇠를 의미하는데, 이는 구리와 아연의 합금이다.

유리 식기가 금관총, 천마총 등에서 발굴되어 우리나라에서도 유리 제조가 이루어졌다는 사실을 증명해 주고 있다. 또한 삼국 시대에는 칠기가 크게 발달하였으며, 나무로 만든 식기로는 『신당서』, 『구당서』에 의하면 버드나무 가지를 엮어 만든 작은 상자인 유배라는 도시락이 있었다. 유배는 간혹 잔의 대용으로 사용되었으며, 빈민들은 대나무를 엮어 만들었다. 또한 구리그릇, 질그릇도 사용하였다.

고구려는 유물로 토기가 적고 고분 벽화에도 구체적으로 나타난 것이 없다. 그러나 신라 시대에는 굽다리 그릇이 특히 많고, 목제 그릇이 많으며 윗면이 평평한 형태도 있다. 굽다리가 고정되지 않고 분리되는 것, 뚜껑이 있는 것도 있었다. 백제의 굽다리 그릇은 형태도 다르고 또 뚜껑이 있거나 세 발이 달린 그릇도 있는데, 이것은 백제만의 독창적인 토기 형태라고 할 수 있다.

우리나라의 좌식 독상 차림은 각저총의 고분 벽화를 통해 알 수 있는데, 여인들이 네모난 널빤지 아래에 짤막한 네 다리가 달려 있는 형태의 밥상(소반) 앞에 앉아서 식사를 하는 모습이 담겨 있다. 무용총의 벽화에는 다리가 긴 식탁도 등장하는데, 입식 밥상으로 독상의 형태를 띠고 있다. 이처럼 좌식과 입식 밥상이 모두 쓰였다.

삼국 시대에는 집 안에 부엌 공간이 등장하였고, 부수적으로 부엌세간도 다양해지기 시작했다. 또한 불교가 들어오면서 살생을 금하는 계율이 식생활에 커다란 영향을 끼쳤다.

통일 신라 시대(7세기 말엽~10세기 초)

통일 신라 시대는 삼국이 통일되면서 융합과 안정을 이룬 시기였기 때문에 식생활에 있어서도 정착을 이루게 되었다. 귀족과 서민이라는 계층의 차이에 따른 식생활이 정착되었고, 또 지방 세력이 등장함에 따라 식생활의 교류가 활발해졌다.

이 시대에는 굽다리 그릇의 다리가 짧아지다가 없어졌으나, 제사상이나 연회상에는 전통에 따라 굽다리 그릇이 그대로 쓰였다. 그리고 통일 신라 시대에 칠전이란 직명까지 생길 정도였고 옻칠한 합, 바리, 접시, 굽다리 그릇 등이 출토되었으며 천마총에서는 구절판 모양의 칠기가 나오기도 하였다.

도장무늬 토기

청동으로 된 숟가락과 젓가락은 중국의 것과 비슷하나 통일 신라 시대부터 형태가 달라지기 시작하였다. 또 경주 안압지에서 화덕이 출토되었는데, 이는 오늘날 여름철의 부엌 역할을 하였다.

『삼국사기』에는 고구려의 정(鼎)에 관한 이야기가 나오는데, 정은 세 발과 두 개의 귀가 달린 솥이다. 가마솥은 귀와 다리가 없는 형태를 띠었고, 화덕이면서 불 속에 넣는 것에서 불 위에 거는 형태로 변화하게 되었다.

고려 시대(10세기 중엽~14세기)

국교로서 정치상의 이념으로 삼게 되면서 불교가 융성했는데, 이는 사찰 음식의 발달과 체계화된 제사상 형식을 가져왔다. 불교의 전례에 사용되는 불공용 음식을 다양한 색으로 물들이고 높이 원통 모양으로 올리는 등의 기교적 · 조형적인 형태로 변화시켰다. 또한 불교에서 살생을 죄악시하여 육류와 어류의 섭취가 금지되었고, 대신에 곡류와 채식 요리가 발달하였다.

권농 정책에 따라 곡물을 비축하였고 떡과 한과류가 발달 · 성행하면서 청자 다구가 발달하고 다과상 차림의 규범이 확립되었다. 그리고 귀족 문화의 발달로 비색의 고려 상감 청자가 만들어졌다. 청자의 다기, 식기와 주칠 · 흑칠의 칠기, 금 · 은 · 동 · 유기 등의 금속기와 같은 식기 소재의 다양성으로 품위 있는 식기 문화가 형성되었으나, 신분에 따라 차등을 두고 그 수량도 한정되어 있었다. 고려 중기 이후에는 무관의 세력이 강해짐에 따라 육식이 다시 성행하였고, 몽고족의 침입, 원과의 교류로 다양한 교역품도 유입되었다.

이 시기에 우리나라의 일상적인 상차림의 기본 요소인 밥과 국이 자리잡게 되었다.

청동 주전자

청백자

조선 시대(15~19세기 중엽)

새로이 나라를 건국한 조선 왕조는 유교를 새로운 정치 윤리로 삼아 불교가 쇠퇴하게 되었다. 이로 인해 차를 마시는 습관이 사라지면서 일부 학자와 절에서 맥을 이어갔고, 화채나 한약재를 달여 만드는 한방차, 주류 등의 종류가 다양해지고 품질도 향상되었다.

유학자들이 의례를 중요시하여 의례식이 등장하게 되면서 식재료의 저장, 조리와 상보기, 설거지 등을 위한 확장된 공간이 필요해졌다. 남자와 여자가 같은 밥상에서 식사를 할 수 없었고, 아랫사람들이 주인의 물림상을 받아 식사를 하는 공간인 밥청이 형성되었다. 또한 선조를 모시는 제사가 중요시되면서 제기, 주기, 반상 형식으로 발달하게 되었다.

17세기에는 반상의 규범이 확립되면서 식기 역시 반상기로 정형화되었다. 반상기에는 밥그릇, 국그릇, 조칫보, 김칫보, 종지와 반찬그릇, 대접, 대접을 올리는 쟁반이 한 벌로 사용되었다. 숟가락은 이 시기에도 사용되었는데, 이는 공자 시대의 숭유주의자들을 따라 숟가락을 계속 사용했기 때문이다.

임진왜란 이후에 분청사기가 사라지고 백자가 발전하여 백자 위에 중국에서 수입된 코발트 장식을 한 화려한 청화 백자가 제작되기 시작하였다. 그 외에도 질그릇, 옹기, 칠기 등이 계속 사용되었다. 백자는 조선 시대 초기에는 왕실에서만 사용되었고, 후기에 들어서면서부터 일부 양반이 사용할 수 있었다. 후기로 갈수록 신분에 따라 다양한 식기를 사용했는데, 이 시기의 대표적인 생활 식기로는 항아리, 사발, 접시, 대접, 자완, 보시기, 종자잔, 병, 평병, 자라병, 주자, 사시 등을 들 수 있다.

고추의 전래는 음식의 맛을 급격하게 변화시켜 고추장이 등장하고 김치의 조리법에 변화를 주었다.

백자청화 목단문 양념단지

백자청화 초화문 합

백자 제기

개화기(19세기 중엽~19세기 말)

개화기에는 생활 자체에 급격한 변화는 없었지만, 통상 조약이나 국제 교류가 활발해지면서 외국의 다양한 식생활 습관이 유입되었다. 19세기 말에는 서양의 식품과 요리법, 식생활 관습이 전해지면서 우리나라의 식생활 역시 한식과 양식이 혼합된 형태를 띠게 되었다.

또 다방이 생기고 커피 등의 새로운 서양차가 많이 보급되었으며, 궁중에서는 서양식 티타임을 갖기도 하였다.

'한일통상조약 기념 연회도' 의 일부

일제 강점기(1910~1945)와 그 후

일본이 강행한 '토지 조사 사업'이나 '산미 증식 계획'의 영향으로 조선 내의 쌀이 격감하여 서민들은 식량난의 고통을 겪게 되었다. 백성들은 초근목피로 연명해야 했고, 식량의 빈곤은 1937년 중일 전쟁을 계기로 더욱 심해져 감자류로 식량을 대신했다.

그러나 이러한 가운데에서도 서구 문명의 유입은 계속되어 서양 음식과 식품 제조업 및 가공 식품이 발달하였다. 카스텔라, 돈가스, 덴푸라, 우동 등의 일본 음식도 이 시기에 정착되었고, 광복 이후에는 미국의 식재료와 서양식 문화가 유입되었다.

2차 세계대전 이후 과학의 발달로 지금까지의 무겁고 깨지기 쉬운 도자기의 단점을 보완한 획기적인 식기와 조리 기구가 개발되었다. '행남사'와 '대한 경질 도자기' 등이 설립되어 식기의 대량 생산이 이루어지게 되었는데, 상품의 질이 아주 좋지는 않았기 때문에 상류층에서는 외국 제품을 선호하는 양상을 보였다. 가볍고 은백색을 띠는 양은의 원료가 수입되면서부터 가볍고 실용적인 식기가 인기를 끌게 되었고, 이후에 스테인리스 스틸이 유입되면서 다시 변화가 생겼다.

1960년대 후반부터 일본에서 일률적인 동양풍 양식기 세트를 사용하게 되었는데, 이것이 우리나라의 식습관과 식사 내용을 무시한 채 사용되었다. 점차 전통 도자기가 사라지고 식기의 디자인도 식생활에 맞는 형태, 문양보다는 서양 식기의 형태나 문양을 변형시킨 다양한 식기가 생산되기 시작하였다.

1970년대 이후에는 도자기의 재사용으로 둔탁한 백자가 한때 다시 유행되기도 하였다.

1940년대에 출시된 행남 복(福) 시리즈

1960년대에 인기를 끈 행남 찻잔

1980년대에 유행한 행남의 금색 장식 찻잔

현대 한국 식탁의 혁명

오늘날 한국의 식탁은 기후와 풍토에 맞게 쌀을 주식으로 하며 수천 년간 종교, 지배자, 외국의 영향에 의해 복잡한 양상으로 발전해 왔다. 반도라는 지리적 조건으로 섬보다도 더 열악한 환경에서 외국의 사상뿐만 아니라 음식 문화에 대해서도 배타적이었다. 중국의 영향을 받았던 고려 음식, 유교와 주자학의 기본 사상 안에서 완성된 조선의 식문화 등은 일제 강점기 동안 그 의미나 역할이 잊혀졌다. 또한 1945년 해방 후 빈곤한 생활 가운데 유일한 서양 문화의 창구로서 미국의 진출과 더불어 식사 문화도 유입되었다.

미국의 바비큐식 조리 방법이 해방 후 육류를 지향하는 한국인에게 크게 선

젠(zen) 스타일 식기

호되어 불고기, 갈비 등이 한식의 대표적인 메뉴로서 알려질 만큼 영향을 미쳤다. 한편 해외 여행의 자유화와 국민 소득의 증가로 미국 외 유럽 등지의 식사 문화를 가정과 외식 산업에서 경험하게 되었다.

오늘날 식습관, 의식 등은 인터넷 등을 통해 빠른 속도로 무제한 흘러들어와 혼잡한 양상을 띠고 나름대로 발전하고 있다. 한국 식탁에 혁명이 온 것이다. 그 영향으로 세계를 향한 한식의 브랜드화, 식탁 · 식공간 · 식환경 부문의 전문가 양성, 새로운 식습관을 위한 연구와 의식주 산업 중 '식(食)'에 관한 산업의 막대한 가능성 등 그 영역이 넓어지고 있다. 단시일에 굶주림의 시대에서 벗어나 파티를 즐기고 외국의 식문화를 선호하는 양상으로 변화하고 있으며 누벨퀴진(프랑스의 신감각 요리), 누벨시노아(홍콩식 중국 요리)와 같이 한국적 신감각의 요리와 서비스 방법으로 한스타일을 세계에 알려야 한다.

2. 한국의 식탁 문화

우리나라의 테이블 세팅은 독상 차림을 기본으로 주식과 부식이 나누어져 있어 상을 차릴 때 수저와 탕기 등을 식사하기 편하게 오른쪽에 두고, 찬품류의 식기들이 식사하는 사람의 안쪽으로 들어오도록 한다. 따라서 서양의 시간 나열형, 좌우 대칭 세팅과는 달리 자연스러운 평면 전개형의 비대칭 세팅 구조가 된다.

그리고 반상, 주안상, 다과상 등 식사의 목적에 따른 상차림의 구별이 뚜렷하고, 여러 종류의 음식을 담는 식기의 크기와 모양의 다채로움, 찬품을 담은 쟁첩의 뚜껑을 열어 가며 오색의 조화와 풍미를 기대하는 즐거움을 느낄 수 있다. 테이블클로스를 깔고 계절에 따른 식기의 구분이 없는 서양의 식탁과는 달리, 우리의 상차림은 칠기 소반의 아름다운 광택과 식기의 질감 등이 조화를 이루게 하여 계절에 따른 변화도 줄 수 있다. 또한 꽃, 촛대, 소품 등은 궁중의 연회, 돌, 관례, 혼례, 상례, 제례 등의 상차림에서 각각 여러 가지 의미로 장식되어 현재에도 이어지고 있다.

일상식에서는 궁중의 수라상이라 할지라도 조리와 식사가 다른 공간에서 이루어지는 건축 구조로 인해 반상을 옮겨야 했으므로 식사에 필요하지 않은 소품은 장식하지 않는 특징을 보였다.

1) 전통 테이블 세팅의 기본 구성

서민은 3첩, 5첩, 7첩 반상 형식을, 사대부는 7첩, 9첩 반상 형식을, 궁중에서는 12첩 반상 형식을 따랐다.

3첩 반상

밥, 국, 김치, 청장 그리고 이외에 세 가지 반찬을 내는 반상이다. 반찬은 생채, 숙채, 구이 혹은 조림이다.

5첩 반상

밥, 국, 김치(두 가지 중 한 가지는 물김치), 청장, 찌개 그리고 이외에 다섯 가

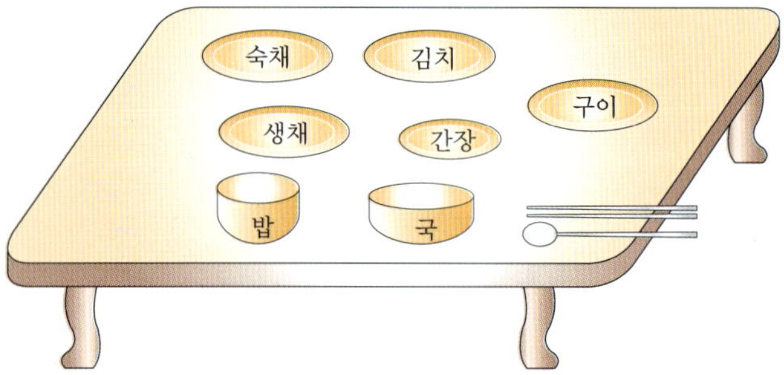

3첩 반상

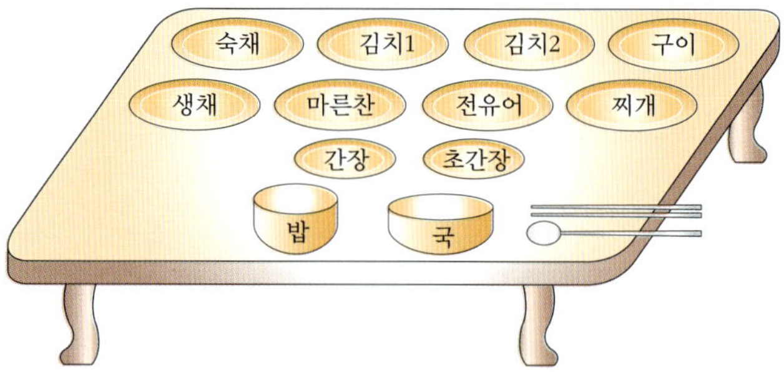

5첩 반상

지 반찬을 내는 반상이다. 반찬은 생채나 숙채, 구이나 조림 중 한 가지, 전, 마른반찬이나 장과 또는 젓갈 중에서 한 가지이다.

7첩 반상

밥, 국, 김치(두 가지 중 한 가지는 물김치), 청장(간장, 초간장, 초고추장), 찌개나 전골 중 하나, 찜 그리고 이외에 일곱 가지 반찬을 내는 반상이다. 반찬은 생채, 숙채, 구이, 조림, 전, 마른반찬이나 장과 또는 젓갈 중에서 한 가지, 회이다.

9첩 반상

밥, 국, 김치(두 가지 중 한 가지는 물김치), 청장(간장, 초간장, 초고추장, 겨자장), 찌개, 찜, 전골 그리고 이외에 아홉 가지 반찬을 내는 반상이다. 반찬은 생채 두 가지, 숙채, 조림, 구이, 마른반찬이나 장과 또는 젓갈 중 한 가지, 전, 회, 편육이다.

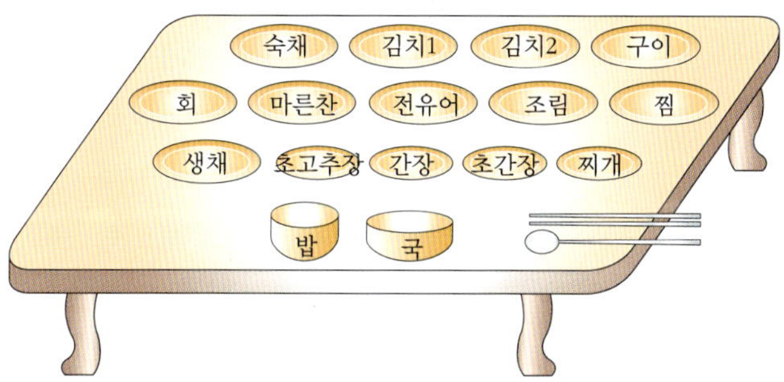

7첩 반상

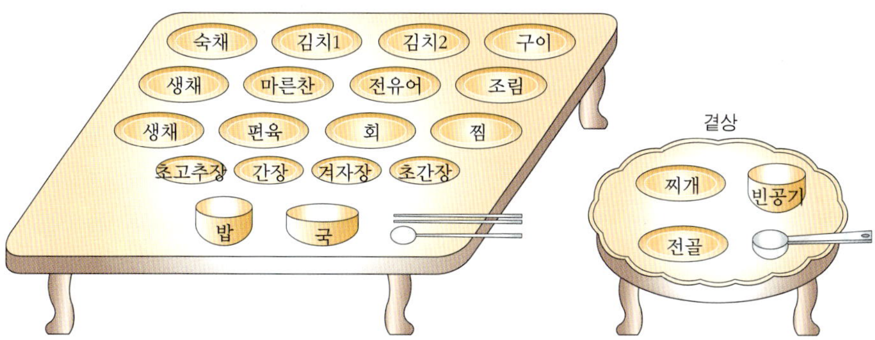

9첩 반상

12첩 반상

밥과 탕은 두 가지씩 마련하는데 흰밥을 원하면 대원반의 앞쪽에 흰밥과 미역국을 놓고, 팥밥을 원하면 팥밥과 곰국을 같이 놓는다.

- 밥 : 흰수라(흰밥), 팥수라(팥밥)
- 국 : 곽탕(미역국), 곰탕
- 조치 : 맑은 조치(맑은 찌개), 된장조치(된장찌개)
- 찜 : 육류, 생선, 채소의 찜이나 선
- 전골 : 화로와 전골틀을 준비하여 결반에서 만들어 대접
- 김치 : 배추김치, 깍두기, 동치미, 나박김치 중 두 가지
- 장류 : 청장, 초장, 눈집, 겨자집

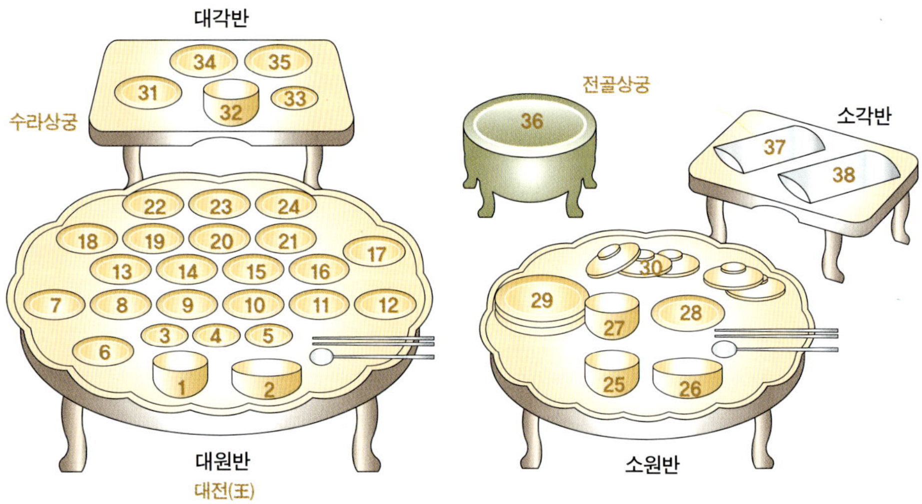

1 흰수라(흰밥)
2 곽탕(미역국)
3 청장
4 초장
5 고추장
6 토구
7 젓갈
8 편육
9 회
10 수란
11 구이(냉)
12 맑은 조치(찌개)
13 삼색나물
14 생채
15 구이(온)
16 전유어
17 된장조치(된장찌개)
18 장과(마늘 장아찌 등)
19 조림
20 조리개
21 찜
22 송송이(깍두기)
23 젓국지(배추김치)
24 동치미
25 팥수라(팥밥)
26 곰탕
27 공기
28 공접시
29 쟁반, 차수
30 뚜껑
31 날달걀
32 장국
33 참기름
34 채소
35 고기
36 화로 및 전골냄비(틀)
37 수저집
38 휘건

왕과 왕비의 아침 · 저녁 수라상

- 구이 : 더운 구이(육류, 어류의 구이나 적)와 찬 구이(김, 더덕 등 채소의 구이)
- 전유어 : 육류, 어류, 채소의 전
- 편육 : 삶은 육류를 얇게 썬 것
- 숙채 : 익혀서 조리한 채소 두 가지
- 생채 : 날로 무친 채소
- 조리개 : 육류, 어류, 채소 음식
- 장과 : 채소류의 장아찌나 갑장과
- 조림 : 육류, 어류, 채소류의 조림 음식
- 장과(채소류의 장아찌나 갑장과), 젓갈(어패류의 젓갈), 마른반찬(포, 자반, 튀각 등), 회(육회, 어패류의 생회, 숙회) 중 한 가지

위의 찬들은 재료와 조리법이 중복되지 않도록 했다.

2) 전통 테이블 세팅의 분류

사회 신분에 따른 분류

궁중 상차림

『진찬의궤』, 『진연의궤』, 『진각의궤』의 문헌 자료를 보면 수라상은 중국 황실의 영향을 받아 사대부가의 첩수와 구별하였다. 동성동본의 결혼이 금지됨으로써 왕가와 사대부가의 혼인이 이루어져 궁중과 사대부가 음식의 왕래가 잦아졌다. 또한 주방 상궁과 대량 숙수가 전국에서 들여온 진상품(특산품)으로 조리하는 기술이 발달 · 전승되었다.

- **수라상** : 임금, 대전, 대비가 평소에 받는 일상식으로 하루에 다섯 번 상을 차린다. 아침 식사 전에 보약이나 죽, 응이 같은 초조 반상을 내고, 정식 아침 수라는 12첩 반상으로 차려진다. 점심은 낮것이라 하여 요기를 할 정도이고, 손님이 오면 면상을 차린다. 저녁 수라는 아침상과 같은 형식이지만 재료와 조리법이 다르며, 아침 수라에 올렸던 것은 올리지 않는다. 밤에는 약식, 수정과, 과일, 죽 등의 야참을 올린다. 그리고 수라 상궁 세 명(기미 상궁, 전골 상궁, 수라 상궁)이 임금의 식사를 도왔다.

  수라상은 대원반, 소원반, 책상반의 세 상을 한 번에 차리는데, 전골을 끓이기 위한 화로와 전골통(붉은색 주칠을 한 것), 수저 두 벌(담백한 음식용, 기

수라상(궁중음식 연구원)

름진 음식용), 토구를 사용하였다. 겨울에는 은 반상기, 여름에는 사기 반상기를 쓰며, 수저는 항상 은으로 만든 것을 사용하여 독극물에 대비하였다.

상에 올리는 그릇은 모두 같은 문양과 재질로 대부분이 은기나 사기였다. 오늘날 수라상의 식기를 유기로 세팅하여 전시하기도 하는데, 이는 궁중의 기품과 어울리지 않는 것이다.

수라는 주발 모양의 수라기에 담고, 탕은 수라기와 같은 모양인데 크기가 작은 갱기에 담았다. 조치는 갱기보다 한 둘레 작은 그릇인데 하나에는 맑은 조치, 다른 하나에는 된장조치를 담았다. 그런데 된장조치는 작은 뚝배기에 올렸으며 찜은 대개 조반기에, 김치류는 쟁첩보다 큰 보시기에 담았다. 또한 열두 가지 찬품은 쟁첩이라는 뚜껑이 덮인 납작한 그릇에 담고, 장은 종지에 담았다. 차수(茶水)는 숭늉도 쓰이지만 대개 보리, 흰콩, 강냉이를 볶아서 끓인 곡차를 냈는데, 찻잔보다 큰 대접에 담고 쟁반을 받쳐서 곁반에 올렸다.

대원반 앞줄의 오른쪽에 국, 왼쪽에 수라를 놓고, 곁상에 놓인 팥밥과 곰국을 원하면 백반(흰밥)과 곽탕(미역국)을 내린다. 곁반의 수저 두 벌은 기미상궁이 기미를 보거나 음식을 빈 그릇에 덜 때 쓰며, 책상반의 수저는 전골상궁이 전골을 만들 때 쓴다. 토구는 뚜껑이 달린 오목한 그릇으로 뼈, 가시 등을 담고 대원반의 왼쪽 끝에 놓는다.

음식의 간을 맞추는 장을 담은 종지는 밥과 국 다음 줄에 놓는다. 더운 음식과 손이 자주 가는 음식, 국물이 있는 음식, 따뜻한 음식인 찜 · 구이, 별찬인 회, 수란은 곁상에 두었다가 적절할 때 대원반에 올린다.

진어상의 음식 고임과 상화(궁중음식 연구원)

진연상 상차림과 장식

■ **진어상** : 궁중의 연회식으로 나라에 경사가 있을 때 임금이 받는 상인데, 음식을 높이 괴고 상화(床花)로 호화롭게 장식한다. 어상의 음식은 종류와 잔치에 따라서 괴는 높이가 달랐다. 병과류와 생과류는 1자 3치에서 1자 7치 정도이고, 숙실과와 각색정과는 이보다 조금 낮게 괴었다. 또한 전유어, 편육, 화양적, 회 등의 찬품은 조과류보다 낮게 괴었다. 어상의 음식은 축하가 끝나면 한 종류씩 싸서 종친과 신하의 집으로 보냈다. 민가에서도 이를 본떠 혼인, 회갑, 회혼례 때 고임상을 차렸는데, 이 상을 큰상 또는 높이 바라보는 상이라 하여 망상(望床)이라고 한다.

■ **진연상** : 외국의 사신을 대접하거나 왕 또는 왕족의 생일, 혼인, 회갑, 세자 책봉 등 궁중의 잔치를 진연(進宴)이라고 한다. 이때 차리는 상을 진연상이라 하여 왕족, 종친부터 문지기까지 대접을 하는데 상의 규모에서 차이가 난다. 큰 규모의 잔치는 하루에 끝나는 것이 아니라 2~3일에 걸쳐 네 차례에서 여섯 차례의 연회를 베푼다.

■ **천신** : 천신(薦新)은 철을 따라 새로 난 과일이나 농산물로 신주나 조상에게 제사를 지내는 일로, 조상을 숭배하여 계절마다 새로 나오는 식품을 종묘와 가묘에 바치고 자손들이 나누어 먹었다. 임금이 먼저 행하여 백성들도 따라하게 되었다.

■ **선원전 다례** : 선원전은 왕가 선조들의 어진(御眞)을 모신 전각으로, 탄신(誕辰)이나 정월 아침에 이곳에서 다례를 지냈다. 축문도 없고 세 잔을 연속하여 진배하는 등 간단히 진행되었는데, 내전에서 마련하기 때문에 평소의 음식과 과품, 다과만을 올렸다.

TIP **1자와 1치**
1자는 30.3cm 정도이고, 1치는 1자의 1/10로 3.33cm 정도이다.

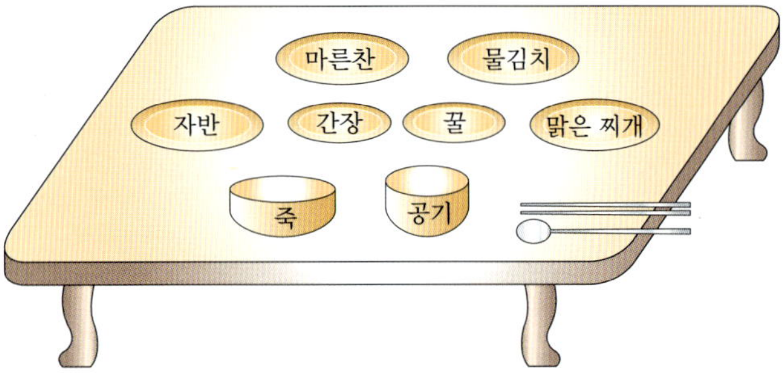

죽상

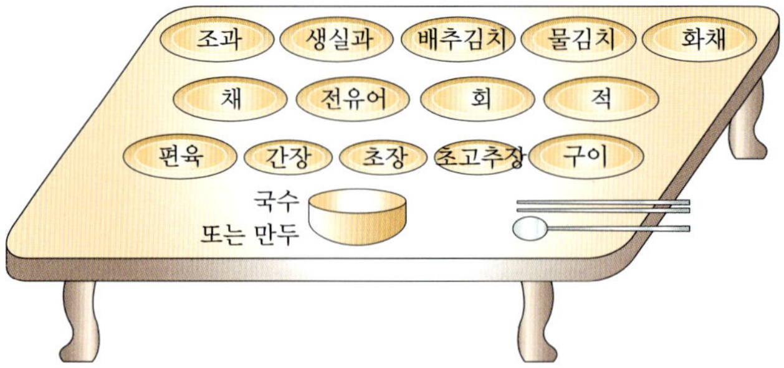

장국상

반가의 상차림

- **반상** : 반상은 쟁첩에 담는 반찬의 가짓수에 따라 대별되고 기본적으로 밥, 국, 김치, 국간장인 청장을 올렸다. 3첩은 서민의 상차림이고 여유가 있는 가정에서는 첩수가 더 많았으나, 반가에서는 9첩까지만 차리도록 제한을 두었다.

- **죽상** : 죽상은 이른 아침에 간단히 차리는 상으로 찌개류(젓국이나 소금으로 간을 한 맑은 조치), 김치류(나박김치, 동치미), 마른반찬(육포, 북어무침 등)을 두 가지 정도 곁들인다.

- **장국상** : 장국상(면상, 만두상, 떡국상)은 밥을 대신하는 주식으로 차리는 상으로 점심 또는 간단한 식사 때 차린다. 전유어, 잡채, 배추김치, 나박김치 등을 함께 곁들이고, 식사 후에는 떡이나 조과, 생과, 화채 등의 다과상을 낸다.

- **주안상** : 주안상은 술을 대접하기 위한 상으로 혼자 드는 외상보다는 둘 이상의 겸상 차림을 하였다. 국물 있는 음식(전골, 찌개), 전유어, 회, 편육, 김치를 내며 술의 종류에 따라서 음식의 조미를 고려한다.

- **교자상** : 교자상은 경사가 있을 때 여러 사람이 먹을 수 있도록 큰 상에 차리는 상이다. 주된 음식은 상의 중심에 놓고, 국물이 있는 음식은 한 사람분씩 작은 그릇에 각각 담아낸다. 주식은 냉면이나 온면, 만두 중에서 계절에 맞게 내고 탕, 찜, 전유어, 편육, 적, 회, 채(겨자채, 잡채, 구절판), 신선로, 김치(배추김치, 오이소박이, 나박김치, 장김치 중 두 가지 정도), 후식(각색편, 숙실과, 생과일, 화채, 차)을 올렸다.

- **다과상** : 다과상은 평상시 식사 이외의 시간에 다과만 대접하는 경우나 주안상 또는 교자상을 차릴 때 나중에 내는 후식상으로, 음식의 종류나 가짓수에

는 차이가 있으나 각색편, 유밀과, 유과, 다식, 숙실과, 생실과, 화채, 차 등을 냈다.

사찰의 상차림

대부분의 불교 사찰에서는 육류를 먹지 않으며, 오신채(五辛菜) 및 인공 조미료도 사용하지 않는다. 승려들의 식사는 발우공양이라 하여 예법이 엄한데, 바리때라는 대 · 중 · 소로 겹쳐지는 나무 그릇과 발우전대(자루), 나무 수저 한 벌과 수저집, 식지(食紙, 면지) 등 모든 것을 각자 관리한다. 큰 수건은 냅킨, 작은 수건은 행주로 사용한다.

그리고 사찰 음식은 조리법이 독특한데, 사찰마다 상차림 및 음식에 관한 특성이 조금씩 다르다. 남방 불교에서는 탁발이 그대로 이루어지고 있는 반면, 기후와 풍토가 다른 북방 불교권(한국, 중국, 일본, 티베트 등)에서는 사원의 발달과 함께 승려의 건강을 우려하여 다양한 음식이 개발되었다. 사찰 음식의 대체적인 특성은 다음과 같다.

첫째, 계율상의 차이는 있지만 대개 육류를 사용하지 않는데, 특히 대승 불교에서 엄격하게 금지하고 있다.

둘째, 몸에서 냄새가 나고 음욕과 분노를 일으킨다고 하여 파, 마늘, 부추, 달래, 무릇(흥거) 등의 오신채를 금지하고 있다.

셋째, 승려들은 산약초를 먹고 양약을 거의 사용하지 않는다. 산초장아찌는 구충제 역할을 하고 보온 효과가 있는 등 사찰 음식은 약리 작용을 갖고 있다.

넷째, 인공 조미료를 넣지 않고 다시마, 버섯, 들깨, 콩가루 등의 천연 조미료를 사용하기 때문에 사찰 음식은 맛이 담백하고 깔끔하다.

이러한 특징을 지닌 사찰 음식은 오늘날 육류를 거부하는 채식주의자를 위한 메뉴로 개발 · 이용되고 있다.

생활 문화에 따른 분류

통과 의례 상차림

통과 의례는 인간이 태어나서 성장하고 생을 마칠 때까지 단계적으로 이루어지는 의례를 말하는데, 공동체의 구성원에게 자신의 지위를 인정받는 기능을 한다. 이러한 의례에는 각각 규범화된 의식이 있고 그 의식에는 음식이 따르는데, 각 의례 음식에는 의례를 상징하는 특별한 양식이 있다.

우리나라에서 전통적으로 시행하는 통과 의례는 출생, 삼칠일, 백일, 첫돌,

출산 전 삼신상

출산 후 삼신상

관례, 혼례, 회갑, 희년, 회혼, 상례, 제례 등이며, 여기에 따르는 음식은 다음과 같다.

- **출생 의례**
  - 출산 전 : 산달이 되어 산기가 있으면 아기를 낳을 산실(産室)의 윗목에 깨끗한 쌀과 장곽, 정화수를 준비하며 삼신상을 차린다.
  - 출산 후 : 아기가 태어나면 목욕을 시킨 후 금줄을 치고 삼신상을 준비한다. 삼신상에는 정화수 한 그릇, 흰 쌀밥 세 그릇(집안에 따라 한 그릇)과 (고기를 넣지 않은)미역국 세 그릇을 놓는데, 이는 삼신에게 아기의 탄생과 순산을 감사하는 뜻에서 행해지는 의식이다.

    금줄을 치는 것은 아기의 출생을 알리며, 바깥으로부터 부정을 막고 외부인의 출입을 금하여 산모의 회복과 아기를 보호하기 위함이다. 집안에 따라 다르지만 금줄은 21일째나 49일째에 걷는다.

    한편 산모에게는 첫국밥을 대접한다. 첫국밥은 흰밥과 미역국으로 차리는데, 이것을 산모에게 삼칠일까지 먹인다. 미역국은 아기의 수명장수(壽命長壽)를 기원하는 뜻에서 접거나 끊지 않는 긴 장곽(미역)으로 끓이는 것이 일반적이다.

- **삼칠일** : 출산 후 21일째가 되는 날이다. 삼신에게 흰밥과 미역국을 올려 감사를 드리고 금줄을 걷으며, 일가친척과 이웃들이 찾아오면 미역국과 밥을 대접한다. 아기의 외가에서 누비 포대기, 찰떡, 시루떡을 해 오는 풍속이 있다.

- **백일** : 출생 후 100일이 되는 날로, '백(百)' 이라는 숫자에는 완전, 성숙 등의 뜻이 담겨 있으므로 신생아가 위태로운 고비를 넘기고 사회화 단계에 들어섰다는 의미에서 축하한다. 백일상에는 흰밥과 미역국, 푸른색의 나물, 백

김홍도의 '모당 홍이상 평생도' – 돌맞이 아이 홍이상이 돌잡이를 하는 풍경이다.

설기, 수수경단, 오색송편 등의 떡이 오른다. 이때 백설기는 정결, 신성함을, 붉은 수수경단은 액을 면하게 한다는 주술적인 뜻이 내포되어 있었다. 오색송편은 오행(五行), 오덕(五德), 오미(五味)와 같은 관념으로 만물의 조화라는 의미를 담고 있다.

한편 떡을 여러 집에 돌려 나누어 먹는데, 이는 아기가 수명장수하고 큰 복을 받게 된다는 뜻에서 비롯된 것이다.

- 돌 : 아기의 첫 번째 생일을 첫돌이라 한다. 돌상에는 아기를 위해 새로 마련

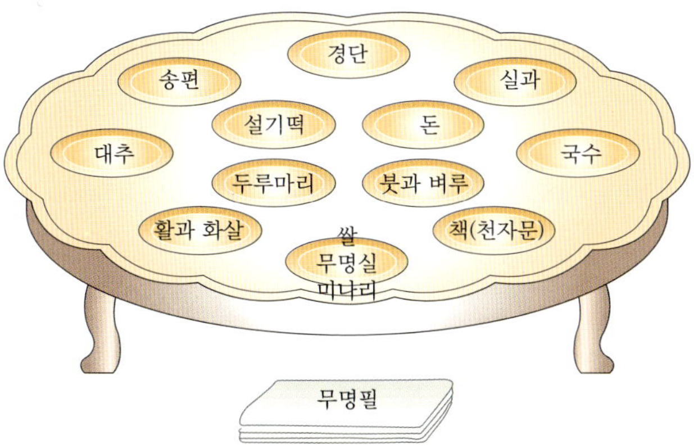

남아의 돌상 차림

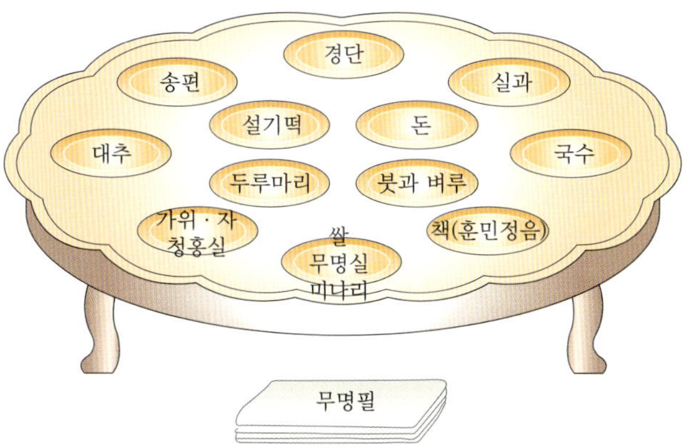

여아의 돌상 차림

한 밥그릇과 국그릇에 흰밥과 미역국을 담아 놓고 푸른 나물, 과일 등도 올린다. 백일 때와 같이 백설기, 수수경단, 오색송편, 집안에 따라서는 대추와 밤을 섞은 설기떡을 올리기도 한다.

또한 돌상에 음식과 함께 쌀, 흰 타래실, 책, 종이, 붓, 홍실로 묶은 미나리, 활과 화살(여아의 경우 가위, 바늘, 자, 색실) 등을 놓고 아기가 직접 집도록 하는 의식을 행했다. 이를 '돌잡이' 라고 하는데, 아기가 집은 물건으로 아기의 장래를 예측하기도 한다.

- **책례** : 어려서부터 소정의 과정에 따라 책을 한 권씩 마칠 때마다 스승과 친구들에게 축하의 의미로 한턱 내는 의례로서 책거리 또는 책씻이라고도 한다. 축하 음식으로 국수장국, 송편, 경단 등을 냈는데, 특히 깨나 팥, 콩 등으로 소를 채운 송편은 학문도 그처럼 꽉 차라는 의미로 빠뜨리지 않았으며 주로 오색송편이나 꽃떡을 빚었다.

- **관례(성년례)** : 서양의 성인식과 같은 의미로 15세 이상이 되었을 때 어른이 되었음을 상징하는 의식으로 행해졌다. 남자가 땋았던 머리를 빗겨 올려 상투를 틀어 올리고 관을 쓴다고 해서 관례라고 한 것인데, 여자의 경우도 포함되었다. 여자는 땋았던 머리를 올려 족을 찌고 비녀를 꽂는다고 하여 계례라 하였다.

  관례는 관을 쓰는 것이 인도(人道)의 시작이라 하여 대개 정월 중에 택일을 했다. 관례날이 정해지면 관례를 치르는 당사자와 그의 아버지가 사당에 고하게 되는데, 이때 준비하는 음식은 주(酒), 과(果), 포(脯)이다. 관례 당일이 되어 초가례, 재가례, 삼가례의 절차를 마친 뒤에는 관례를 주례한 빈을 모시고 축하 잔치를 벌였으며, 잔칫상은 주안상과 비슷하여 술을 비롯한 여러 가지 안주용 음식과 국수장국, 떡, 조과, 생과, 식혜, 수정과 등을 올렸다.

- **혼인례** : 인간이 성장하여 부부의 연을 맺는 의식을 혼례라 하고, 이는 남녀의 결합을 사회적으로 인정받는 것이다. 혼례 음식은 납폐, 대례, 우귀례의 현구고례 때 드리는 봉채떡, 동뢰상, 입맷상, 폐백, 큰상 등으로 구별되며, 이 음식들은 각각 생활사의 의식에 따라 달랐다.

  • 봉채떡 : 납폐 의식을 행할 때 혼서와 채단이 담긴 함을 받기 위해 신부집에서 만드는 떡이다. 봉치떡이라고도 하는데, 찹쌀 시루떡을 함이 들어올 시간에 맞춰 쪘다.

  • 폐백 : 현구고례(신부가 시부모를 비롯한 시댁의 여러 친척들에게 인사드리

친영(親迎) – 혼례 의식을 치르기 위해 신부집으로 향하는 기럭아비와 조랑말을 탄 신랑의 행렬이다.

전안례(奠雁禮) – 혼례를 치르기 전에 기럭아비가 신랑에게 목기러기를 주면 신랑은 목기러기를 작은 탁자 위에 올려놓고 장모에게 두 번 절하며 장모는 그 기러기를 안고 방으로 들어간다.

는 예)를 행할 때 신부 측에서 마련하는 음식이다. 폐백은 지역에 따라 다소 차이가 있으나 일반적으로 대추와 편포를 냈다.

- 교배상(동뢰상) : 초례 의식을 치르기 위해 마련하는 상이다. 앞줄에 대추, 밤, 조과를, 그 뒷줄에는 노란 콩, 붉은 팥, 달떡, 색편을 놓았다.
- 큰상 : 초례를 치른 신랑, 신부를 축하하기 위해 여러 가지 음식을 높이 괴어 차렸던 상이다. 신부가 시댁에서 처음 대접받는 큰상으로 시댁 음식의 풍습을 맛볼 수 있다.

- **수연례**(壽筵禮) : 인간이 세상에 태어나 61세가 되는 해를 회갑년이라고 하는데, 자기가 태어난 해로 돌아왔다는 뜻으로 환갑이라고도 하고 '화(華)' 자를 풀어서 분석하면 61이 된다고 하여 화갑이라고도 한다. 그리고 희년은 칠순에 이른 나이를 말한다. 이때 차리는 큰상의 내용은 혼례 때의 큰상 차림과 같고 주빈의 숙부, 숙모 또는 형제, 자매가 배석한다.
  - 수연의 종류 : 육순, 회갑, 진갑, 미수, 희수(칠순), 팔순, 졸수(구순), 백수
- **회혼례** : 혼례를 올리고 만 60년을 해로한 해를 회혼이라 한다. 이때는 혼례를 치렀던 일을 되새겨 신랑, 신부 복장을 하고 자손들로부터 축하를 받으며, 그 의식도 혼례 때와 같다. 다만 자손들이 헌주하고 권주가와 음식이 따른다는 점이 다를 뿐이다.

Tip 입맷상

큰상의 각 고임에는 상화를 꽂아 장식하고 상 앞에는 감, 포도, 고추, 오이, 가지 등의 갖가지 과채를 빚어 만든 꽃떡과 헌수할 상을 놓는다. 입맷상은 큰상을 받은 당사자가 잔치가 치러지는 동안에 고임으로 차려진 음식을 먹을 수 없기 때문에 고임 뒤에 당사자가 먹을 수 있도록 차린 상이다.

상여 행렬도

회혼례첩 – 노부부는 주칠 원반과 검은 옻칠을 한 호족상 두 개로 구성된 큰상을 각각 한 상씩 받는데 큰상에는 장수의 뜻을 담고 있는 팥시루떡, 인절미 등이 놓인다.

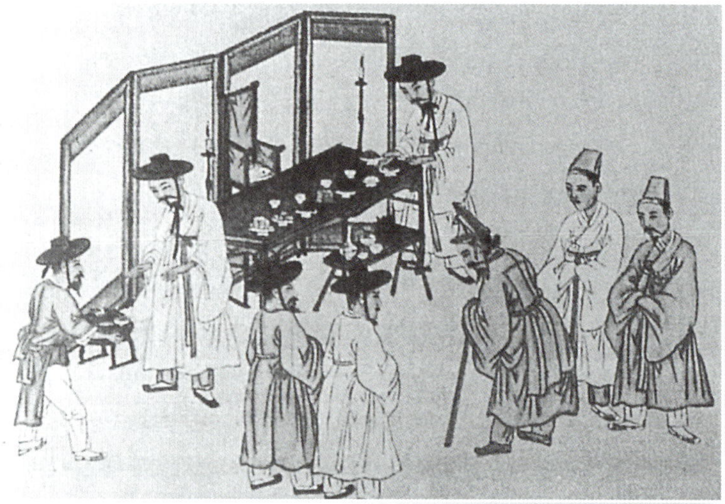
소상제례도

- **상장례** : 부모가 운명했을 때 의식 절차에 따라 장사를 지내게 되는데 일생의 의례에서 가장 마지막 의례라는 점이 특징이다. 음식은 상례 중에 올리는 설전과 조석상식으로 구분한다.
  - 장례전 : 영좌 앞에 간단한 음식을 차려 놓은 예식이다. 이때 차리는 음식은 주, 과 정도이고 집안에 따라 포를 더 놓기도 한다.
  - 조석상식 : 돌아가신 조상을 살아계신 조상 섬기듯 한다는 의미에서 아침저녁으로 올리는 상식이다. 상례 중에는 물론이고, 장사를 치른 뒤에도 탈상할 때까지 올린다. 살아 있는 사람의 조석밥상처럼 밥, 국, 김치, 나물, 구이, 조림 등으로 한다.

- **제의례** : 돌아가신 조상을 추모하여 지내는 의식 절차이다. 다른 어떤 의식보다 절차가 까다로운 만큼 음식 또한 까다롭고 그 가짓수도 만만치 않다. 제례의식은 돌아가신 뒤에도 계속 효를 다한다는 의미가 담겨 있기 때문이다.
  제사의 종류로는 차례, 기제, 시제(묘제), 시조시향제, 불천위 제사 등이 있다. 제사에 사용되는 음식을 제수라고 하며, 제사상에 제찬을 배열하는 것을 진설이라고 한다. 제상에 올리는 음식은 지방에 따라 다른데 일반적으로 첫째 줄에는 과일과 조과(造菓), 둘째 줄에는 나물, 셋째 줄에는 탕, 넷째 줄에는 적과 전, 다섯째 줄에는 밥(메), 국(탕) 등을 올린다.

제수 진설의 예시

시절과 명절의 상차림

- **설날**(음력 1월 1일) : 고종 31년(1819)부터 태양력을 사용하기 시작하여 구정, 신정이 생겼으나 일반인들은 계속 구정을 선호하였고, 그로 인해 1989년 음력 설날을 국정 공휴일로 정했다. 설이란 새해의 첫머리라는 뜻이며 설날은 그 중에서도 첫날이란 의미로서 우리 민족 최대의 명절이다. 이 날의 풍속으로는 차례, 세배, 설빔, 덕담, 문안비, 설 그림 · 복조리 걸기, 윷놀이, 널뛰기 등이 있다. 또 차로 차례를 지내는 정초 다례와 떡국을 올리는 떡국 차례가 있다.

  설날의 음식을 통틀어 설음식 또는 세찬(歲饌)이라 하는데, 이것으로 정월 초하루 제사의 제물(祭物)을 차리고 손님에게도 냈다. 대표적인 음식은 떡국이며 그 외에도 만두, 편육, 전유어, 육회, 느름적, 떡회, 잡채, 장김치, 배추김치, 약식, 정과, 식혜, 수정과, 강정 등을 즐겨 먹었다. 설날의 술인 세주(歲酒)는 도소주라고도 하는데, 정월 초하룻날에 이 소주를 마시면 1년 간의 사기(邪氣)를 없애 평안해진다는 생각에서 오랜 옛날부터 시작되었다.

- **정월 대보름**(음력 1월 15일) : 상원(上元)이라고도 하며, 정월 대보름의 풍속으로는 동제, 줄다리기, 지신밟기, 부럼깨기, 액연날리기, 안택, 달맞이, 달집태우기, 다리밟기, 사자놀이, 관원놀음, 들놀음과 오광대 탈놀음, 석전, 고싸움, 쇠머리대기, 동채싸움 등이 있다.

  정월 대보름의 음식으로는 오곡밥, 복쌈, 김구이, 아홉 가지 나물, 유밀과, 원소병, 부럼, 나박김치 등이 있고, 이때 마시는 술을 귀밝이술 또는 이명주(耳明酒)라고 한다. 보름날 아침 오곡밥을 먹기 전에 귀밝이술을 한 잔씩 마시면 한 해 동안 귀가 밝아지고 정신도 맑아진다고 믿어 온 까닭에 서민들에게 친숙한 술이다. 귀가 밝아지는 것은 1년 내내 기쁜 소식만 전해 듣고자 하는 기원이며, 정초에 웃어른들 앞에서 술버릇을 배운다는 연유에서 시작되었다.

- **중화절**(2월 초하루) : 농사일을 시작하는 날로 당나라의 중화력에서 유래되었다. 중화절은 농가에서 머슴들의 수고를 위로해 주기 위해 음식을 대접하고 즐기도록 하는 날이라고 하여 머슴날이라고도 한다. 이날 머슴들은 농악을 울리며 노래와 춤으로 하루를 즐기는데, 주인은 머슴들에게 돈을 주어 쓰게 했다.

  중화절에는 떡과 많은 음식을 차려 먹는데 『동국세시기(東國歲時記)』에 의하면 정월 대보름에 세웠던 볏가릿대를 내려서 그 속에 넣었던 곡식으로 노비 송편을 나누어 주었다고 한다.

- **삼짇날**(음력 3월 3일) : 봄을 알리는 명절로 이날에 장을 담그면 맛이 좋다고 하며, 집 안 수리를 하고 농경제(農耕祭)를 행함으로써 풍년을 기원하기도 했다. 각 가정에서는 여러 가지 음식을 장만하여 시절 음식을 즐기는데 화전, 수면(水麵), 조기면, 화면, 탕평채, 산떡, 고리떡, 쑥떡, 절편, 생실과(밤, 대추, 건시), 포(육포, 어포) 등을 먹었다.

  삼짇날 술인 청명주는 20여 일 발효시켜 빚은 청주인데, 엿기름을 사용하기 때문에 단맛이 나서 많은 사람들이 즐겨 마셨고 한식일의 제주용으로도 쓰였다. 비슷한 술로는 두견주, 도화주, 과하주, 이강주 등을 들 수 있다.

- **한식**(동지로부터 105일째 되는 날, 음력 4월 5, 6일경) : 더운 음식을 피하고 찬 음식을 먹어야 한다는 속신(俗信)이 있으며 청명절이라고도 한다. 이 날 각 가정에서는 제사 음식을 마련하여 제사를 지내는데 이를 절사(節祀)라고 하며, 또한 여러 가지 주과(酒果)를 마련하여 성묘를 가기도 한다. 조상의 묘가 헐었으면 떼를 다시 입히고 봉분을 개수하기도 하는데, 이는 개사초(改莎草)라고 한다.

  닭싸움, 그네 등의 유희를 즐기며 불을 쓰지 않고, 민간에서는 이 날을 전후로 쑥탕, 쑥떡을 해 먹었다. 한식날 먹는 메밀국수를 한식면(寒食麵), 이 무렵 잡은 조기를 한식사리라 한다.

- **초파일**(음력 4월 8일) : 석가모니의 탄생일이라 하여 불탄일(佛誕日) 또는 욕불일(浴佛日)이라고도 하나, 민간에서는 흔히 초파일이라고 한다. 이 날의 가장 대표적인 풍속은 관등놀이로 가정이나 절에서 여러 가지 등을 만들어 저녁에 불을 밝히는데 등석 행사는 그 이튿날인 9일에 그친다.

  월내 시식은 초하에 술로 발효시켜 부풀게 하여 쪄 낸 증병을 만들어 시식한 데서 유래되었다. 주로 먹는 음식으로는 증편, 느티떡, 쑥떡, 화전, 양색주악, 생실과, 어채(魚菜), 어만두(魚饅頭), 미나리강회, 웅어회, 도미회 등이 있다.

- **단오**(음력 5월 5일) : 단오는 고려 시대에는 9대 명절에 속하였고, 조선 시대에는 설날, 한식, 추석과 함께 4대 명절에 속했다. 1년 중에서 가장 양기가 왕성한 날이라 하였고 주로 행해지는 풍속은 창포에 머리감기, 대추나무 시집보내기, 그네뛰기와 씨름대회, 단오제, 단오굿 등이 있다. 또 더위를 피하기 위해 부채(단오선)를 주고받기도 하였다.

단오의 시절 음식으로는 수리떡과 약떡, 증편, 앵두편, 앵두화채, 생실과, 제호탕, 준치만두 등이 있다. 창포주는 단오의 행사용 술로 창포의 향기가 모든 나쁜 병을 쫓는다고 믿어 왔다.

- **유두**(음력 6월 15일) : '유두(流頭)'는 '흐르는 물에 머리를 감는다'는 뜻으로 '동류수두목욕(東流水頭沐浴)'의 약어이다. 6월 보름날 동쪽으로 흐르는 시원한 개천가에서 술을 마시는 것을 유두음이라 하였는데, 신라 때부터 이 풍습이 전해져 내려왔다. 피서 겸 물가에서 하루를 즐기며 술을 마시고 피로를 풀었던 것이다.
  가장 대표적인 풍속인 유두천신(流頭薦新)은 아침에 각 가정에서 여러 가지 곡식과 과일을 사당(家廟)에 올리고 고사를 지내는 것을 말한다. 유두천신을 마친 후에는 친지들이 맑은 시내나 산간 폭포에 가서 머리를 감고 몸을 씻으며, 가지고 간 햇과일과 여러 가지 음식을 먹으며 하루를 보냈다. 이날의 음식으로는 유두면, 건단, 수단, 상화병(霜花餠), 편수, 깻국, 어신, 어채, 구절판, 밀쌈, 생실과, 화전(봉선화, 감꽃잎, 맨드라미) 등이 있다.

- **삼복** : 음력 6월에서 7월 사이에 들어 있는 속절(俗節)로서 하지 후 셋째 경일(庚日)을 초복, 넷째 경일을 중복, 입추 후 첫 경일을 말복이라 하여 이를 삼경일 혹은 삼복이라 한다. 삼복에는 더위를 피하기 위해 아이들과 부녀자들은 여름 과일을 즐기고, 어른들은 술과 음식을 마련하여 산간 계곡으로 들어가 탁족(濯足)을 하면서 하루를 즐겼다.
  한편 해안 지방에서는 바닷가 백사장에서 모래찜질을 하면서 더위를 이겨 내기도 했다. 초복과 중복, 말복에 걸친 삼복더위를 이겨 내는 시절 음식으로는 개장국, 삼계탕, 팥죽, 육개장, 잉어구이, 오이소박이, 증편, 복숭아 화채, 구장(개고기) 등이 있다.

- **칠석**(음력 7월 7일) : 1년 동안 서로 떨어져 있던 견우와 직녀가 만나는 날이라 하여 여자들은 길쌈을 더 잘할 수 있도록 직녀성에 빌었다. 각 가정에서는 밀전병과 햇과일을 차려 놓고, 부인들은 장독대 위에 정화수를 떠 놓고 가족의 수명장수와 집안의 평안을 기원하기도 했다. 또 여름 장마철 동안 눅눅했던 옷과 책을 꺼내어 말리는 풍습인 쇄서폭의(曬書曝衣)도 행해졌다. 칠석의 절식으로는 밀국수와 밀전병, 깨찰편, 밀설기, 조악, 규아상, 흰 떡국, 깻국탕, 영계탕, 어채, 생실과(참외) 등이 있다.

- **추석**(음력 8월 15일) : 만월을 갈망하고 숭상하던 시대에 1년 중 가장 달이 밝은 날인 한가위는 우리 민족 최대의 축제 중 하나로 여겨지게 되었고, 후에

의식화(儀式化)하여 명절로 제정됨으로써 오늘날에 이르렀다. 추석에 행해지는 세시 풍속으로는 차례, 벌초, 성묘, 소놀이, 거북놀이, 강강술래, 원놀이, 가마싸움, 씨름, 반보기, 온보기, 올게심니, 밭고랑 기기 등을 들 수 있다.
추석은 시기적으로 곡식과 과일 등이 풍성한 때인데 햇곡식으로 밥과 떡, 술을 만들었고 대표적인 절식으로는 송편을 빼놓을 수 없다. 그 외에도 토란탕, 가리찜(닭찜), 송이산적, 잡채, 햅쌀밥, 김구이, 나물, 생실과, 송편, 밤단자, 배화채, 배숙 등이 있으며, 추석 술은 백주(白酒)라고 하는데 햅쌀로 빚었기 때문에 신도주(新稻酒)라고도 한다.

- **중양절**(음력 9월 9일) : 중광, 중구라고도 하는데, 중양(重陽) 또는 중광(重光)은 양(陽)이 겹친다는 뜻이고 중구(重九)는 9가 겹친다는 뜻으로 풀이된다. 이날에는 성주 단지에 햇곡식을 갈아 제물을 차려 성주 차례를 지내고 기일(忌日)을 모르는 조상의 제사를 모시며, 연고자 없이 떠돌다 죽었거나 전염병으로 죽은 사람의 제사를 지내기도 했다.
시절 음식으로는 국화전, 화채(유자, 배), 김국전, 밤단자, 생실과 등이 있다. 사람들이 떼를 지어 산이나 계곡을 찾아 국화전 같은 시식을 먹고 국화주에 취하며 하루를 즐겼는데, 이를 국화놀이라고 한다.

- **동지**(12월 22, 23일경) : 24절기의 하나로서 1년 중에 밤이 가장 길고 낮이 가장 짧은 날이다. 동지 팥죽은 절식이면서 동시에 벽사축귀(辟邪逐鬼)의 기능이 있다고 보았다. 그 외에도 동치미, 생실과, 경단, 식혜, 수정과, 전약 등을 먹었으며 지방마다 새로운 곡물과 특산물로 술을 담가 먹었다. 붉은색을 띤 팥은 축사(逐邪)의 힘이 있다고 믿어 역귀(疫鬼)뿐만 아니라 집안의 모든 잡귀를 물리치는 데 이용되어 왔다. 동지 팥죽과 더불어 책력을 선물하던 풍속이 전한다.

- **제석, 그믐**(음력 12월 31일) : 1년의 마지막 날인 섣달 그믐날 밤을 제석(除夕) 혹은 제야(除夜)라고 하는데, 이는 한 해를 마감하는 마지막 밤이라는 뜻이다. 제석의 풍속으로는 궁궐에서 지내는 연종제(年終祭)와 묵은해 문안 그리고 민간에서 행하는 묵은세배, 수세(守歲), 세찬(歲饌) 등이 있다. 또한 연중에 있었던 모든 거래를 청산하는 풍속이 있어 빚이 있는 사람은 해를 넘기지 않고 모두 갚았으며, 저녁에 불을 켜 놓아 새해의 복을 맞이했다. 이 날의 음식은 골무병, 조악, 정과, 잡과, 식혜, 수정과, 떡국, 만두, 골동반, 완자탕, 갖가지 전골, 장김치 등이다.

지역 문화에 따른 분류

우리나라는 다양한 기후 조건 그리고 대륙과 연결되고 3면이 바다로 둘러싸인 지리적 조건으로 인해 주식과 부식의 종류가 많고, 기후에 따른 조리법 등으로 국토의 면적에 비해 각 지역 음식의 특징이 뚜렷하다. 이러한 향토 음식은 가정에서는 별미로, 외식 산업에서는 차별화된 메뉴로 채택되고 있다.

서 울

온대 기후에 속하는 서울, 경기 지역 중 서울은 자체 산물은 별로 없지만, 전국 각지에서 여러 재료가 모여 다양하게 활용됨으로써 사치스러운 음식을 만들게 되었다. 왕족과 양반 계급이 많이 살던 곳이라 격식이 까다롭고 의례적인 것을 중시했다. 간은 짜지도 맵지도 않은 중간 정도이며, 음식에 넣는 양념은 곱게 다져서 쓰고 음식의 분량은 적지만 가짓수가 많다. 모양은 작고 예쁘게 하여 멋을 내며, 궁중의 음식이 양반집에 전해졌다.

– 음식 : 장김치, 설렁탕, 장국밥, 약식

경기도

서쪽으로 바다가 있어 해산물이 풍부하고 동쪽이 산간 지방이라 산채가 많으며, 밭농사와 벼농사가 활발하여 여러 식재료가 골고루 생산된다. 음식은 소박하면서 다양하고 개성 지방을 제외하고는 대체로 수수하다. 간은 세지도 약하지도 않으며 양념도 많이 쓰지 않는다. 개성은 고려 시대의 수도로서 당시의 솜씨가 남아 음식이 호화롭고 다양하다.

– 음식 : 개성편수, 조랑떡국

충청도

농업을 주로 하였던 지역으로 쌀, 보리 등의 곡식이 풍부하며, 서쪽의 해안 지방은 해산물이 풍부하고 내륙 산간 지방에는 산채와 버섯이 많다. 양념을 많이 쓰지 않고 자연 그대로의 맛을 살리며, 대체로 맛이 담백하고 구수하며 소박하다.

– 음식 : 콩나물밥, 호박범벅, 청포묵국, 쇠머리떡, 찹쌀미수, 복숭아 화채

강원도

논농사보다 밭농사가 더 많고 산악과 고원 지대에는 옥수수, 메밀, 감자 등이 많이 나며, 동해에는 생태, 오징어, 미역 등이 많이 난다. 산악 지방은 육류보다는 소(素)음식이 많으며 해안 지방에서는 멸치, 조개 등을 넣어 맛을 돋운다. 대체로 소박하며 먹음직스럽고 감자, 옥수수, 메밀을 이용한 음식이 다른 지방보

다 많다.

– 음식 : 강냉이밥, 감자밥, 감자 수제비, 오징어순대, 감자 송편

전라도

선비들의 유배지였던 전라도는 풍유적인 양반의 고유 음식을 이어받았다. 곡식과 해산물, 산채 등 재료가 풍부하고 사치스러운 편인데 남해, 서해와 접하고 있어 특히 해산물 음식과 젓갈이 많다. 기후가 따뜻하여 간이 세고 고춧가루를 많이 써서 맵고 자극적이다.

– 음식 : 전주비빔밥, 콩나물 국밥, 두루치기, 꼬막무침, 호박고지 시루떡

경상도

남해와 동해에 좋은 어장을 가지고 있어 해산물이 풍부하고, 기름진 농토에서 생산되는 농산물이 넉넉하다. 음식의 맛은 맵고 간이 센데 사치스럽지 않고 소담한 편이다. 곡물 음식 중 국수를 즐긴다.

– 음식 : 진주비빔밥, 무밥, 재첩국, 닭칼국수, 안동식혜

제주도

아열대성 기후로 어류와 해초가 많이 생산된다. 음식은 많이 차리거나 양념을 많이 넣거나 여러 재료를 섞어 만드는 것이 별로 없다. 된장으로 맛을 내는데 간은 대체로 짜면서 재료의 맛을 그대로 살리는 편이다.

– 음식 : 옥돔죽, 물망회, 오메기떡

황해도

쌀이 많이 생산되고 잡곡의 질이 좋아 곡물 음식이 발달하였다. 음식은 양이 풍부하고 기교를 부리지 않으며 구수하면서 소박하다. 간은 짜지도 싱겁지도 않으며, 김치에 고수와 분디라는 향신 채소를 넣어 독특한 맛을 낸다. 김치는 맵지 않고, 시원하게 동치미 국물을 넉넉히 하여 겨울에 국수나 찬밥을 말아 즐긴다.

– 음식 : 잡곡밥, 김치말이, 되비지탕, 호박 김치찌개, 잡곡전

평안도

한대 기후에 속하는 평안도는 서쪽이 바다와 인접해 해산물이 많고, 넓은 평야에서 곡식도 풍부하게 생산되는 편이다. 음식은 대체로 먹음직스럽게 푸짐하고, 곡물 음식 중 메밀로 만든 음식이 많다. 겨울이 특히 추운 지방이어서 기름진 육류 음식을 즐기고 콩과 녹두 음식이 많다. 음식의 간은 대체로 맵지도 짜

지도 않으며, 평양 음식이 많이 알려져 있다.
- 음식 : 평양냉면, 김치말이, 닭죽, 만두, 어복쟁반, 순대, 과줄

함경도

산간 지대가 대부분이고 밭농사를 많이 하여 잡곡 생산량이 많고, 그 중 콩의 품질이 뛰어나다. 음식의 모양은 큼직하고 장식이나 기교를 부리지 않으며 사치스럽지 않다. 간은 싱겁고 담백한 편이지만 고추, 마늘 등 양념을 많이 쓰기도 한다.
- 음식 : 기장밥, 조밥, 회냉면, 비빔국수, 인절미, 단감주

3) 한국의 차 문화

『삼국사기』에 의하면 선덕 여왕 때 차가 전해져서 보천(寶釧), 효명(孝明) 두 왕자는 오대산 깊은 골짜기에서 차를 끓여 부처님을 공양하였고, 경덕왕은 충담 스님의 차 한 잔을 얻어 마셨는데 그 풍미가 매우 훌륭해서 사발 한가운데서 오묘한 향기가 퍼져 나왔다고 한다. 흥덕왕 3년에 사신 김대렴(金大廉)이 당나라에서 차 종자를 들여와 지리산의 화개동에서 재배한 것이 그 시초로, 점차 수요가 많아져 재배가 늘었다.

신라에는 차 마시는 풍습이 불가(佛家)에서 성행하였고, 고려 시대에는 불교가 융성하여 차와 선(禪)의 일체감이 승려들 간에 유행하였다. 궁중에서도 다방(茶房)이라는 관청을 두고 다모(茶母)를 상주시켜 연회 때 사용했는데, 조선 시대에 들어와서는 숭유 억불(崇儒抑佛) 정책으로 차 마시는 풍습이 쇠퇴하였다.

처음에 차는 식용할 수 있는 식물이자 병을 낫게 하는 약으로 쓰였다. 그런데 차의 맛과 각성 효과, 용이한 생산 등으로 기호음료로 발전하면서 차를 즐겨 마시는 문화가 발달하게 되었다. 우리의 차 문화는 사회적 · 문화적 · 종교적 영향으로 융성하기도 하고 소멸의 위기를 맞기도 했는데, 우리 민족의 오랜 음다 문화는 생활 관습과 민족적 특성, 정신적 가치 체계 등 크게 변하지 않는 내면적 바탕에서 발전해 갔다.

4) 테이블 데커레이션의 아이템과 테크닉

우리나라는 서양과의 교류로 서양식 식탁의 미학을 추구하게 되었지만 전통적

인 테이블 형태, 크기, 식도구 등은 현재의 주거 생활에 적합하지 못한 실정이다. 따라서 사계절의 식탁과 전통적인 식생활 관습을 기초로 한 현대의 식탁은 미학적 · 철학적 · 기능적인 측면에서 새로운 제안과 테크닉이 필요하게 되었다.

1945년 광복 후, 우리나라는 생존의 시대, 생활의 시대를 거쳐 세계에서 유래없는 속도로 생감(生感)의 시대로 들어섰다. 생감의 시대에 테이블 데커레이션은 가정에서 또는 외식 산업에서 다양한 라이프스타일에 대응하는 새로운 분야로 대두되었다. 따라서 식공간에서 물리적인 영양의 보급뿐만 아니라 정신적인 영양의 보급도 충족시켜 줄 수 있는 전문가를 필요로 하게 되었다. 이에 따라 현대에는 식탁 문화에 관련된 전문인을 크게는 식환경 디자이너, 작게는 테이블 코디네이터라고 하며 조리 문화에 관여된 전문인을 요리사, 조리사, 푸드 스타일리스트 등으로 칭한다. 오랜 시간을 걸쳐 연구하고 테크닉을 연마하여 먹을거리로부터 시작한 식사 문화 분야의 전문인을 현대에서는 푸드 코디네이터라고 하기도 한다. 그리고 이러한 명칭들은 지역, 시대, 식환경 상황에 따라 변화될 것이다. 이와 같은 식사 문화 전반의 발전은 단시간 내에 이루어질 수 없는 것이다.

한국 식탁에 서양의 테이블 아이템을 그대로 적용시켜 꾸미는 것은 여러 가지 어려움이 있다. 따라서 서양식 주거 환경과 우리 전통의 식습관을 조화시키기 위해서는 다음과 같이 우리나라에 맞는 테이블 아이템을 디자인하거나 개발해야 한다.

첫째, 주택에서의 공간 개념의 차이로 인한 식탁 공간과 거실 공간에서의 홈파티 등의 어려움을 해소하기 위하여 서양의 파티 방법, 메뉴의 간소화 등을 접목시켜 연구해야 한다.

둘째, 우리의 식탁 크기에 서양식 테이블 데커레이션의 부적합을 한국형 양식기의 크기 조절과 입체적인 세팅 등으로 개선해야 한다.

셋째, 개별식(個別食)과 공식(公食)의 차이에서 오는 서비스 방법에 대처하는 새로운 데커레이션을 제안해야 한다. 서양의 개별식과 한국의 공식 등의 식습관 차이에서 오는 서비스 방법의 어려움을 해결하기 위해서는 식기 위에 식기를 겹쳐 놓는 서양식 세팅을 한다거나, 공식을 개별식과 같은 유형으로 세팅할 수 있는 창의적인 트레이형 식기 등을 디자인해야 한다.

넷째, 서양식과 한식 복합 메뉴의 구성을 위하여 테이블 데커레이션 아이템인 리넨, 식기, 실버웨어, 글라스웨어 등 서양의 테이블 아이템과 한식기를 우리 정서에 맞게 변화시켜야 한다. 또한 다른 지역의 식문화에서 유입된 식기를 사용한 퓨전 스타일의 실용화를 통해 현대의 트렌드에 맞는 신선한 한국 식탁을 선보이도록 한다.

테이블(Table)

우리나라의 전통 소반은 형태와 생산지, 크기, 옻칠의 색에 따라 이름을 달리 붙였다. 오늘날 주거 형태와 인테리어가 거의 바뀌었으나, 전통에의 향수와 멋으로 가정과 한정식 전문점 등에서 소반의 사용이 늘고 있다.

- 책상반 : 장방형 소반으로 일상의 반상에 많이 쓰인다.
- 원반 : 둥근 모양의 상으로 작은 소반부터 여럿이 둘러앉을 수 있는 큰 두레반까지 크기가 다양하다. 다리의 모양은 전체가 하나의 둥근 원통인 것, 병풍처럼 나무판 열두 쪽을 이어 만든 것, 다리가 네 개로 양쪽의 다리만을 둘씩 가로질러 놓은 것이 있다. 칠의 색깔은 수라상에 쓰이는 원반은 주칠인 붉은색이며 검은색이나 갈색, 자주색 등 여러 가지가 있다.
- 팔모반 : 윗면이 8각형으로 다리는 병풍처럼 8면의 옥판으로 짜여져 있다. 다과상으로 많이 쓰이며, 크고 붉은 칠을 한 것은 돌상 차림을 할 때 쓰이기도 한다.
- 귀상 : 윗면이 반원형으로 곁반으로 쓰인다.
- 단각반 : 8각이나 12각인 윗면을 돌릴 수 있는 회전반으로 다리는 중심에 하나만 있다.
- 해주반 : 장식이 매우 간결한 책상반 모양이다.
- 나주반 : 상의 둘레를 곡선으로 굴리고 다리에 조각을 많이 새긴 호족반으로 네모진 책상반이 있다.
- 통영반 : 자개로 문양을 내어 매우 화려하고 반상 차림에 많이 쓰인다.
- 구족반 : 개다리소반이라고도 하며, 다리의 굽이 안쪽으로 향해 있고 윗면은 둥글거나 곡선이 둘려 있다.
- 호족반 : 상의 굽이 바깥을 향해 끝이 올라가 있는 모양이다.
- 가자틀 : 집에서 떨어진 곳에서 여럿이 회식을 할 때 음식을 얹어 나르기 위해 쓰던 것이다.
- 공고반 : 작은 팔각반으로 다리가 병풍처럼 둘러 있는데 앞뒤가 크게 뚫려 머리에 이면 앞이 다 보이게 만들었다. 관청에 번을 할 때나 식사를 차려서 내갈 때 썼다.

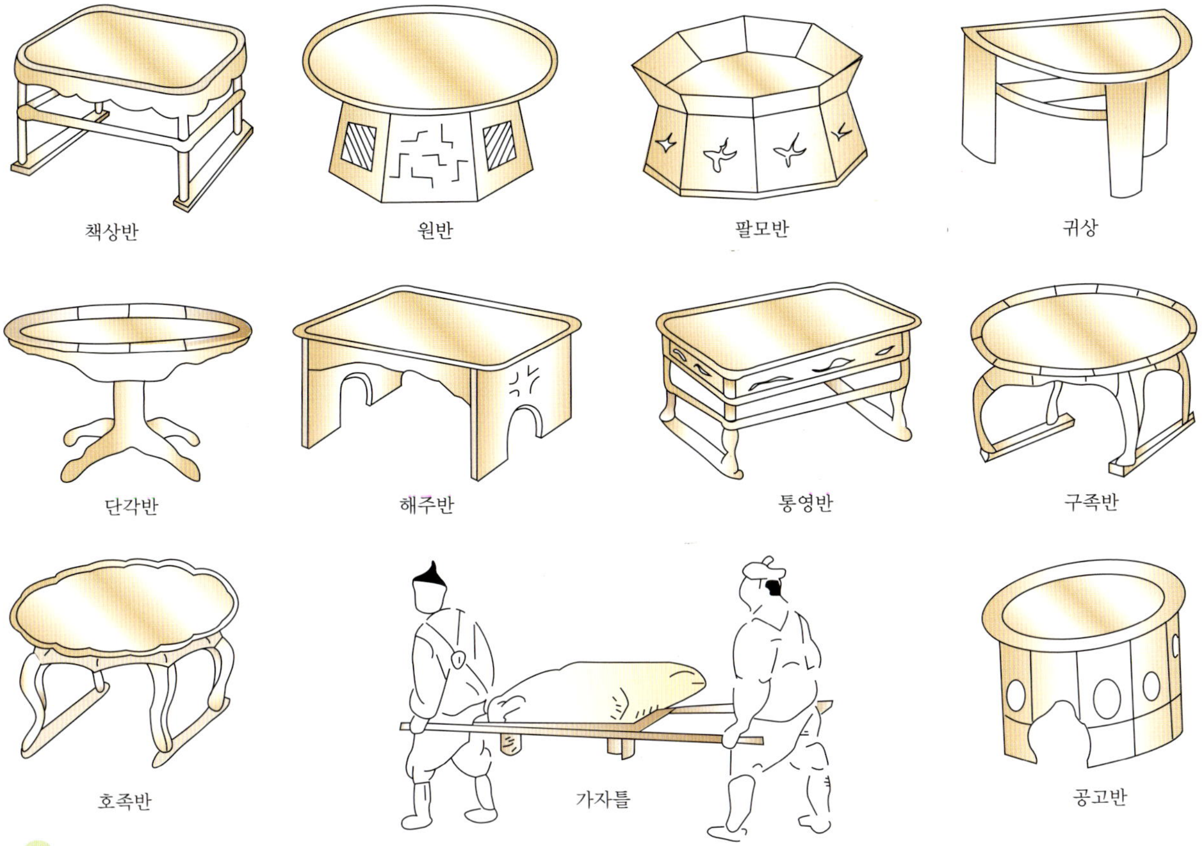

한국의 전통 소반

광복 후 미국 식문화의 영향으로 일반 가정에 입식 식탁이 자리잡음으로써 유교 의식에도 많은 영향을 주어 남존여비, 남녀유별의 식사 습관이 크게 달라졌다. 핵가족이 늘어나고 주거 환경이 아파트 등 서양식으로 바뀌면서 공식의 식사 형태에 따른 한국형의 식탁 크기가 만들어졌다.

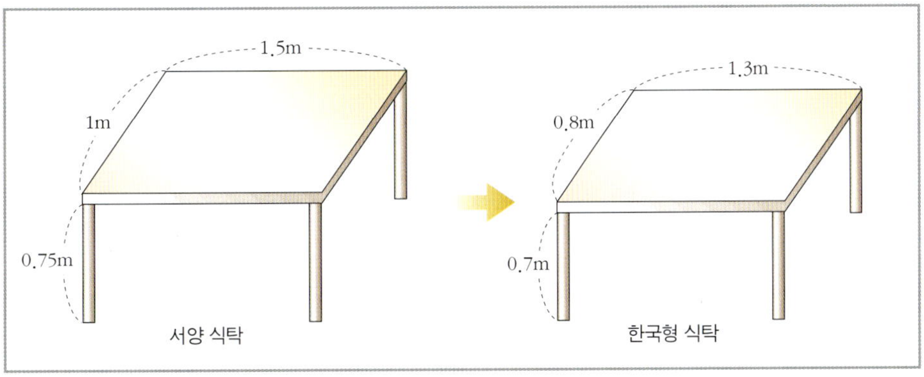

식기의 크기, 서비스 방법 등의 차이에 따른 한국 식탁 크기의 변화

리넨(Linen)

전통 테이블 세팅에서는 클로스를 사용하지 않았다. 전통 한옥의 온돌방에서 사용하는 칠기로 된 낮은 소반은 그 자체로도 아름답고 청결하여 클로스가 필요하지 않았던 것이다. 그러나 궁중연회 때에는 비단러너가 깔리기도 하였다. 전통 상차림의 구성을 보면 조리의 특성상 여러 가지 메뉴를 각각의 식기에 담고, 주식과 부식이 뚜렷한 식기를 사용하였다. 이러한 식사 문화는 클로스를 사용하기에 적합하지 않아 특별한 경우가 아니면 사용을 기피하였다.

하지만 식탁에 새로 준비한 청결한 클로스를 펼친다는 것은 환영(welcome)의 의미로서 큰 역할을 하기 때문에 오늘날 우리의 식탁에서 사용이 점차 늘어나고 있다. 따라서 한국 식탁에 맞는 용도, 소재, 컬러, 크기 등 편의성에 맞도록 한국형 식탁크기에 맞는 클로스를 규격화해야 한다.

언더클로스(Under Cloth)

서양식 테이블에서와 마찬가지로 탑 테이블클로스를 볼륨감 있게 돋보이도록 하고 식기, 실버웨어, 글라스웨어 등과의 마찰을 부드럽게 하는 역할을 한다.

테이블클로스(Table Cloth)

한식의 테이블클로스는 서양식에서와 같은 기능과 재질을 따르는데, 클로스의 소재와 색은 도자기의 질감, 색과 잘 조화되는 것을 선택해야 한다. 기본적으로 올이 곱고 광택이 나는 것은 백자, 청자, 청화백자 등과 어울리며, 올이 거칠고 반광택인 것은 분청과, 올이 성글고 거칠며 무광택인 것은 옹기 등과 어울린다. 백자, 청자, 청화백자는 맑고 투명하기 때문에 색상을 맞추기가 용이하지만, 분청이나 옹기는 색상으로만 맞추면 칙칙하고 탁해 보일 수 있으므로 식기의 색과 채도, 명도를 고려하여 청결감이 있으면서 무거워 보이지 않는 것을 골라야 한다. 삼베, 모시, 광목, 한지 등 한국적 소재와 자연 염료의 색을 활용하면 더욱 안정적으로 보인다.

러너(Runner)

서양식과 같은 용도와 소재, 크기로 사용하면 되지만 우리의 전통을 서양식 식탁에서 느낄 수 있도록 식탁의 가로나 세로의 크기 중 2/3 정도만 덮이도록 하는 것도 한식에서의 러너 사용 방법 중 하나이다.

매트(Mat)

서양식과 같은 용도와 소재로 사용하면 되지만, 양식기와 한식기는 크기와 모

테이블 크기보다 작은 정방형의 한지를 테이블클로스로 사용하여 테이블의 재질감, 광택 등을 느낄 수 있도록 표현한 한식 테이블 세팅이다.

서양식 러너의 용도와는 달리 테이블 위에 세로로 늘어뜨려 다양한 크기의 한식기를 배치한 세팅에 컬러의 포인트를 주고 안정감을 느낄 수 있게 표현한 테이블 세팅이다.

양이 다르므로 세팅시 식탁의 크기, 메뉴와 식기의 관계, 서비스 방법 등을 고려해서 매트의 크기를 정해야 한다. 한식의 매트 디자인은 전통 칠기 소반의 상판 형태를 참고로 할 수 있다. 매트는 테이블 위에서 아이템들의 배치와 색을 통일감 있게 정리해 주는 역할을 하며 격식 있는 세팅이 연출되도록 한다. 한식기를 돋보이게 하는 나무, 칠기, 한지, 삼베, 대나무 등의 소재로 만든 매트가 있으며, 서양식의 매트도 한식기와 어울리게 세팅하면 특색 있는 테이블이 될 수 있다.

냅킨(Napkin)

궁중에서 왕이 사용하던 휘건(揮巾)이 한식 냅킨의 시작이다. 한식에서의 냅킨은 보통 서양식과 같은 용도와 크기로 사용된다. 한식기에 냅킨으로 연출하는 경우, 냅킨 접기는 평평한 양식기 위에 입체감을 주는 것과 달리 한식기는 크기, 모양, 높이 등이 각각 다르므로 단순하게 정리해서 접는 것이 세팅시 단아해 보인다. 일반적으로 서양의 냅킨과 같은 소재와 크기를 사용하지만 한지나 한복지 등으로 한국적인 느낌을 줄 수도 있다.

TIP 휘건

옛날에 휘건은 사방 60cm 정도 크기의 분홍색 모시 또는 무명으로 만들어 협자에 끼웠다.

도일리(Doily)

한국 식탁에서 도일리는 다례상차림 등에서 볼 수 있었는데 식기를 겹쳐 놓는 새로운 세팅 방법에 따라 한지, 무명, 자수천 등으로 사용할 수 있다.

차이나웨어(China Ware)

우리의 식기는 만들어진 재질로 나누어 볼 때 유기, 은기 등 금속으로 만든 식기와 흙을 빚어 구운 토기, 도기, 자기가 있다. 그리고 옻을 이용한 칠기, 대나무로 만든 죽제품의 식기와 나무로 만든 목기가 있다.

전통 식기(기명)

일상의 반상 차림에 쓰이는 그릇은 반상기라 하며 원래 여름철과 겨울철에 식기를 구별하여 썼는데, 여름에는 도자기로 된 것을 쓰고 그 외의 계절에는 유기나 은기를 썼다. 반상기는 밥주발, 탕기, 조칫보, 김칫보, 종자, 쟁첩, 대접으로 이루어져 있고, 일반적인 주발의 형태와 바리, 합의 모양을 따서 한 벌을 모두 같은 형태와 문양으로 맞췄다. 주로 상에 오르는 그릇은 다음과 같다.

- 주발 : 유기, 사기, 은기로 된 밥그릇으로 주로 남성용이며 사기 주발은 사발이라 한다. 아래는 좁고 위는 차츰 넓어지며 뚜껑이 있다.

한국형 매트는 서양과 달리 주식과 부식이 뚜렷이 구분되므로 서비스 방법에 따라 크기가 달라진다(치유의 공간, 조희준).

한국식 은혼식에 알맞게 한복의 옷고름 모양으로 냅킨을 접었다(Silver Wedding, 전지연).

서양의 도일리와 같은 역할로 편의상 식기를 겹쳐 놓을 때 한국적 소재인 한지, 삼베, 목면 등으로 도일리를 만들어 사용한다.

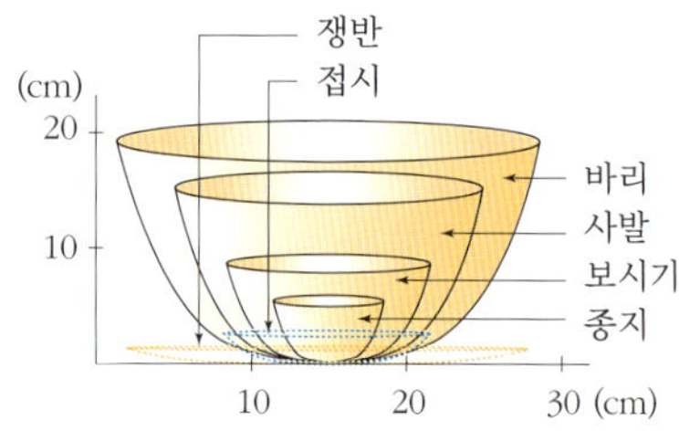

바리 : 지름 20cm 이상
사발 : 지름 10~20cm
보시기 : 지름 5~10cm
종지 : 지름 5cm 이하
쟁반 : 지름 20cm 이상
접시 : 지름 20cm 이하
잔 : 높이 20cm 이하, 높이>지름

식기의 명칭과 규격

- 바리 : 유기로 된 여자용 밥그릇으로 주발보다 밑이 좁고 배가 부르며, 위쪽은 좁아들고 뚜껑에 꼭지가 있다.
- 탕기 : 국을 담는 그릇으로 주발과 같은 모양이며 주발보다 한 둘레가 작은 크기이다.
- 대접 : 위가 넓고 운두가 낮은 그릇으로 숭늉, 면, 국수를 담으며 요즘에는 국그릇으로 쓰인다.
- 조칫보 : 찌개를 담는 그릇으로 주발과 모양이 같으며 탕기보다 한 치수 작다.
- 보시기 : 김치를 담는 그릇으로 쟁첩보다 약간 크고 조치보다는 운두가 낮다.
- 쟁첩 : 전, 구이, 나물, 장아찌 등의 찬을 담는 그릇으로 작고 납작하며 뚜껑이 있다. 반상기의 그릇 중 가장 많고 반상의 첩수에 따라 쟁첩 수가 정해진다.
- 종지 : 장류와 꿀을 담는 그릇으로 주발과 모양이 같고 크기가 가장 작다.
- 합 : 밑이 넓고 평평하며 위로 갈수록 직선으로 차츰 좁혀지고 뚜껑의 위가 평평한 모양으로 유기나 은기가 많다. 작은 합은 밥그릇으로 쓰고 큰 합은 떡, 약식, 면, 찜 등을 담는다.
- 조반기 : 대접처럼 운두가 낮고 위가 넓은 모양으로 뚜껑에 꼭지가 달렸다.

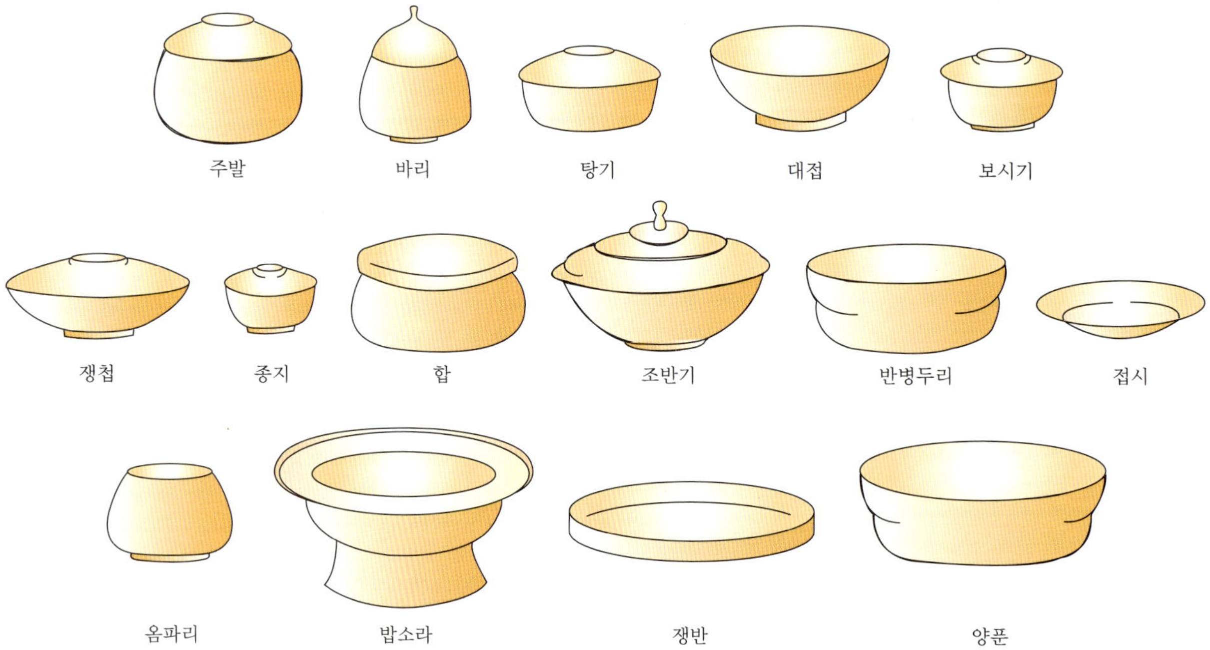

전통 한식기의 기본 형태

- 반병두리 : 위는 넓고 아래는 조금 평평한 양푼 모양의 유기나 은기 대접을 말한다.
- 접시 : 운두가 낮고 납작한 그릇으로 찬, 과실, 떡 등을 담는다.
- 옴파리 : 사기로 만든, 입이 작고 오목한 바리이다.
- 밥소라 : 큰 유기그릇으로 위가 벌어지고 굽이 있으며 둘레에 전이 달려 있다.
- 쟁반 : 운두가 낮고 둥근 모양으로 다른 그릇이나 주전자, 술병, 찻잔 등을 담아 놓거나 나르는 데 쓰이며 사기, 유기, 목기 등으로 만든다.
- 양푼 : 음식을 담거나 데우는 데 쓰는 놋그릇으로 운두가 낮고 반병두리와 같은 모양이나 크기가 크다.

현대의 식기

전통 식기에 원형을 둔 현대의 한식기는 한식의 변모와 유행에 따라 새로운 기능으로 디자인되고 있다. 서양의 식사 문화와 접목된 퓨전 식기 또는 라이프스타일에 따른 컬러 식기, 다양한 질감의 식기 등이 그 예이다. 그리고 전통적인 서비스 방법이 현대에는 신메뉴, 인테리어 등과의 조화를 위해서, 또 가정에서는 식탁의 변화를 위해서, 외식 산업에서는 마케팅 전략으로 엔터테이닝화되고 있다. 따라서 식사의 새로운 서빙 방법에 대응하기 위하여 다용도의 식기, 즉 1기 다식(다식 1기)을 위한 식기(하나의 식기에 여러 종류의 음식을 담기 위한 형태의 식기), 입체적인 형태의 식기 등이 개발되고 있다.

양식기 세트만으로 대응되지 않는 한식 상차림에서 양식기와 동일한 소재와 디자인을 살린 주발 등을 만들어 퓨전 스타일의 한식 디너 상차림을 세팅했다(Happy New Year, 조은주).

전통 한식 테이블 매너에서는 무례하게 여겼던, 식기를 겹쳐 놓거나 식기를 들고 식사를 하는 방법도 현대의 한국 식사 문화의 일부분이 되었다. 한식기를 한 가지 소재와 같은 색의 세트로 구성하지 않고 서양 식기와 접목시킨다든가 청자, 백자, 분청, 청화백자, 유기, 유리, 칠기, 석판 등 여러 가지 새로운 소재를 적절하게 섞어 사용하는 것도 세련된 데커레이션 방법이다. 식기는 테이블 코디에서 기능성에 따른 배치의 미를 모두 만족시켜야 하는 중요한 아이템이다. 메뉴에 따른 식기와 코디의 새로운 제안은 테이블 코디에 있어서 창조적인 요소의 하나로서 큰 역할을 하고 있다.

실버웨어(Silver Ware)

가장 기본적인 도구인 숟가락으로 밥과 국을 먹고, 젓가락은 찬을 먹는 보조 역할을 한다. 개인마다 정해진 수저를 쓰며, 손님용은 따로 마련해 두기도 한다. 숟가락과 젓가락은 한 벌이 같은 재질의 금속으로 되어 있으며 은, 유기, 백동, 스테인리스, 옻칠 등의 재료로 된 수저들이 있다.

서양과 달리 우리나라의 식탁에서 실버웨어는 종류가 단순하다. 우리는 동양에서도 숟가락과 젓가락을 동시에 사용하는 유일한 민족이며, 이는 현재에도 변함이 없지만 국물 음식의 양이 줄어들고 번거로운 조리가 생략되는 등 식사 생활이 변화되면서 젓가락의 사용 용도가 다양해지고 있다. 또한 퓨전 음식에 따라서 서양식 실버웨어와 숟가락 또는 젓가락을 함께 놓으며, 서양에서는 동양 음식에 대한 선호도가 높아지면서 젓가락의 사용이 세계화되고 있다.

오늘날 우리 식탁의 수저는 전통 수저와 달리 크기, 컬러, 재질이 다양하고 죽, 떡, 한과, 과일 등을 위한 수저, 포크 등도 개발되고 있다. 테이블 코디에 있

사찰 음식과 어울리는 나뭇가지를 그대로 이용한 젓가락 세팅이다(Gray Meditation, 유신욱).

어서 메뉴와 식기에 맞는 크기를 선택하고 색감의 포인트로 활용할 수 있으며, 식기의 재질감과 조화시켜 실버웨어 기능 외에 미적 효과도 낼 수 있다.

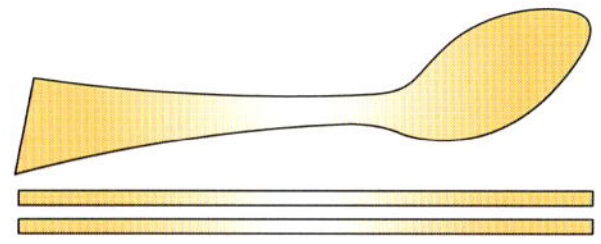

삼국 시대(6세기)의 경주 안압지에서 출토된 수저

전통 수저

삼국 시대에는 중국의 것을 모방한 것이나 중국 수저의 형태를 보이며, 고려 시대의 숟가락은 지나치게 휘어지고 가늘며 긴 멋에 치우친 형태여서 음식을 먹기에 불편하였고 숟가락과 젓가락이 세트로 이용되었다. 그리고 조선 시대 초기에는 제비꼬리가 없어지고 자루의 휘어짐이 적으며 숟가락 면이 나뭇잎 같은 원형을 이루었고, 중기 이후에는 자루가 길면서 두꺼워지고 숟가락 면이 둥글어져 예술성과 실용성이 한결 향상되었다.

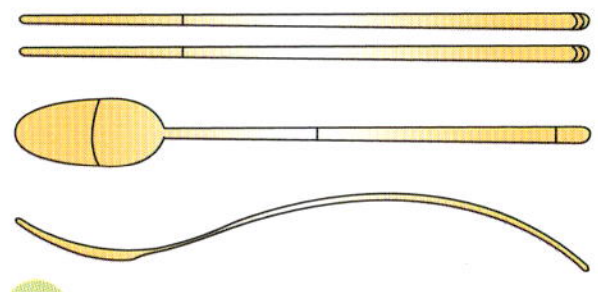

고려 시대(12세기)의 인종 장릉에서 출토된 수저

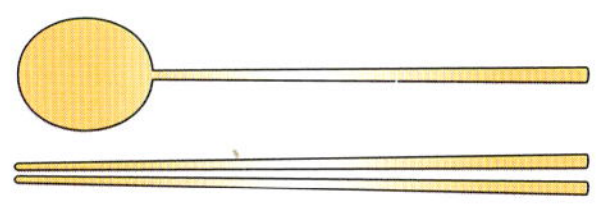

조선 시대의 동제 수저

글라스웨어(Glass Ware)

서양 식사 문화의 와인과 한국 식사 문화의 주류는 의미가 다르다. 서양에서는 음식과 와인이 조화를 이루면서 식사가 완성되므로 와인의 색을 돋보이게 하는 유리잔을 식사 시작부터 테이블에 세팅한다. 그러나 전통적인 한식에서는 반상, 주안상, 다과상 등이 확실히 나뉘어 주안상 외에는 술잔을 음식과 같이 세팅하지 않았다. 또한 유리 식기를 거의 사용하지 않았는데, 유리 제조 기술이 발달되지 않았던 반면 도자기 문화 수준이 높아 도자기로 된 술병과 술잔 등을 사용했다.

현대에는 서양식 식사 문화의 영향으로 복합적인 식사 문화가 이루어져 식사 시에 주류를 내놓기도 하고 한식과 와인을 겸하기도 하여 T.P.O(시간, 장소, 목적)에 맞게 유리 외에 도자기, 유기, 칠기 등을 세팅한다. 기본적으로 식기와 메뉴에 맞는 수준의 잔 선택이 중요한데 칠기, 자기류의 식기에는 투명하고 커팅

고대의 술잔

가야 시대의 대부파수부배(臺附把手附杯)

고려 시대의 청자병

약주의 아름다운 색이 보이도록 유리 글라스웨어로 세팅한 주안상이다(Slim Dinner, 박종일).

이 선명하게 되어 있는 크리스털잔이 어울리고 도기류의 식기는 수제의 소다 유리잔과 잘 맞는다. 또한 자기류의 술잔은 청주 등에 어울리고 도기류의 술잔은 탁주 등과 어울린다.

센터피스(Centerpiece)

흔히 센터피스를 양식 상차림에만 놓는 것으로 생각하는데, 옛날 우리 상차림을 알 수 있는 그림들을 보면 상 한쪽에 소담한 화병을 놓아 손님을 맞는 정성을 표시하고 식탁의 분위기를 돋우었다. 궁중 연회, 궁중 다례 의식에서 조화, 생화를 이용하여 장식을 한 궁중 상화가 있었고 사대부의 혼례식, 회혼례 등에서는 고임상 위에 조화 또는 생화를 올렸다.

그런데 우리 조상들은 생명을 중시하여 꽃을 즐기고 싶을 때는 생화보다는

진연상을 장식했던 궁중 채화

궁중 연회의 채화를 지점토와 조화로 만들어 현대의 혼례 상차림에 활용했다(내 생애 가장 아름다운 날, 박혜영 · 유경아).

조화를 많이 이용했다. 이렇게 사람의 손에서 피어나는 꽃을 가화(假花)라고 하는데 천연 염색한 한지로 만든 지화, 꿀을 빼고 남은 찌꺼기로 빚어서 만든 밀납화, 떡으로 만든 병화, 비단으로 만든 채화 등이 있다. 특히 14세기에 궁중의 장식으로 자리잡은 채화는 연회가 있을 때 임금의 음식상을 장식하거나 무희들이 춤추는 무대를 장식하는 데 쓰이기도 했다. 불교에서는 지화, 생화의 불화를 장식하여 공양물과 함께 부처에게 바쳤고, 일반 서민들은 굿의 제물상에서 조화를 접하였다.

오늘날 우리의 식탁에서는 전통의 이미지를 기념일, 연회 등의 아이디어로 센터피스에 활용할 수 있을 것이다. 농경민족에게 중요한 지표가 되는 24절기 음식의 재료인 제철 곡식, 야채, 식용 꽃, 절기의 꽃 등으로 식욕을 돋우는 센터피스를 만들 수 있다. 한식에서의 센터피스는 선과 여백의 미를 중요시하여 나뭇가지, 꽃가지 등의 라인을 이용한 비대칭의 어레인지먼트로 서양의 좌우대칭적인 센터피스와 구별할 수 있다.

피겨(Figure)

한국 식탁에서의 피겨는 장식을 위한 초, 촛대 등과 소금, 후추, 고춧가루, 간장, 식초, 참기름 등을 담는 용기를 말한다. 궁중 연회나 의례식 상차림에서는 초와 촛대 등의 피겨를 장식하기도 하였으나 일반 상차림에서 상 위에 직접 장식된 예는 극히 드물었다. 수라상 위에는 토구 등이 놓였고, 초와 촛대는 상 위에 두지 않고 반상 옆에 옮겨 두어 조명의 역할을 하였다.

일반 가정과 한식당 등에서는 양념통 등을 사용하고 메뉴에 따라 토구도 놓

수놓은 댕기를 냅킨 링으로 만들어 특색 있는 한식 상차림을 표현했다(고종과 덕혜옹주의 아침수라, 송민정 · 최미림 · 김민선).

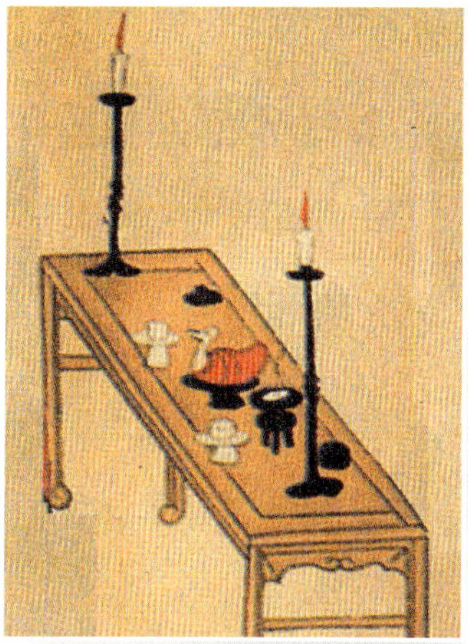

전안례에서 피겨 역할을 한 촛대

정월의 상차림에서 정결함을 나타내기 위하여 흰색 한지로 접은 학을 소품으로 이용했다.

전통 의례인 책례에서의 스승님께 드리는 담배 선물을 소품으로 세팅한 테이블이다(김혜정, 김민지).

는다. 이때 전체 인테리어 분위기, 다른 테이블 아이템들과 어울리는 것을 준비하여 좀더 세련된 한국적 식공간 분위기를 만들어 내야 한다.

현대에는 수저받침, 냅킨 링, 네임 홀더, 네임 카드 등의 서양식 테이블 코디의 아이템을 오늘날 우리의 식탁에서도 같은 의미나 용도로 사용하고 있다.

소품(Attachment)

식사와는 직접적인 관계가 없지만 테이블 코디의 목적이나 이야기를 만들어 줄 수 있는 전통의 소품으로는 통과 의례식 중 돌상에서 돌잡이용 소품, 초례청에서의 암수 한 쌍의 닭 등을 예로 들 수 있다.

오늘날 우리 식탁의 소품은 굳이 한국적인 것이 아니어도 무방하며, 일상적인 식탁이나 특별한 날의 주제에 따라 창의적인 표현을 할 수 있을 것이다.

5) 현대의 식사 문화 매너

서양 의례의 원칙에 의해 만들어진 것이 국제 공통 매너가 되겠지만, 세계 여러 나라에는 서로 다른 사상, 종교, 습관 등에 따라 오랜 세월에 걸쳐 완성된 매너가 있다. 마찬가지로 우리나라의 식사 매너는 샤머니즘, 불교, 도교, 유교 등의 사상을 기초로 하여 만들어졌다. 우리의 전통 식사 매너를 살펴보면, 서양의 식사 문화와 달리 대화를 통한 즐거움 보다는 기초 체력을 유지하기 위해 필요한 에너지를 섭취하는 데 목적이 있어 맛있는 음식을 탐하거나 즐거움을 표현하는 것은 터부시되어 왔다. 이러한 전통 식사 매너는 아직까지도 희미하게 남아 있다.

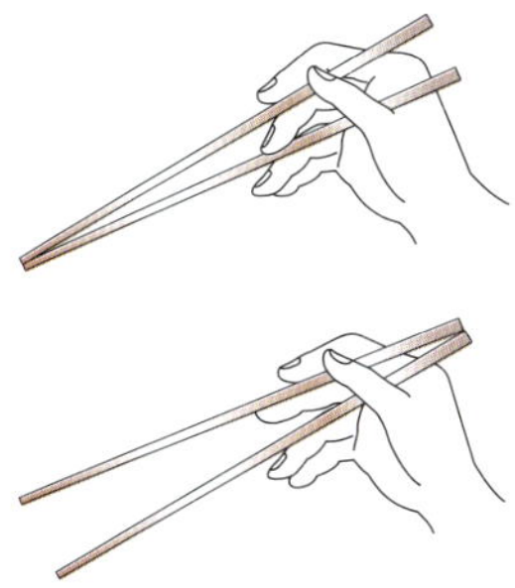

젓가락 사용 방법

일반적인 식사 매너

- 윗사람이 먼저 수저를 든 다음에 아랫사람이 들도록 한다.
- 숟가락과 젓가락은 한 손에 같이 들지 않아야 한다. 즉 젓가락을 사용할 때에는 숟가락을 상 위에 놓아 둔다.
- 숟가락이나 젓가락을 그릇에 걸치거나 얹어 놓지 말고, 밥그릇이나 국그릇을 들고 먹지 않는다.
- 밥과 국물이 있는 찌개, 국 등은 숟가락으로 먹고 다른 반찬은 젓가락으로 먹는다.
- 숟가락이나 젓가락으로 반찬이나 밥을 뒤적거리거나 휘젓지 말고, 음식을 골라내거나 양념을 털어 내지 않는다.
- 음식 타박을 하거나 소리를 내지 말고, 수저와 그릇 등이 부딪혀서 소리가 나지 않도록 한다.
- 식사 도중에 수저에 음식이 묻어 남지 않도록 한다.
- 식사 중 수저를 들고 흔들면서 이야기하지 않는다.
- 윗사람이 식사를 끝내고 수저를 내려놓은 다음에 아랫사람이 식사를 마친다.
- 같이 식사하는 다른 사람과 식사 속도를 맞추어야 한다.
- 식사를 다 한 후에는 수저를 처음 위치에 가지런히 놓는다.
- 이쑤시개는 식탁에서 사용하지 않는다.
- 여성은 식사 후 식탁에서 화장을 고치지 않는다.
- 냅킨을 사용할 때는 서양식에 준한다.

TIP 문헌속의 전통 식사예절

너무 크게 싸서 입 안에 넣기 어렵게 하지 마라. 볼을 크게 부풀리는 것은 예절에 벗어난다. 무나 배나 밤을 먹을 때는 자주 씹어 사각사각 소리를 내지 말고 먹어야 하며, 국수와 국 그리고 죽을 먹을 때는 갑자기 들이마셔 후루룩 소리를 내면 안 되고, 물을 마실 때는 목구멍 속에서 꿀꺽꿀꺽 소리가 나지 않도록 해라. 또 부스러기를 혀로 핥지 말고 국물은 손가락으로 찍어 먹지 말며, 음식을 입에 넣고서 웃음을 터뜨리지 마라. 음식을 먹을 때는 배에 알맞게 먹어서 남는 것이 없게 하고, 특히 밥을 다 먹고 난 후 그릇에 물을 부어 한 톨의 쌀이라도 버려서는 안 된다. 숟가락이 그릇에 닿아 소리가 나게 하지 말 것이며, 밥알을 남겨 뜰이나 도랑, 혹은 더럽고 습한 곳에 흘리지 않게 하라.

– 이덕우의 『사소절』 중에서

현대의 퓨전 매너

전통 식사 문화의 매너는 현대의 식탁에서 그대로 지키기에 합당하지 않은 면이 있다. 국가 간의 문화 교류가 많아지고 해외여행이 빈번해지면서 식(食)에 대한 의식이 바뀌었고, 따라서 새로운 식습관이 생기게 되었다.

우리의 식탁도 다른 나라 식사 문화의 영향을 받으며 퓨전 메뉴, 겸용 식사 도구, 서양식 식습관 등에 많은 변화가 생겼다. 즉 세계 음식의 교류를 통해 음식뿐만 아니라 식사시에 식기, 실버웨어 또는 소품 등을 필요에 따라 세팅하는 경우가 늘게 되어 한국 전통의 식사 매너를 그대로 적용시키기에는 어려움이 따르며, 퓨전 메뉴의 경우 전통의 해석은 무의미하다.

세계 각국의 음식과 테이블 아이템이 복잡하게 세팅될 때는 인간공학적인 편리함, 위생 관념에서의 청결함, 안정성에서 본 위험도 등을 고려해야 하고, 정신적 미학의 기준인 프로토콜의 원칙을 기준으로 매너를 판단해야 한다.

또한 시각적인 아름다움 외에 타인을 배려하는 행동과 마음을 의식한 매너라면 국제 의례와 각국 전통 매너의 조화를 통해 훌륭한 세계인의 퓨전 매너가 만들어질 것이다. 그리고 한국의 쾌적한 식탁은 한국인의 기본 교양과 식사에 대한 가치관에 따라 발전할 것이다.

3. 현대의 테이블 데커레이션

한국의 전통 식문화도 한복, 한옥과 더불어 변모해 가고 있다. 서양 식문화의 발전 양상과 마찬가지로 한국도 왕족, 사대부의 일상식, 연회식, 종교 의례식, 세시절식, 통과 의례식 등을 통해 한국의 역사 속에서 식탁의 의식화, 상징화, 민중화의 단계를 거쳐 발전되어 왔다.

전통 사상에 기초를 둔 풍속, 풍습에서 본 음식, 식기, 놀이 문화를 컨셉트로 현대 라이프 스테이지에 알맞은 컬러와 이미지를 구축하여 한국 식탁 문화에서 한스타일의 테이블 코디네이션을 구체화시켜야 한다. 이러한 테이블 코디네이션의 구성은 가정에서의 계절에 따른 일상식, 기념일이나 외식 산업의 메뉴 개발, 식공간의 이미지 개선, 식문화적 이벤트 등에서 한국 특유의 것으로 자리매김해야 한다. 또한 세계를 향한 브랜드화 정책의 한 부문으로서 요리뿐만 아니라 식탁, 식공간, 식환경을 디자인하여 한국 식문화의 정체성 있는 심볼 컬러와 이미지를 세계에 부각시켜야 한다.

1) 현대에 맞게 표현한 궁중 이미지의 테이블

레오나르도 다빈치가 궁정에 왔다면…

Symbol color & Point

심볼 컬러는 궁중의 화려함과 위엄을 나타내 주는 골드로 하였으며, 궁중 음식을 서양의 바로크 스타일 식탁과 접목하였다.

Menu

도미면, 미나리강회, 더덕생채, 규아상

Coordinator

김윤수, 손성덕, 이상필, 임소정, 전현정

레오나르도 다빈치가 궁정에 왔다면…

외국인을 위한 궁중 만찬

Symbol color & Point

골드를 심볼 컬러로 하여 궁중의 주안상을 왕이 사용하던 계명주를 사용하여 세팅하였다.

Menu

청주, 신선로, 각종 나물

Coordinator

황규선, 유신욱

외국인을 위한 궁중 만찬

2) 현대에 맞게 표현한 세시절식의 테이블

송액영복

송액영복

Symbol color & Point

음양오행 사상의 심볼 컬러인 오방색은 한국의 명절 컬러이기도 하다. 오방색이 들어간 정월의 연을 소품으로 사용하고 백자 찻잔과 접시로 정월의 찻상을 세팅하였다.

Menu

작설차, 약과, 다식, 꽃절편

Coordinator

장양순

초여름 저녁의 여유

초여름 저녁의 여유

Symbol color & Point

유두의 상차림을 유리로 된 디너 양식기로 표현하였다. 파란 아크릴판으로 물의 흐름을 주고, 초여름과 맑은 물을 나타내기 위해 파란색 불투명 식기를 사용하였다.

Menu

유두면, 건단, 수단, 상화병

Coordinator

유경아

올게심니

Symbol color & Point

추석의 테이블을 현대 식문화에 맞춰 뷔페 스타일로 표현한 상차림이다. 풍작을 기원했던 올게심니를 센터피스로 사용하였으며 가을 곡식의 색을 심볼 컬러로 하였다.

Menu

햅쌀밥, 송편, 토란탕, 송이산적, 잡채, 김구이, 나물, 생실과, 밤단자, 배화채, 배숙

Coordinator

이수연

올게심니

3) 현대에 맞게 표현한 사찰 이미지의 테이블

Gray Meditation

Symbol color & Point

불가의 승복의 무채색을 심볼 컬러로 하여 바루를 뷔페 스타일 상차림의 식기로 이용하였다. 여백과 자연의 색을 살린 한스타일의 테이블 세팅이다.

Menu

찰밥, 토란국, 산초장아찌, 늙은호박죽, 버섯튀김, 고사리나물

Coordinator

유신욱

Gray Meditation

4) 현대에 맞게 표현한 통과 의례식의 테이블

Peek-a-Boo, Kitsch-Boo

Symbol color & Point

여아의 이미지에 어울리는 분홍 테이블클로스에 전통 색동옷인 돌빔을 키치 스타일로 디자인한 러너를 사용했다. 몸에 좋고 가벼운 칠기를 여아의 식기로, 전통과 현대의 멋을 느낄 수 있는 백자를 부모의 식기로 했다. 센터피스는 여아의 돌잡이인 쌀, 돈, 국수, 실타래, 책, 붓, 가위, 실패, 자 등을 이용하여 오브제 형태로 표현했다.

Menu

애피타이저 – 새우미나리강회
메인 – 미역국, 미역으로 만든 이유식, 도미조림
디저트 – 돌떡(수수팥떡, 백설기), 오미자차

Coordinator

제민지, 채윤희

Peek-a-Boo, Kitsch-Boo

Chapter 2
중국의 식사 문화

따유엔(大圓) 사상을 기본으로 하는 중국은 넓은 영토에 기후도 다양한데, 이러한 자연 조건은 곡물의 생산량에도 많은 영향을 주었다. 기온이 낮고 건조한 황하 지역은 조를 위주로, 기후가 온화하고 강수량이 풍부한 남쪽의 양쯔강 쪽은 벼를 위주로 식생활이 형성되었다.

이와 같은 남북의 두 가지 풍미는 춘추 전국 시대부터 출현하여 당 · 송조 시기에 이르러 완전하게 형성되었으며, 청대 초기에는 노채, 소채, 오채, 천채 등으로 나누어져 후에는 '4대 채계(菜系)' 라고 불렸다. 청대 말기에는 절강, 복건, 호남, 안취 등의 지방 요리를 위의 요리와 함께 '8대 채계' 로 불렸고, 그 후 북경, 상해의 지방채가 발전하여 '10대 채계' 로 되었다. 채계가 부단한 발전을 거쳐 왔지만 사람들은 습관적으로 4대 채계와 8대 채계로 중국의 요리를 대변한다.

일반적으로 중국인들은 미각과 영양의 균형을 강조하여 육류와 채소류, 어류와 탕을 언제나 함께 올린다. 곡식과 채식을 주로 하면서 육식은 주로 보양 음식으로 하고 있는데, 곡식과 채식이 주가 된 것은 우리나라와 마찬가지로 농경 문화가 중심이었기 때문이다.

중국 요리에 상용되는 재료는 1,000여 종이고, 총 재료 수는 10,000여 종 이상일 정도로 풍부하며, 사람이 먹을 수 있는 재료가 모두 음식의 재료로 사용된다. 중국 요리의 큰 특징은 재료를 날로 먹지 않는 데 있다. 즉 숙식(熟食)을 기본으로 한다. 또한 음식을 익히는 데 다양한 특징을 가지고 있으며, 기름을 여러 가지 방법으로 사용하여 다양한 풍미를 느낄 수 있다. 튀김의 경우 두 번 튀김으로써 표면이 바삭해지고 속뼈까지 연해지게 만들거나, 볶음의 경우는 최단 시간에 볶아 덜 기름지게 한다. 기름은 재료를 변화시키기 위해서도 쓰며, 신선하지 못한 식품의 불순물을 제거하는 데도 쓰인다.

중국 요리의 특징 가운데 하나로 조리의 완성 과정에 녹말로 농도를 조절하는 방법이 있는데 그 이유는 다음과 같다. 첫째, 수분과 기름은 분리되는 성질이 있는데 녹말이 이를 융화시키는 역할을 한다. 둘째, 재료를 고온의 기름으로 처리하면 표면이 바삭바삭해지는데 여기에 녹말 소스를 첨가하면 부드러워진다. 셋째, 중국 요리는 뜨거울 때 먹는 것이 많으므로 잘 식지 않도록 녹말의 점성을 사용한다. 이렇게 녹말의 점성을 사용하면 가열하는 시간이 짧아도 되므로 열에 약한 영양소가 파괴되지 않고 시간적으로나 연료상 경제적이다. 이는 중국 요리가 합리적이라는 이유의 하나가 될 것이다.

그리고 다른 나라 요리에 비해서 중국 요리는 찌는 방법을 많이 사용한다. 찌기는 재료의 모양이나 본래의 맛을 파괴하지 않고 담백한 것에 맛을 들이는 방법으로 좋다. 또한 중국 요리의 조미료는 100여 종에 달하는데, 다양한 조미료는 맛의 조화를 이루게 하는 관건이기도 하다.

조리법에 있어서 중국 요리는 칼질이 정교하고 모양이 다양하며 크기, 굵기, 두께가 고르다. 모든 재료를 작게 자르며 어떤 재료는 칼질로 살아 있는 것과 같은 새, 짐승, 화초 등 아름다운 조각과 같은 형상을 만들어 요리를 예술의 경지에까지 끌어올리기도 한다. 한편 조리 기구는 조리 방법에 비해 단순한 편이다.

중국에서는 의식주(衣食住) 대신 식의주(食衣住)라는 말이 보편적으로 쓰일 정도로, 중국인들은 식생활 향상에 가장 먼저 신경을 쓴다. 그러나 예부터 중국인의 음식 섭취 목적은 단순히 맛있는 음식을 탐하는 것이 아니라 건강과 장수에 초점을 두고 있다. 이러한 특성은 의식동원(醫食同源)이라는 용어로 설명할 수 있다. 즉 의약과 음식은 본래 그 뿌리가 하나라는 의미로서, 중국에서는 음식으로 몸을 보신하고 병을 예방하여 치료하고 장수한다는 인식이 보편화되어 있다. 따라서 곰, 자라, 고양이, 쥐, 벌레에 이르기까지 독특한 재료를 사용하는 중국 요리는 불로장생의 사상과 밀접한 관계를 맺고 발전해 왔다.

또한 동북아시아에서 중앙아시아에 이르는 광대한 영토, 다양한 민족 구성은 중국 요리가 다채로운 형태와 독특한 맛을 갖게 된 중요한 배경이 되었다. 현대에 와서는 외식 문화가 발달하였는데, 이는 인구가 많아 집에서 요리하는 것보다 사 먹는 편이 경제적이기 때문이기도 하다.

1. 중국의 식사 문화사

중국인에게 있어 좋은 음식을 먹는 것은 인생에서 가장 큰 즐거움 중의 하나로, 중국은 5000년의 오랜 역사 속에서 전통을 이어 오면서 음식 문화를 형성하였다. 중화 민족 문화의 한 부분으로 형성된 중국의 음식 문화에는 중화인의 대원 사상, 도덕 관념, 민족 심리, 생활 방식, 신앙과 예절이 나타나 있다.

중국은 하나의 국가가 성립되고 왕조가 탄생할 때마다 새로운 풍습과 식문화를 형성하였다. 사람들은 그때마다 다른 고장의 새로운 요리를 접하게 되었고, 자기 식성에 맞게 조리법을 개발하면서 새로운 요리를 만들었다. 나라가 혼란할 때는 새로운 요리가 생겨날 여유가 없지만, 태평성대에는 왕실과 권력자들의 미식 욕구가 자극되어 맛있는 요리를 요구함으로써 요리가 발달하게 된다.

1) 은(殷) · 주(周)

요리 기술이 고대로부터 확립되었다는 사실은 수많은 요리책이 전해 내려오는 것에서도 알 수 있다. 요리사의 사회적 지위도 상당하여 은나라 시대(기원전 2100~1700)의 이이(伊伊)는 요리사로서 재상이 되었다. 그는 『본미론(本味論)』이라는 요리책을 저술하였으며, 조리 기구를 가지고 가서 오리통구이를 황제 탕왕(湯王)에게 바치고 국정에 대해 건의하여 재상으로 중용되었다고 한다. 그리고 『사기』에 따르면 은나라 주왕이 처음으로 상아 젓가락을 만들었다고 하나, 고고학자가 발굴한 젓가락은 아무리 오래된 것도 춘추 시대까지밖에 거슬러 올라가지 않는다.

주(기원전 1046~771) 왕조의 『주례(周礼)』에는 예방의학이나 영양사의 역할을 한 식의(食医)가 병이나 부상을 치료하던 의사보다 지위가 높았다고 씌어 있다. 또한 기원전 500년경에 쓰인 중국의 고서 『시경(詩經)』에는 5미(五味)의 기본 미각, 6곡(六穀, 6종류 곡식), 6생(六牲, 말 · 소 · 양 · 돼지 · 닭 · 개) 등 음식에 대한 용어와 굽고 태우고, 끓이고, 찌고, 조리는 등의 조리법에 대한 기록이 있다.

2) 진(晉)・한(漢)

만리장성을 쌓은 진나라(기원전 221~207) 시황제로부터 한방식(漢方食)이 시작되었고, 가공 식품도 먹기 시작한 것으로 전해진다.

중국의 식문화사상 중요한 시기는 한나라 시대(기원전 201~서기 220)이다. 한나라 때에는 영양학, 약리학을 기초로 색, 맛, 향을 구비한 요리 형태로 일상생활에 밀착한 의식동원으로 나아가기 시작하였다. 식의의 전문 기술이 한 왕조 이후에 여러 계층으로 계승되었는데 도가(道家)의 전문의, 궁정의 식선 요리인, 의학자로 전승되어 현대의 한의원, 한약 등의 어원이 되었다. 또한 한나라 시대로 접어들면서 떡, 만두 등 곡류를 가루로 해서 음식을 만들어 먹는 조리법이 생겨났고 식기도 금, 은, 칠기를 만들어 사용하기 시작했다.

전한의 무제는 서역의 식품(깨, 오이, 포도, 무화과, 석류)을 들여왔다. 이런 것들에는 모두 '胡(호)' 자가 붙어 있는데, '胡' 라고 불린 서역 방면에서 온 식품이라는 뜻을 담고 있다. 두부의 발명, 운남 지방이 원산지인 차, 소금이나 술의 전매도 이루어졌다.

3) 수(隋)・당(唐)

수나라 시대(581~618)에는 대운하가 건설됨으로써 강남의 질 좋은 쌀이 베이징까지 전달되어 베이징 일대의 식생활이 풍요로워졌으며, 화북 지방에서는 식생활에 일대 혁명이 일어나기 시작했다. 물레방아를 이용하여 제분을 함으로써 일반 서민들도 빵과 전병 등을 만들게 되어 분식이 발달했다. 그리고 실크로드를 통해 페르시아 지방에서 와인, 설탕이 들어와 만들어지기 시작한 것도 이 무렵이다.

남방에서 유행한 차를 마시는 풍습은 중당(中唐)에 들어와서야 육우에 의해 차 마시는 법이 확립되었다. 760년을 전후로 육우는 『다경(茶經)』을 집필하였는데, 차의 정의와 역사, 단차 제조 용구, 만드는 법, 끓이는 법, 마시는 법 등의 내용을 담고 있다.

식사는 1일 2식이었으며 조리는 원칙적으로 남자의 일이었다. 당나라 시대(618~907)에는 북방 민족으로부터 의자에 앉아 식사하는 방식을 배우게 되었고, 이때부터 식사에 젓가락과 숟가락을 세트로 사용하였다.

4) 송(宋) · 원(元)

송나라 시대(960~1279)의 식문화는 당나라 시대의 연속이었고, 현재에도 이어지고 있는 요리나 식품이 등장하였다. 동파육 요리, 유조, 금화산의 중국 햄이 그것이다. 차를 마시는 풍습이 점점 번성하고 기법이 더욱 번거로워졌으며, 차를 타는 갖가지 기교가 발달하였다. 의자에 앉아 식사하는 방식은 송나라 시대의 궁중 식문화에 완전히 정착되었고, 젓가락을 세로로 놓는 풍습도 송나라 시대 이후에 나타나게 되었다. 의자와 식탁 생활이 보급됨에 따라 밥과 국은 개인 전용의 공기에 담았으나 부식은 큰 공용 식기에 담아 젓가락으로 직접 덜어 먹는 상차림으로 변화된 것으로 보인다.

원나라 시대(1206~1370)에 접어들면서 중국 요리가 서방 세계로 전달되기 시작하였다. 몽골인들은 유목민이었으므로 고기 요리와 유제품을 많이 먹었고, 주로 구워서 먹었는데 이는 기마민족의 특징이다. 일부 상류층에서는 포도주가 유행하였고, 금과 은으로 된 식기를 사용하기도 하였다.

5) 명(明) · 청(淸)

중국의 식문화에 새로운 요리가 생긴 것은 대항해 시대가 가져다 준 수많은 외래 식품에 의해서였다. 명나라 시대(1368~1643)에는 미 대륙이 원산지인 땅콩, 감자, 옥수수, 토마토, 고구마가 수입되었고, 사천 요리에서 없어서는 안 될 고추도 이 시기에 들어왔다. 도로, 운하 등이 잘 발달되어 남방에 이르는 길도 잘 트였기 때문에 각 지역의 요리 재료, 향신료, 과일 등을 쉽게 구할 수 있어서 요리법이 한층 더 발달하였다. 또한 건조품을 잘 불리는 방법이 개발되었다.

식사는 1일 3식이 원칙이었으며, 밥과 부식은 젓가락으로 먹고 숟가락은 국 전용 도구로 쓰이기 시작하였다. 명나라 시대의 젓가락은 음식을 집는 끝이 둥글고 손잡이 부분은 사각의 방형(方形)으로 오늘날의 중국 젓가락 형태와 유사하였다.

청나라 시대(1636~1911)는 중국 요리의 집대성기이며 궁중 요리의 생성기로서, 세월이 흐르면서 발달한 요리가 부흥기를 맞게 되었다. 청 중기부터 말기에 걸쳐 현재와 같은 고도의 조리법이 완성되었으며, 지금의 명물 요리도 이 시대에 생겨나고 이전의 소박한 요리가 고급화되었으며, 현재 각지의 유명한 요리점인 노포(老鋪)도 이 시대에 많이 창업되었다.

청나라 시대에 완성된 현대 중국 요리의 정(精), 세(細), 전(全)의 의미와 내용

구 분	정(精)	세(細)	전(全)
의 미	마음이 깃든 조리	세밀하게 신경을 씀	각각의 지방 요리가 독자성을 가지고 완성된 스타일을 가짐
내 용	재료의 선택 조리 모양 식기 예절	소재의 가공 조리 방법 조미료의 조화 조미의 방법	4대 지방 요리 등과 소주 · 복건 · 호남 · 안징 · 산동성 등의 각 지방의 요리

만주인과 한인의 관청(관사)에서 일제히 의식을 하는 연석에 제공된 최초의 요리이며 중국 요리의 진수라고 할 수 있는 '만한전석(滿漢全席)' 은 청나라 시대의 화려함과 호사스러움의 극치를 드러내었는데, 상어 지느러미, 곰 발바닥, 낙타의 등, 원숭이의 골 등 중국 각지에서 준비한 희귀한 재료들을 이용하여 100종 이상의 요리를 준비해서 이틀에 걸쳐 먹었다. 한편, 서태후는 나들이를 할 때 요리사를 100명이나 대동하고 음식을 수백 가지나 만들어 먹었다고 하니 그 화려함을 짐작해 볼 수 있다.

청나라 시대에는 행사 음식도 성행했는데 베이징에서는 설날에 물만두를 만들어 먹었고, 2월 1일에는 태양의 탄생일이라고 하여 쌀가루로 5층 떡을 만들어 태양신에게 바치는 의식을 행하였다. 4월 초파일에는 콩, 팥을 삶아서 절에 가는 선남선녀에게 주는 '사연두' 풍습이 있었고, 8월 보름에는 월병을 만들어 제사를 지냈다. 또 12월에는 각종 죽을 만들어 먹으면서 만수무강을 기원하였다.

6) 현대의 중국 식문화

일반적으로 중국인들은 외식(外食)을 좋아하고 여럿이 같이 둘러앉아 식사하는 것을 즐긴다. 중국에서는 국빈을 초대하여 만찬회를 열 정도의 격식 있는 식당도 아침에는 서민이 아침상을 받는 곳이 되어 버릴 정도이다. 또한 지방에 따른 요리의 구분이 엄격하여 광동 요리 전문점이 사천 요리인 마파두부를 파는 경우는 없고 오리 전문점, 찜 요리 전문점, 소룡포 전문점 등 전문점이 많은 것이 특징이다.

중국 요리는 기름을 많이 사용하는데, 조리 기름의 사용이 라드에서 식물성 기름으로 변하는 등 건강식을 지향하게 되었다. 그리고 외국에의 문호 개방에 따른 화교들의 이동으로 전 세계 어느 곳에 가더라도 중국 요리를 맛볼 수 있다.

2. 중국의 식탁 문화

1) 전통 테이블 세팅의 기본 구성

중국 요리는 서양 요리의 테이블 세팅과 같이 세팅의 순서나 위치가 정해져 있지 않고 모든 것을 레스토랑의 방침에 따른다. 테이블에 세팅해야 하는 것으로는 일반적으로 젓가락, 젓가락받침, 장식 접시, 1인용 서비스 접시, 조미료 접시, 냅킨, 렝게, 렝게받침 등이 있다. 이 모든 것이 손에 쥐기 편하도록 세팅하는 것이 기본이다.

중국 요리는 보통 한 탁자에 여덟 가지, 열 가지 등 짝수로 가짓수를 맞추어 준비하며, 차가운 음식에서 점차 따뜻한 음식을 대접한다. 한 가지 요리를 몇 사람분의 요리로 해석하지 않고 그냥 한 접시의 몫으로 생각한다. 접시의 크기에 따라 보통 대(7~8인분), 중(4~5인분), 소(2~3인분)로 나누어 분류한다.

식단은 가정 식단, 연석(宴席) 식단, 정식 식단으로 나누어진다. 가정의 일상적인 자샹차이(家常菜)는 4인 가족인 경우 일품 요리 두 가지에 국 한 가지로 하는 것이 보통이다. 연회상인 연석 식단에서는 각 종류별로 4 또는 4의 배수로 하며 메뉴는 치엔차이(前菜), 또우차이(頭菜), 따차이(大菜), 탕차이(湯菜), 떼엔신(点心), 티엔차이(甛菜), 과일로 구성된다.

치엔차이로 차가운 음식이 나온 후, 식도를 부드럽게 하기 위해 상어 지느러미나 제비집 등과 같이 따뜻하고 부드러운 또우차이가 나온다. 따차이는 소화 기능과 입맛을 고려해 해물 요리,

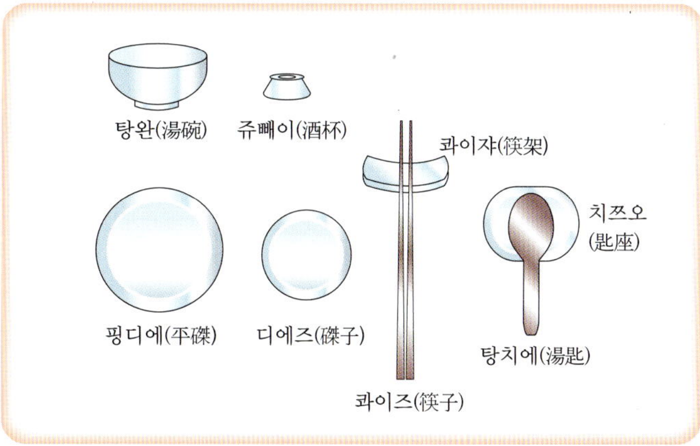

중국 요리 식기의 배치

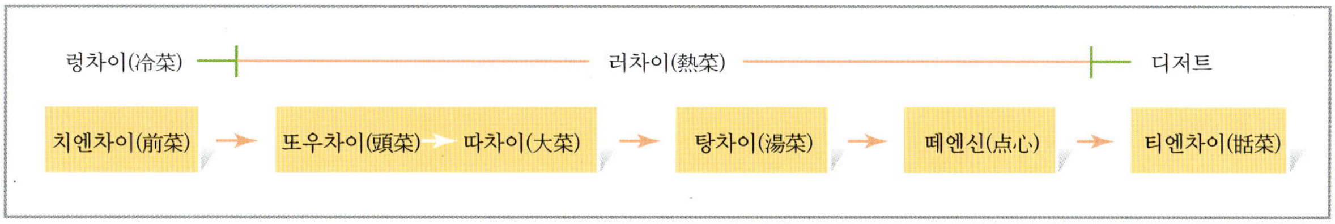

중국 요리의 메뉴와 식사 진행 순서

북경 요리 메뉴의 예

구 분	메 뉴
치엔차이(前菜)	량빤하이저(해파리 냉채) 주러우(돼지고기 간장조림) 량빤황과(오이무침) 샤오허차이(야채볶음)
또우차이(頭菜)	홍샤오뻬이츠(상어지느러미 찜)
따차이(大菜)	탕추시엔시아(탕수새우) 후어류리지(돼지안심과 야채의 녹말 소스) 또우푸완즈(두부완자 튀김) 리즈바이차이(배추와 밤 찜)
탕차이(湯菜)	쓰바오탕(4종류의 열매 수프)
떼엔신(点心)	시에훵차오판(게살볶음밥)
티엔차이(甛菜)	씬런또우푸(행인두부)

고기 요리, 두부 요리, 야채 요리 순으로 제공되며, 다음으로 탕차이와 함께 떼엔신이 나온다. 북방 지역의 경우 밀가루로 만든 만두 등이 주로 나오고, 남방 지역에서는 쌀이 주가 되는 밥 종류를 먹는다. 맛이 단 요리인 티엔차이는 러차이(熱菜) 코스의 다음에 나오며 마지막에 과일이 나온다.

2) 전통 테이블 세팅의 분류

사회 신분에 따른 분류

궁중 요리

궁중 요리는 청나라의 서태후에 의해 더욱 화려하게 완성되었으며, '색, 향, 맛' 이 어우러진 음식으로서 토산품, 진상품 등 식재료와 요리법이 다양하다. 우리나라와 같이 물림상 형식도 있으며 한 가지 재료로 조리 방법과 조미료에 따라 다양하게 만들기 위해 재료에 따른 음식부가 나누어져 있었다.

가정 요리

가정에서의 요리는 육류 한 가지, 채소 한 가지에 볶음 요리 두 가지와 수프, 밥, 중국식 김치 등이 대부분이다. 그러나 문화 혁명 이후 연료를 얻기 위해 산의 나무를 무분별하게 벌목하여 정책적으로 외식을 권장하게 되었다.

대중 요리

- 포자(包子) : 소를 넣은 찐빵, 왕만두 모양의 두툼하고 둥근 만두
- 만두(饅頭) : 소를 넣지 않아 아무것도 들어 있지 않은 밀가루 덩어리로 북방에서는 밥이나 식빵처럼 주식으로 쓰인다.
- 교자(餃子) : 밀가루를 반죽하여 발효시키지 않고 만드는 것(예 : 우리나라의 물만두, 군만두, 찐만두)
- 국수 : 자장면, 노면, 초면, 양춘면 등
- 유조(油條) : 꽈배기 모양으로 기름에 바싹 튀긴 음식

생활 문화에 따른 분류

중국은 고대부터 규모가 큰 전형적인 농업 국가로서 농사의 풍흉이 국민들의 생활에 직접적인 영향을 미쳐 왔다. 농사는 계절 및 절기와 밀접한 관계를 맺고 있으므로 중국에서의 절기 명절이 갖는 의미는 매우 중요하다. 중국의 3대 명절은 춘절, 단오, 추석으로 이때의 전통적인 고유 음식을 살펴보면 다음과 같다.

춘절(春節)

춘절은 우리나라의 설과 같은 음력 1월 1일로, 중국에서 가장 중요한 명절이다. 춘절에는 석가모니 성불을 기리기 위하여 성도(成道)설에서 유래된 라빠조우(臘八粥)를 먹는다. 오늘날에 라빠조우는 찹쌀, 수수, 조, 녹두, 콩, 대추, 밤, 잣 그리고 계피나 흑설탕 등으로 맛을 내는 것이 보통이다. 신구년이 교차하는 시간을 교자(交子)라 하는데, 이는 교자(餃子)와 음이 같기 때문에 섣달 그믐밤 껀슈지아오쯔(更世交子, 나이가 바뀌는 시간에 먹는 만두)를 먹는다. 어떤 만두 속에는 작은 동전 하나를 넣어 빚는데, 그 만두를 먹는 사람은 1년간 운수가 좋다고 여겼다. 춘절 아침에 제사가 끝나면 화폐(원보) 모양으로 빚은 만두가 들어 있는 위안바오탕(元寶湯)을 먹는다.

단오절(端午節)

음력 5월 5일인 단오절의 별식으로는 쫑즈(宗子)가 있다. 쫑즈는 찹쌀밥 속에 고기나 생선가루를 넣거나 팥고물 혹은 파인애플과 같은 과일을 넣어 뭉쳐서 만든 밥이다. 주로 갈대 잎이나 대나무 잎에 하나씩 싸서 즉시 먹을 수도 있고

며칠씩 보관했다가 먹을 수도 있다.

중추절(仲秋節)

음력 8월 15일인 중추절의 주요 행사는 햇곡으로 먹을 것을 장만하고 온 가족이 모여 앉아 감사드리며 즐기는 달맞이가 으뜸으로 우리의 한가위와 유사하다. 중추절의 별식은 위에삥(月餠)인데, 위에삥은 중국 남송 시대부터 전해져 온 과자로 보름달 모양으로 만들었다. 밤, 수박, 배, 감 등 둥근 과일과 함께 달에 바쳤으며, 가까운 이웃과 서로 나누어 먹고 행복을 빌어 주는 관습이 있었다. 지금은 중국의 명과(銘菓)로서 시판되고 있는데, 주로 중추절 직전에 만들며 추석이 지난 뒤에는 그다지 만들지 않는다. 위에삥은 중국의 전통 과자이지만 연회 식단에는 들어가지 않는다.

이상의 명절 음식뿐만 아니라 절기에 따라 입춘(立春)에는 봄떡을 먹고, 입하(立夏)에는 국수를 먹으며, 입동(立冬)에는 훈둔(얇게 빚은 일종의 물만두)을 먹는 등 중국에는 여러 가지 다채로운 음식과 관련 풍속이 있다.

지역에 따른 분류

중국 본토

중국 요리를 지역별로 분류하면 그 수는 36가지 이상이 된다. 연안부, 내륙부, 평야, 산악 지대, 사막, 초원, 고원 등으로 나눌 수 있고, 또한 열대에서 한랭지역까지도 한서 건습의 지역차가 심해 다양하고 특색 있는 명물 요리를 탄생시켰다.

- **북경 요리**(북방 요리) : 산동, 산서 지방의 북경 요리는 줄여서 징차이(京菜)라고도 한다. 베이징(北京)은 정치, 경제, 문화의 중심지였기 때문에 베이징 본래의 전통과 산동 요리, 궁정 요리 및 소수 민족 요리 등이 융합된 식문화가 형성되었다. 베이징은 오랫동안 수도였으므로 지방의 관사가 취임할 때 요리인을 동반하여 그들에 의해 폐석상의 요리들이 섞이게 되어 오늘날의 북경 요리가 되었다. 북방이라는 지리적 여건상 루메이라는 화력이 강한 석탄을 연료로 사용하여 튀김 요리나 볶음 요리 등 농후한 요리가 특히 발달하였다. 또 밀의 생산이 많아 면류(麵類), 만두(饅頭), 삥(餠) 등의 종류가 많다. 대표적인 요리로는 북경 오리 통구이와 양고기로 칭기즈칸 구이를 들 수 있다.
- **상해 요리**(동방 요리) : 상하이(上海)는 바다가 근접해 해산물을 많이 사용하

중국 본토의 지방별 요리

고 간장과 설탕으로 달고 농후한 맛을 내며, 선명한 색채를 낸 화려한 것이 많다. 1940년대에 상하이에는 요리점이 즐비하였으며 유명 요리가 넘쳐나고 국내외의 산해진미가 집결해 있었다. 오늘날 상해 요리는 원료의 신선함과 우수한 품질, 화려하고 정교한 모양, 다양한 구미라는 이점을 갖고 있다. 상해 요리는 따뜻한 기후를 바탕으로 농산물이 풍부하며 이 지방의 특산물인 장유를 사용하여 만드는 것이 특징이다. 특히 진간장을 사용하여 만든 홍샤오러우(紅燒肉)와 생선 요리, 바닷게로 만드는 푸룽칭시에(芙容青蟹)와 두부 요리인 스진또우푸(什錦鍋豆腐) 그리고 꽃 모양으로 만든 만두의 일종인 후아쥐엔(花卷), 상하이 크랩이 유명하다. 이밖에도 닭고기탕에 국화향을 더한 다음 고기를 넣어 먹는 샤부샤부의 일종인 쮜화훠꾸오(菊花化鍋)가 유명하며, 갖은 재료에 조미료를 넣어 볶은 췐지아푸(全家福)가 특색 요리로 연석에 오른다.

- **광동 요리**(남방 요리) : 복건 남부 지방을 대표하는 요리로 광저우(廣州)를 중심으로 푸젠성, 자오저우, 둥강의 요리를 총칭한다. 수륙 교통이 발달하였고 세계적으로 유명한 항구의 하나인 광저우는 16세기 이래 전통 요리를 서양 요리법과 결합시켜 독특한 특성을 지닌 요리를 만들어 내었으며 해산물 요리가 풍부하다. 또한 기후가 덥기 때문에 비교적 담백한 맛을 내는 요리가 발달하였고 서유럽의 쇠고기, 서양 채소, 케첩, 굴 소스 등을 사용한 요리가

발달하였다. 개, 고양이, 뱀, 오리 등 재료가 풍부하며, 대체로 자연의 맛을 살리는 회 요리를 많이 먹고 지나치게 익히지 않고 비교적 싱거우며 기름기가 적은 것이 특색이다. 대표적인 요리로는 돼지발을 튀기고, 작게 자르고, 물에 끓이고, 절이는 등 다섯 가지 순서로 요리를 한 빠이윈쭈쇼우(白云猪手), 뱀을 원료로 한 룽후또우(龍虎斗), 위에삥(月餅) 등이 있다.

- **사천 요리**(서방 요리) : 양쯔강 상류 산악 지대의 윈난성, 귀주 지방의 요리를 말한다. 이 지방은 바다가 먼 광대한 분지로 기후가 한랭하기 때문에 예부터 해가 나는 날이 드물며, 대부분 산악 지대이기 때문에 야채류는 있으나 어패류는 없어서 지하 해수 등의 양질의 소금을 이용한 소금절임과 건조시킨 저장 식품이 발달하였다. 여름에는 습기가 많은 고온 지대로 농작물이 풍부하고, 또한 악천후를 이겨 내기 위한 향신료가 발달하였으며, 독특한 기후의 영향을 받은 산미가 특징이다. 따라서 각종 향신료와 마늘, 고추기름, 두반장, 고추 등을 사용하여 매운맛을 내는데, 쟈사이등 김치가 유명하고 치엔차이(前菜)로서 몇 종류의 김치를 내는 점을 볼 때 우리나라 사람들의 식성에도 알맞은 요리라고 할 수 있다. 풍부하고 변화가 많은 사천 요리는 젊은 이부터 노인에 이르기까지 좋아하는 맛, 합리적이며 간단한 요리법, 거기에다 경제적이며 영양가가 높다는 점에서 세계적으로 대중화되고 있다. 색채미가 풍부한 치엔차이 요리가 발달하였으며 마포또우푸(麻波豆腐), 깐샤오밍시아(干燒明蝦), 똥포뭐위(東坡墨魚), 위샹로쓰(魚香肉絲) 등이 유명하다.

대 만

현재 대만에 살고 있는 중국인의 원류는 고사족과 같은 원주민인 본지인, 17~19세기 중국 본토에서 건너온 본성인, 1945년 전쟁 종료 후 중국 공산당과 내전의 결과로 본토에서 온 국민당을 중심으로 한 외성인 등으로 나뉜다. 따라서 대만 요리는 본지인과 본성인의 요리가 섞인 것이다. 복건 요리와 비슷한 것은 바다에 면해 있기 때문이고 복건, 대만 모두 쌀국수의 산지로서 쌀국수 요리가 유명하며, 두 곳은 우롱차의 산지이기도 한다. 대만의 식문화는 외성인에 의해 많이 변하였으며 본토의 고급 요리로는 면, 떡, 과자, 만주 등이 있다.

홍 콩

홍콩은 원래 광둥성(廣東省)에 속해 있었기에 홍콩 요리는 광동 요리이다. 네 발 달린 것은 책상 빼고 다 먹는다는 말처럼 다양한 소재를 사용하는 것은 중국 본토와 마찬가지이다. 하지만 요리인의 왕성한 도전정신만은 남다른데, 홍콩은 세계적인 비즈니스 도시이기에 세계의 유행을 민감하게 받아들여 새로운 소재와 조리법에 도전한 결과로 생긴 누벨시노아(신중국 요리)가 있다.

프랑스의 누벨퀴진(신감각 요리)과 겨룰 만한 누벨시노아의 특색은 망고, 파파야 등의 과일, 라이스페퍼 등의 소재를 쓰기도 하고 치엔차이를 샐러드풍으로 하고 다쿠안, 시샤모, 가마보코 따위의 일본 소재를 사용하는 등 신선한 아이디어의 창작 요리를 만들어 내며, 조리법도 오븐에 굽거나 마요네즈를 사용하는 등 종래의 중국 요리와는 다르다는 것이다. 또한 젓가락 외에 포크, 나이프를 같이 세팅하고 식기도 중국적인 것과 서양 식기가 같이 사용된다. 테이블 클로스와 냅킨 등도 서양의 컬러를 선택하고 프랑스 레스토랑으로 착각할 정도의 퓨전 인테리어도 유행하고 있으며, 턴테이블의 소재도 유리 등을 사용한 것이 특색이다. 서비스 방법도 서양의 코스식을 반영하여 일본, 우리나라에도 영향을 끼치고 있다.

3) 중국의 차 문화

세계의 역사가 차(茶)의 역사라고 할 정도로, 차는 서양의 문물과 산업의 발전이 일으킨 요소 중의 하나라고 할 수 있다. 따라서 중국의 차는 세계의 역사 속에서 중요한 의미를 지닌다.

차는 중국 남부 윈난성과 티베트, 미얀마에 자생하는 동백나무과의 상록수이다. 학명인 'Camellia sinensis'는 '중국의(sinensis) 동백나무(camellia)'라는 뜻이다. 차의 원산지로 생각되는 윈난성 지역은 13세기 원나라 시대에 들어서야 중국의 영토가 되었으므로 처음으로 차를 먹은 사람은 이 지역의 원주민이었을 것으로 생각되며, 이 습관이 중국인들 사이에 퍼져 차를 달여 마시기 시작한 것이 차의 기원인 것 같다. 중국에서는 처음에 차가 약용 음료였으나 6세기 이후 당나라 시대부터는 음료로 널리 마시게 되었다. 맛이 있을 뿐 아니라 끓인 물을 쓰기 때문에 위생적이어서 인기가 있었다. 중국의 차는 생활차로서 한국이 다례(茶禮), 일본이 다도(茶道)라면 중국은 다예(茶藝)라고 할 수 있다.

과거에 유럽인들은 동양의 차로 홍차 문화를 만들어 동양에 차와 도자기를 수출하였으나, 지금은 다시 동양풍의 차 문화를 선호하고 있다. 차는 건강과 멋을 위해 마실 뿐만 아니라, 음식과 조화를 이루어 외식업의 새로운 형태로 등장하기도 한다.

여러 가지 중국 차 도구

중국 차에 곁들이는 다양한 다과

중국차의 유래

중국의 전설에 따르면 지금으로부터 약 5000년 전인 기원전 2737년에 신농씨(神農氏)가 차를 처음 마신 것으로 되어 있다. 신농씨는 머리가 소의 모습을 한 고대 중국의 황제인데 백성들에게 농경과 목축을 처음 가르쳤다고 한다. 신농씨는 산과 들에서 나는 여러 식물을 직접 먹어 보면서 먹을 수 있는 것을 가려내었다. 그러던 중 독초에 중독되어 차나무 밑에서 앓고 있었는데 떨어진 나뭇잎을 씹어 먹고 정신이 들었다고 한다.

또다른 이야기로는, 신농씨가 위생을 생각해서 백성들에게 물을 끓여서 마시라는 칙령을 내렸는데, 변경 지방을 순시하던 중 하인이 끓이던 물 속에 차나무 잎이 빠져 물의 색이 변하면서 좋은 향기가 풍겨 신농씨가 이를 마시게 되었다는 것이다.

'茶' 자가 문헌에 처음 나타난 것은 기원전 1115년이며, 『사기』에 따르면 기원전 1066년 파촉 지방에서 차가 재배되기 시작하였다. 그 이후 점차 차 문화가 융성하여 760년경에는 당나라의 육우가 차의 성경이라고 할 수 있는 『다경』을 쓰게 되었다.

중국차의 종류

녹차(綠茶)

녹차를 제조하는 과정을 살펴보면 다음과 같다. 차나무 잎을 즉시 가열하여 산화 효소를 파괴시켜 녹색을 그대로 유지하는 동시에, 수분을 증발시켜 잎을 흐늘흐늘하게 말기 좋은 상태로 말린다. 예전에는 사람이 가마솥에서 직접 잎을 손으로 비벼 말렸는데, 그 후 가열을 계속해서 대부분의 수분을 제거하여 어느 정도 바삭바삭하게 만든다. 근래에 와서는 증열기 · 조유기(粗揉機) · 유염기(揉捻機) · 재건기(再乾機) · 정유기(精揉機) · 건조기 등을 사용하여 차를 제조한다.

백차(白茶)

백차의 역사는 깊어 명나라 때인 1554년에 지은 『자천소품(煮泉小品)』에 소개한 것으로 500여 년 동안 마셔 온 명차이다. 찻잎이 은백색을 띠어 백차라고 불리게 되었으며, 찻잎이 5~15% 정도 발효되어 약발효차에 속한다.

백차는 솥에서 덖거나 비비기를 하지 않고, 찻잎을 펼쳐서 널어 세포 중 수분을 증발시켜 잎을 부드럽게 한 후 건조시켜 만든다. 그리하여 싹의 하얀 털이 선명하게 드러나며 찻잎의 모양은 길고 뾰족하다. 백차의 맛은 담백하고 신선하며 단맛이 돈다. 또 향기가 맑고 산뜻해 여름철에 열을 내려 주는 작용이 있어 중국 황실에서는 한약을 지을 때 사용하기도 했다. 백차는 중국 푸젠성의 정허, 푸딩 지역에서 생산하는 백호은침(白毫銀鍼)이 대표적이며, 우리나라에서도 생산하고 있으나 그 양이 매우 적다.

황차(黃茶)

찻잎을 10~30% 정도 발효시켜 만든 차이다. 황차를 만들 때는 어린 찻잎을 먼저 솥에서 덖은 다음 비비고 말리며, 찻잎의 수분이 절반 정도 남았을 때 종이나 베보자기에 싸서 상자에 넣은 후 여러 시간 발효시켜 말린다.

황차는 중국 송나라 때 녹차를 만들다 잘못되어 찻잎이 황색으로 변하는 바람에 생긴 것이라고 한다. 찻잎이 발효되면서 떫은맛이 줄어들어 차맛이 순하고 부드러운 것이 특징이다. 중국 후난성 둥팅호 부근에서 생산하는 군산은침(群山銀鍼)이나 몽정황아(蒙頂黃芽), 북항모첨(北港毋尖) 등이 대표적인 황차이다.

청차(靑茶)

찻잎이 15~65% 정도 발효된 것으로, 우려낸 차의 색은 녹색에 가까운가 하면 황차보다 더 붉은색이 돌기도 한다. 청차는 생잎을 그늘에서 시들게 한 후 솥에서 덖고 비벼 말리는 다소 복잡한 제다 과정을 거친다. 찻잎이 시들면서 과일향과 꽃향기가 나는데, 그 미묘한 향과 청량한 차맛의 매력에 빠지지 않을 수 없다. 청차는 오룡차(烏龍茶) 또는 중국식 발음으로 우롱차라고도 하며, 중국 푸젠성 우이산 일대에서 생산하는 대홍포(大紅袍)와 안계 일대에서 생산하는 철관음(鐵觀音), 광둥성 지역의 봉황수선(鳳凰水仙) 등이 유명하다.

홍차(紅茶)

찻잎이 85% 이상 발효된 것으로 완전 발효차에 속한다. 찻잎에 있는 폴리페놀의 산화 정도가 가장 높으며, 떫은맛이 강하고 등홍색을 띤다. 홍차 제조 과정은 찻잎의 수분이 50%쯤 날아갈 정도로 그늘에서 시들게 한 다음, 손으로 비벼 찻잎의 표면을 비롯한 세포 조직을 파괴시킨다. 이렇게 비빈 찻잎을 4~5cm 정도로 쌓아 두고 25℃ 정도의 온도와 90% 정도의 습도에서 빨갛게 산화 발효시킨 다음, 열풍에 재빨리 말려서 수분을 완전히 제거하면 홍차가 완성된다. 이렇게 만들어지는 홍차는 세계 차 소비량의 75%를 차지한다.

중국의 안후이성에서 생산하는 기문(祁門), 인도 다즐링 지역에서 생산하는 다즐링, 스리랑카 중부 산악 지대인 우바에서 생산하는 우바 홍차를 세계 3대 명차로 꼽는다. 또한 생산지에 따라서 인도 아샘 고원에서 생산하는 아샘 홍차, 인도 남부 고원 지대에서 재배하는 닐기리와 스리랑카 실론섬에서 생산하는 실론 차 등도 유명하다. 실론 차와 인도 차를 섞은 잉글리시 브랙퍼스트, 홍차에 베르가못 향료를 가미한 얼그레이, 레몬이나 사과, 딸기향을 가미한 과일 홍차 등도 있다.

흑차(黑茶)

색이 검다 하여 흑차라고 하며, 발효차로서 보이차(普洱茶)가 가장 대표적이다. 솥에서 생잎의 효소를 파괴시킨 뒤 비벼 물을 뿌리고 쌓아 두면 발효가 일어나서 후발효차이며, 발효 과정에서 생긴 곰팡이가 어떻게 변화하느냐에 따라 맛이 결정된다. 발효된 차는 둥글거나 사각의 일정한 틀에 넣고 압착하여 타차, 전차, 인두차 등 모양에 따라 이름이 붙는다. 보이차라는 이름은 윈난성의 보이 지구에서 따온 것으로, 보이차는 명나라 말기부터 널리 알려져 청나라 때는 황실에 진상하는 차로 선정되기도 했다.

4) 테이블 데커레이션의 아이템과 테크닉

테이블(Table)

중국의 테이블은 대원 사상을 기본으로 한 입식의 원탁이며, 최근에는 원형의 턴테이블을 테이블 위에 놓아 음식 등을 서비스하기 쉽게 하고 있다. 이것은 중국인의 발상이 아니라 일본인이 개발한 것으로, 특색 있고 편리하여 지금은 세계 어느 곳이든지 중국 식당의 서비스 방법이 되었다.

원탁의 회전식 테이블 세팅

리넨(Linen)

언더클로스(Under Cloth)

서양 식탁에서의 용도와 소재에 준하여 사용한다.

테이블클로스(Tablecloth)

중국 레스토랑에서 테이블클로스나 냅킨을 사용하는 것은 어디까지나 각 레스토랑의 방침에 따른다. 한국에서도 테이블클로스를 사용하는 곳과 사용하지 않는 곳이 있다. 테이블클로스와 냅킨의 사용 여부는 레스토랑의 규모나 격조를 결정짓는 요소가 되기도 하는데, 중국에서는 일반적으로 고급 레스토랑일수록 테이블클로스와 냅킨을 사용한다. 테이블클로스는 흰색이 일반적이나 베이징에 있는 한 레스토랑에서는 식기에서부터 방의 벽까지 모두 황색을 사용하였는

상하이 딤섬 전문점의 분홍색 테이블클로스

데, 황색은 황제의 색으로 궁정 요리점임을 강하게 나타내 준다. 최근에 일반적인 레스토랑에서는 화사하게 분홍색과 자주색 등을 사용하기도 한다.

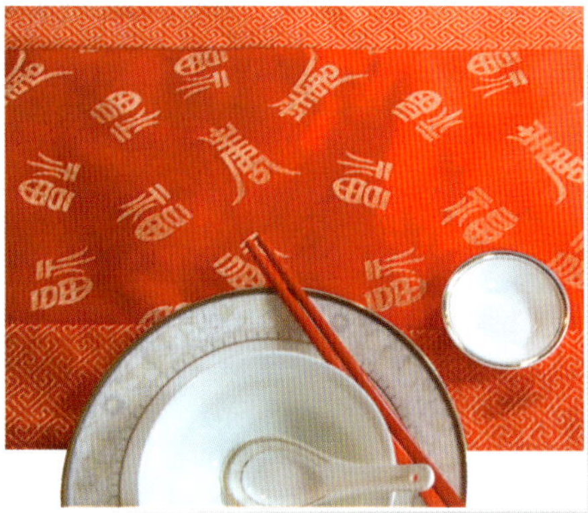
중국 특유의 문양을 넣은 러너

러너(Runner)

기본은 서양식에 준하나 중국 비단의 조직이나 색상을 특징적으로 나타내는 러너가 만들어지고 있다. 특색 있는 중국풍의 러너는 중국 식당뿐만 아니라 각국의 테이블 위에서 이색적으로 표현될 수 있다.

중국차와 다과를 위한 왕골 매트

매트(Mat)

매트의 사용도 서양식에 준하고 있다. 유럽인들이 중국의 식사 문화를 접목할 때 중국 식기와 서양식 매트를 같이 세팅하여 서양의 서비스 접시(서비스 플레이트)와 같은 역할로 사용된다. 중국식 테이블을 좀더 고급스럽게 보이도록 일반 식당에서 매트를 사용하기도 한다.

홍콩의 누벨시노아 스타일로 세팅된 테이블과 냅킨

냅킨(Napkin)

냅킨은 장식 접시 위에 놓기도 하고, 장식 접시가 없을 경우에는 1인용 서비스 접시 위에 놓는다. 장식 접시 위에 1인용 서비스 접시가 놓여 있을 때는 그 위에 냅킨을 둔다. 중국어로 냅킨은 차징이라고 하며 서양의 영향을 받아 중국에 자리잡은 듯하다. 고급 레스토랑일수록 주빈석을 나타내기 위해 주빈석만 눈에 띄게 높이 멋을 내어 접은 냅킨을 두기도 한다.

차이나웨어(China Ware)

중국 식기의 역사를 보면 기원전 1500~1600년경에 이미 도기가 존재했고, 중국은 세계에서 가장 먼저 도자기를 만든 나라이기도 하다. 중국의 식기는 징더전(景德鎭)이 유명한데, 징더전은 중국 장시성 동북부 창강의 남부에 있는 대표적인 도요지로 양질의 자기토가 원료로 사용된다. 이는 조정, 황족 등에 헌상되는 것과 일반인이 사용하는 것으로 크게 나뉘었으며, 민간 전용 자기인 민간 청화 자기는 재색이 도는 백색과 청화의 자기이다. '홍양', '녹양', '황양' 등의 말이 붙은 다채로운 색깔의 자기도 징더전의 특이한 색의 조화와 모양을 나타낸다. 중국은 최대의 도자기 생산국답게 자기(백자, 청자, 청화백자)를 많이 사용하며, 최근에는 서양인을 위한 중국 식기 세트가 판매되고 있다.

징더전 특유의 자기 기법으로 만든 자기 세트

식기의 종류

- 완(碗) : 입구가 넓고 깊이가 있는 그릇
- 반(盤) : 요리를 담는 크고 편평한 접시
- 접(碟) : 작은 접시로 반보다 작으며 원형이 많음
- 분(盆) : 요리를 담는 깊은 그릇
- 과(鍋) : 냄비의 총칭
- 배(杯) : 술잔

용도와 시대에 따른 렝게 종류

실버웨어(Silver Ware)

중국에서는 멜라민제, 목제, 죽제 젓가락을 사용하고 있는데, 상아와 비슷한 멜라민 소재를 사용하는 경우가 많지만 중급 이상의 레스토랑에서는 나무로 된 젓가락이 중심이 된다. 젓가락은 가로로 놓는 것이 일반적인데, 이는 중국의 젓가락이 길기 때문이다. 세로로 놓을 경우에는 젓가락 케이스의 문자는 가로로 인쇄되어 있어야 한다.

끝이 둥근 은숟가락이 세트로 세팅되었을 때는 상어 지느러미 수프에 이용된다. 그리고 렝게는 손에 쥐기 쉽도록 쥐는 쪽을 오른쪽으로 놓는다.

- 콰이즈(筷子) : 젓가락
- 콰이쟈(筷架) : 젓가락받침
- 치에즈(匙子) : 숟가락
- 치치에(茶匙) : 티숟가락
- 탕치에(湯匙) : 렝게

현대의 중국 테이블 세팅과 조화되도록 만든 칠기 술잔

글라스웨어(Glass Ware)

중국에서는 일찍부터 도자기와 유리 제품이 일상생활에 이용되었다. 그러나 최근에는 중국 요리에 어울리는 중국 전통주, 중국 와인, 중국 맥주 등을 서비스할 때 모양에 구애받지 않고 누벨시노아풍에 어울리는 신감각의 글라스웨어 등을 세팅한다.

화대를 이용한 센터피스

조미료의 세팅 순서

구정의 의미를 담은 전통 소품을 이용한 센터피스

센터피스(Centerpiece)

중국 요리는 다양한 요리 재료와 조리법에 의해 화려하기 때문에 요리 자체가 충분히 센터피스가 되기도 하고, 꽃이나 복숭아 등의 과일로 중국풍의 센터피스를 만들 수 있다. 또한 중국의 장식대나 화기를 이용하면 중국풍의 센터피스를 쉽게 표현할 수 있다.

피겨(Figure)

조미료는 테이블의 어느 위치에서도 잡기 쉽도록 중간에 놓고, 이때 오른쪽에서 왼쪽으로 장유, 초, 고추기름 순으로 세팅하는데 이런 순서로 접시에 따르면 간장과 기름이 잘 섞인다. 조미료 용기의 소재는 유리, 도자기 등이 현대의 이미지와 맞도록 디자인되어 있다. 하지만 홍콩에서는 조미료 용기가 세팅되지 않는 경우도 있는데, 이는 조미료를 넣지 않아도 되게끔 조리를 하기 때문이다. 이러한 조리법이 유행하여 최근에 조미료를 세팅하지 않는 추세이다.

소품(Attachment)

중국의 풍습이나 행사의 소재를 이용하여 입구나 벽의 장식을 하기도 하고, 센터피스의 일부분에 전통적인 소품을 서양식의 감각으로 장식하기도 한다.

5) 현대의 식사 문화 매너

착 석

정식으로는 전통 식사 문화에서 내려온 매너에 따라 차를 마시면서 별실에서 대기하며, 식사를 할 때에는 주인이 먼저 먹은 후 대접을 하게 된다. 원형 탁자가 놓인 자리에서는 안쪽의 중앙이 상석이고 입구쪽이 말석이다. 중국식은 원탁에 주빈이나 주빈 내외가 주인이나 주인 내외와 마주 앉는다. 주빈의 왼쪽 자리가 차석, 오른쪽이 상석이다.

차

식사가 끝나면 별실에서 차를 마시는데, 차는 찻잎이 들어 있는 채로 내는 것이 정식이다. 찻잔의 뚜껑을 조금 열어 찻잎이 나오지 않도록 한 다음 직접 입에 대고 마신다. 그리고 상차림에 있어서 술주전자와 찻주전자의 입 부분은 사람 쪽으로 향하지 않도록 해야 한다.

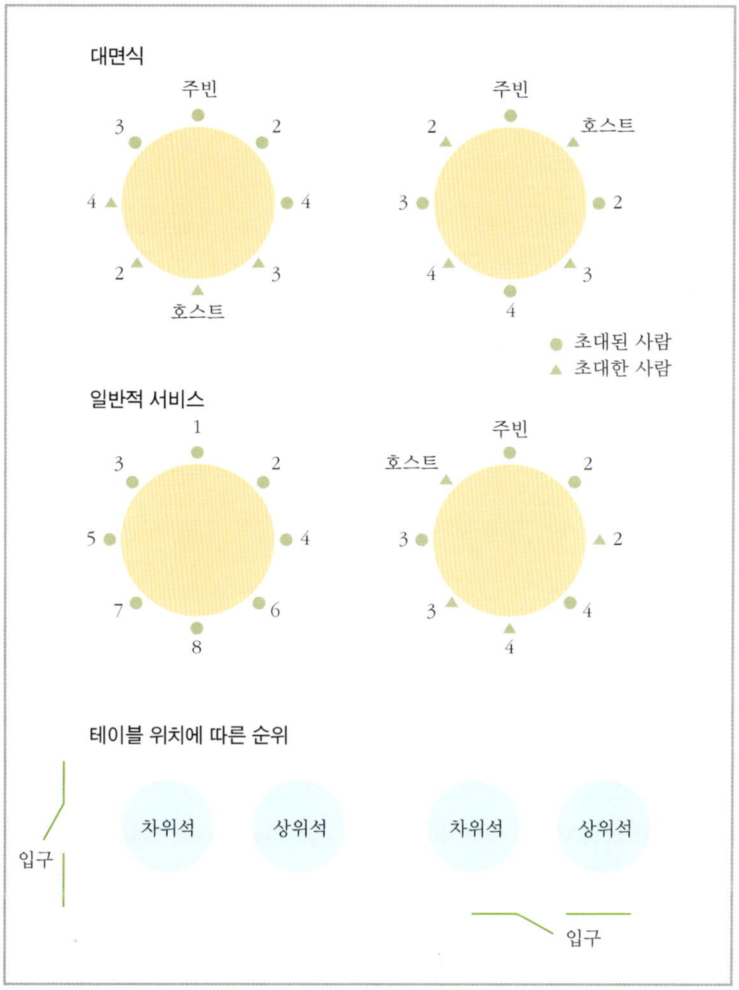

대면식과 교차식

냅 킨

중국 식당에서는 냅킨과 물수건이 함께 제공되는데 물수건으로 얼굴을 닦아서는 안 된다.

요 리

옛날 중국에서는 주인이 먼저 요리에 젓가락을 대는 것은 '이 요리에는 독이 들어 있지 않으니 안심하고 먹어 달라' 는 의미가 있다고 하여 현재에도 주인이 젓가락을 들고 '친친(請請)' 이라고 하면 동석자들도 순서대로 먹기 시작한다. 중국 요리는 요리 접시를 중심으로 둘러앉아 덜어먹는 가족적인 분위기의 음식이다. 적당량의 음식을 자기 앞에 덜어먹고, 새로운 요리가 나올 때마다 새 접시를 쓰도록 한다.

실버웨어

젓가락으로 요리를 찔러 먹어서는 안 되며, 식사 중에 젓가락을 사용하지 않을 때는 접시 끝에다 걸쳐놓고, 식사가 끝나면 상 위가 아닌 받침대에 올려 놓는다.

술

중국의 대표적인 술은 노주(老酒)로 따뜻하게 또는 차게 해서 먹을 수 있다. 식사시에 마실 수도 있고 요리에도 사용한다.

3. 현대의 테이블 데커레이션

Red Power

Symbol color & Point

붉은색을 테마로 표현한 테이블로서, 미신적이지만 부적을 코드로 해서 황금색과 함께 파워풀하게 연출하였다.

Menu

중국 와인과 중국 햄

Coordinator

손정해

Red Power

Chinese New Year

Symbol color & Point

중국의 이미지 컬러인 노란색과 붉은색을 주조로 한 센터피스, 식기, 냅킨 등으로 중후함과 화려함을 나타냈다.

Menu

제비집 수프, 류산슬, 보이차

Coordinator

이종삼

Chinese New Year

Chinese Autumn Dinner

Symbol color & Point

테이블클로스는 청자와 붉은색이 잘 어울리도록 흰색을 사용하고, 냅킨은 중국의 상징적 무늬와 붉은색이 들어간 것으로 해서 냅킨과 꽃, 렝게, 젓가락 끝부분의 붉은색을 통일함으로써 두 가지 색깔로 테이블이 깔끔하게 마무리되도록 세팅하였다.

Menu

게살 수프, 칠리 새우, 중국 와인 등

Coordinator

황규선

Chinese Autumn Dinner

Chapter 3

일본의 식사 문화

야마토(大和) 사상을 기본으로 하는 일본은 복잡한 지형과 해류에 의한 영향이 크기 때문에 각 지역마다 특성이 뚜렷하여 관동풍과 관서풍의 요리로 구분되었으며, 불교가 식문화에 큰 영향을 끼침으로써 절제된 식습관을 고수해 왔다.

농경 · 어로 민족으로 구성된 일본은 이모작이 가능하여 곡물 문화 중심의 식문화를 이루었다. 주식과 부식의 구분이 뚜렷하여 구중조미(口中調味)라는 말이 있고, 우리나라와 마찬가지로 물이 좋아 일본 요리는 '물의 요리'라 할 만큼 물의 이용이 다양하다.

일본은 사계절이 뚜렷하여 각각의 계절마다 수확되는 작물에 따른 조리법도 다양하게 발달하였으며, 조리 방법으로 오수법(五手法)이 있다. 일본 요리는 서양 요리나 다른 동양권의 요리에 비해 향신료를 적게 사용하고 식품 고유의 맛을 최대한으로 살린다. 그리고 '보면서 즐기는' 요리인 만큼 식품의 조화, 색, 형태를 중요시하여 음식을 담아내는 데에도 산수(山水)의 법칙이 있고 전체적으로 미각, 형태, 감성이 어우러진 먹을거리가 많다.

한편 관혼상제에 따라 식기의 색깔과 요리 명칭이 구별되어 있으며 칠기, 도자기, 대나무, 유리 등 식기의 소재가 다양하다. 또다른 시각적인 즐거움은 식기와 공간미에 있는데, 일본 식기는 재질과 형태가 다양하여 음식을 연출하는 데 있어 장점을 갖고 있다. 담을 때도 공간의 미를 충분히 고려하여 색과 모양이 조화를 이루도록 담고 식기 여분 공간의 재질이나 무늬, 색 등을 즐길 수 있도록 한다. 그리고 야요이 시대부터 찰기가 있는 자포니카 종류의 쌀을 부식으로 해서 중국의 화북 지방이나 한반도와 달리 밥을 먹을 때 젓가락으로도 충분했기 때문에 숟가락은 자취를 감추었다.

젓가락만의 사용은 일본의 전통적인 식사 형태와 식기, 음식에 지대한 영향을 미쳤다. 가능한 음식은 한 입에 넣을 수 있도록 크기가 작아졌고, 젓가락 끝이 뾰족하게 발달되어 작게 잘라진 음식을 먹기 쉽게 하였다.

식사 형태에서도 일본의 밥상은 매우 작은 1인용이며 높이도 낮다. 그러나 밥을 먹을 때 일본인들은 절대 머리를 숙이지 않는다. 머리를 숙이지 않기 위해 정좌를 하고 그릇을 들고 식사를 하는데, 이는 불교의 영향으로 스님들의 식사 방법을 따른 일본 특유의 식사 예절법이다.

1. 일본의 식사 문화사

1) 조몬 시대(繩文時代, 기원전 7~3세기경)

신석기 시대에 남북 양계 문화가 있었음을 식생활면에서 확인할 수 있다. 예를 들어 오징어나 낙지를 잡아먹는 풍습은 분명히 동남아시아 해양성 문화 요소로, 물가에서는 활, 작살, 그물 등으로 근해의 물고기를 잡았다. 한편 산지에서는 단궁(短弓)과 같은 북방의 활을 사용하여 멧돼지와 사슴을 사냥하였다.

당시의 식품으로는 현재 알려진 것만도 포유류 60여 종, 조류 10여 종, 어류 40여 종, 조개류 300여 종에 이른다. 그 밖에 두족류(頭足類), 멍게류와 식물의 뿌리, 잎, 과일 등 인간이 먹을 수 있는 모든 것이 포함되며, 당시의 인골을 조사해 보면 칼슘의 보급이 충분했고 혈액의 산성도가 낮았으며 각종 비타민, 미네랄 등의 보급이 이상적이었던 것으로 밝혀졌다. 조리법은 생식도 했지만 원칙적으로 불에 익혀 먹었던 것으로 추정된다. 음식의 독(毒)에 관한 지식도 상당히 발달하여 복어도 이미 먹고 있었다.

2) 야요이 시대(彌生時代, 기원전 3~6세기경)

주식과 부식이 분리되기 시작했고, 수전(水田)이 행해졌으며, 목기와 금속기가 전해졌다. 벼농사가 보급되자 쌀을 주로 하는 곡물이 주식이 되면서 동물성 식품은 종적 지위로 바뀌었다. 이와 더불어 염분의 섭취도 동물의 내장을 통한 유기염 대신 해조를 구워 만든 식염으로 바뀌었다. 사냥과 어업이 각기 독립되어 사회적 분업을 이루면서 종속 산업화되었으며, 주식은 현미를 쪄서 먹는 것으로 아침, 저녁 두 끼를 원칙으로 했다. 부식은 채소, 어패류, 조수(鳥獸) 등이었고 대개는 열가공을 해서 먹었다.

3) 아스카 시대(飛鳥時代, 6세기 후반~7세기 중엽)

조개류나 채소는 향신료나 소금 맛으로 생식을 하고 곡물, 어수육, 야초 등의 발효 염장 식품이 등장하였으며, 각종 조미료와 향신료도 사용되었다. 쌀로 술을 만들어 먹었는데, 초기엔 단단하게 반죽된 것이어서 젓가락으로 먹다가 점차 양조법의 발달로 액체가 되었다. 쌀 조리법 중에는 제사나 외출할 때 휴대할 수 있도록 만든 것도 있었고, 과일을 말린 과자나 쌀가루를 쪄서 만든 과자도 있었다.

이 무렵부터 사망 연령은 높아졌지만, 골격의 발달을 보면 신장은 늘어난데 반해 뼈 조직은 귀족들 사이에서 이미 저하되고 있었으며 혈액의 산성도도 상승하였다. 이는 전분과 알코올 섭취가 원인이라고 추정된다.

대륙에서 요업 기술이 도입되어 도기가 만들어져 음식을 담거나 저장하게 되었으며, 나무 제기, 구리그릇, 구리쟁반, 유리그릇도 일부 상류 계급에서 사용되었다.

4) 나라 시대(奈良時代, 710~794)

백제에서 전해진 불교의 영향으로 살생이 금지되어 소나 말, 개, 원숭이, 닭고기를 먹지 못하였고, 당풍(唐風) 문화가 유행하면서 귀족은 칠기나 청동기, 유리그릇 등을 사용했다. 당나라를 모델로 한 율령 국가 체제의 성립 시기를 전후하여 귀족 계급의 생활양식이 당풍으로 변모하여 음식 문화에도 영향을 미쳤다.

또한 금속 식기, 도기, 칠기의 사용이 늘고 건조식품의 재가공과 기름을 사용한 조리가 등장했다. 식물성 기름의 수요가 급격히 증가했으며 버터, 설탕, 콘

덴스 밀크가 전해져 약용으로 잠시 생산된 때가 있었다. 이때부터 현재와 같은 젓가락이 일반화되고 술의 농도도 진해졌으며 건조식품이 보급되었다.

5) 헤이안 시대(平安時代, 794~1191)

조정의 식사를 관장하는 관직이 따로 있어 남에게 보이기 위한 요리를 만들기 시작했는데, 이것이 일본 요리 형식의 기본이 되었다. 대향(大饗)이라 불리는 궁중의 귀족 향연이 있었고 이 시대에 젓가락받침(하시오키)과 젓가락통(하시바코)이 생겼다. 당나라와의 교류가 왕성해진 결과 여러 가지 조리법이 행해졌으며, 향응상(교우젠)의 형식이나 연중 행사 등이 정해져 일본 요리의 기초가 정리되었다. 또 궁중에서는 단오, 국민들 사이에서는 중양이 지켜졌다.

이 시기에는 신선한 어패류를 생식하는 방법으로 현존하는 최고의 조리법이라 할 수 있는 할선(割鮮)이 유행하였다. 이 외에는 전반적으로 자연 그대로 순응하는 조리법인 간단한 끓임이나 구이, 건조 등이 행해졌다.

불교의 영향으로 동물성 식품(특히 포유동물)이 추방되었으며, 교토에서는 신선한 해산물을 구하기 어려운 관계로 말린 어패류 등이 상용되고 보존식품이 더욱 일반화되었다. 또한 당나라의 영향으로 만두와 당과자(지금의 와가시) 등을 만들기 시작하였다.

6) 가마쿠라 시대(鎌倉時代, 1192~1332)

무사 계급의 등장으로 질실강건(質實剛健)을 제일로 하여 음식도 간소화되고 형식에 얽매이지 않게 되었다. 전쟁의 영향으로 전시식(戰時食)이나 삼식주의(승려는 1일 3식, 도민은 2식)가 실시되었고, 불교(선종)의 영향으로 쇼진(精進) 요리 등이 발달했다. 중국에서 도래한 쇼진 요리는 후차(普茶) 요리라고도 하는데, 이것이 나가사키에 전해져 독자적으로 발전한 중국식 요리를 싯포쿠(卓袱) 요리라고 한다.

귀족의 문화로서 식사 매너와 다도 예절이 발달하였다. 식탁은 사원용이나 무가의 특별한 날을 위해 칠기의 젠(膳)이 사용되었으며, 일반인들 사이에서는 목기와 젓가락이 사용되었다. 또한 송나라에서 도자 기술이 전해져 유약 도기가 만들어졌다.

7) 무로마치 시대(室町時代, 1338~1573)

막부(幕府)가 교토무로마치(京都室町)에 정해지고 무사의 예법과 함께 가지각색의 형식이나 유파가 발생했으며, 무가 사회와 귀족 사회가 교류하면서 서서히 형식적인 양상을 보이게 되었다. 이 시대에 정식으로 향응 요리로 확립된 것이 혼젠(本膳) 요리이며, 식사 작법과 예법도 확립되었다. 전쟁이 끝나고 의식 요리를 통해 조리법이 확립되고 다도가 자리를 잡으면서 선종의 영향으로 가이세키(懷石) 요리(차를 내기 전에 나오는 간단한 요리)가 등장했다.

8) 아즈치 모모야마 시대(安上桃山時代, 16세기 후반)

호화로움과 한적한 생활, 검소한 취향과 아취를 동시에 갖춘 문화를 쌓았던 무사의 시대로 다도(茶道) 완성을 동반한 가이세키(懷石) 요리가 확립되었다. 난반 무역의 영향으로 포르투갈이나 스페인에서 난반 요리와 과자가 수입되었으며, 나이프, 포크, 숟가락 등의 실버웨어와 와인, 브랜디, 위스키 등의 주류가 들어왔다.

9) 에도 시대(江戸時代, 1603~1867)

1603년 도쿠가와 이에야스가 막부 정치를 열고 도쿄(東京)의 옛 이름인 에도 왕도(王都) 시대로 무사가 지배권을 쥐었지만, 요리의 발전에 있어서는 서민이나 도시민들의 문화적인 영향이 컸다. 이 시대는 일식이 완성된 식문화 집대성의 시기로, 사회의 안정을 배경으로 의식이나 다도 이외에서도 요리를 먹게 되었다.

자기로 식기가 만들어졌으며, 가정에서의 식사는 개인 매트의 형태인 메이메이젠(銘銘膳)을 사용하고 밥을 공기에 담게 되었다. 그리고 요정 요리의 종류인 가이세키(會席) 요리가 시작되어 계절의 맛과 미를 나타내는 현대 일본 요리가 완성되었다. 거리에 음식점이 등장하고 차와 밥, 두유나 조리된 요리를 팔기 시작하였다.

10) 메이지 시대(明治時代, 1852~1912)

메이지 유신으로 1868년에 도쿠가와 막부가 무너지고 천황을 중심으로 근대적 제반 개혁을 이루었다. 즉 메이지 5년에 육식이 개방되어 문명개화와 함께 서양 요리가 급속도로 들어와 일본인의 식생활이 서구화되었으며, 식미 본위(食味本位)의 경향이 강하게 나타났다. 요리 잡지나 가정 요리를 위한 요리 학교, 여성들에게 가정에 대한 일반적인 것들을 가르치는 여자 대학이 생겼다. 가정에서는 비프스테이크, 크로킷, 오믈렛 등의 새로운 메뉴를 즐기게 되었다.

11) 다이쇼 시대(大正時代, 1912~1926)

다이쇼 초기에 1차 세계대전이 시작되었고, 세계대전 후 해외 문화가 점점 더 국민 생활에 침투하여 도시를 중심으로 음식의 근대화가 이루어졌다. 그러나 복잡한 해안선과 교통 발달의 미흡으로 서양풍의 식생활에 있어서 빈부의 격차가 눈에 띄었다.

메이지 말기부터 조선의 쌀을 수입하였으며, 조선에 대한 식민지 정책의 영향으로 다이쇼 초기에는 한반도의 쌀을 가져다가 새로운 종자를 개발하였다. 따라서 쌀 생산량이 증가함으로써 쌀값이 안정되어 미곡을 식량으로 할 수 있게 되었다.

다이쇼 10년(1921) 경부터 냉동어가 시내에서 팔리기 시작하였으나 다이쇼 14년부터는 휴업하게 되었다.

12) 쇼와 시대(昭和時代, 1926~1989)

2차 세계대전에서 패망하여 미국 치하로 들어가면서 밀가루 보급 정책으로 빵이 대중화되었으며 우유, 치즈 등 서양 재료가 유입되기 시작하였다. 쌀 수입이 급속히 감소되었고, 건조 고구마나 전분 등의 생산으로 편중된 쌀 식사에서 벗어나 분식에도 익숙해졌다.

일본의 학교 급식은 메이지 22년에 빈곤 아동을 대상으로 불교 단체에서 시작한 것이 최초이고, 쇼와 7년에는 국가가 직접 학교 급식을 원조하기 시작했다. 지속적인 학교 급식 지원 정책을 통해 아동, 학생뿐만 아니라 국민 전반의 영양 지식을 향상시키고 식습관을 개선하여 건강의 증진을 도모하였다. 다시 말해 식품의 선택과 조리를 과학적 · 합리적으로 행하였고 허례허식과 편식 중심의 식사 풍토가 교정되었다.

13) 헤이세이 시대(平成時代, 1989~)

서양의 식문화를 도입하여 일본인에게 맞도록 일본화시키는 퓨전 요리의 시대이다. 또한 외식업이 발달하여 가정에서의 식사 형태가 변화되었다. 외식이라는 말이 생겼고, 그와 함께 가정에서의 식사를 내식, 반조리품을 가정에서 먹을 경우 중식이라 하여 식사 형태를 구분짓는 언어가 생길 정도였다.

그리고 여성의 사회 진출이 늘어 냉동식품과 가공식품, 반조리식품 그리고 가전제품이 발달하였다. 급격한 발전으로 건강 붐 시대를 초래하여 건강에 대한 관심의 고조로 무농약, 유기농법이 개발되었다. 또한 에스닉 스타일이 크게 유행하였고, 무국적 요리, 다국적 요리, 창작 요리 등의 새로운 영역이 생겨나기도 하여 식생활에 관한 지식을 폭넓게 공부하는 푸드코디네이터 배출의 시대가 되었다.

21세기에 들어와서는 일본의 이미지 젠스타일(Zen Style)이 대표하게 되어 스시바 등 일본식 외식산업이 세계화 되었다.

2. 일본의 식탁 문화

일본 테이블 세팅의 포인트는 위에서 아래로 내려다보는 형태의 미를 중요시한다는 것이다. 불교 양식을 따라 다다미방에 차려진 낮은 젠(膳)에서 식사를 할 때에는 허리를 곧게 펴고 정좌를 하고 앉는다. 이때 젓가락만으로 가장 편하게 식사를 할 수 있도록 들어올리기에 알맞은 모양의 식기를 위에서 아래로 내려다보는 시선을 고려하여 배치해야 한다. 내려다보는 시선을 의식하여 식기의 바깥쪽보다 안쪽에 색과 그림 등을 그려 넣고, 식기 안의 음식은 젓가락으로 집어 올리기에 적당한 삼각형 모양으로 담아낸다.

1) 전통 테이블 세팅의 기본 구성

다이쇼우(大饗) 요리

헤이안 시대의 궁중의 성대한 연회 요리로, 그 시대에 문화의 종주국이었던 중국의 영향으로 연회에서는 중국의 입식 식탁과 의자 형식을 취하였고, 숟가락도 귀족만의 신분을 나타내기 위하여 용도보다는 고급 형식으로서 향응에만 젓가락과 같이 세팅되었다.

각자 앞에 놓인 조미료를 사용하여 간을 맞추어 먹었다고 생각되며, 섬나라답게 해산물이 주가 되는 메뉴로 구성하였다(오쿠무라 아야오).

농경, 어로 민족답게 밥을 위주로 한 식사 형태(오쿠무라 아야오)

혼젠(本膳) 요리

궁중 연회, 관혼상제의 기본이 되는 요리로서 주로 무사의 집안을 통해 전래되어 왔으나, 메이지 시대에 들어오면서 민간에게도 보급되기 시작하여 지금까지 관혼상제 등의 의식 요리에 이용되고 있다. 또한 손님 접대 요리로 전해지는 정식 일본 요리로서 현대 일본 요리의 원류라 할 수 있다.

한 사람의 손님마다 상을 내는데 맑은국, 야채의 수에 의해 상의 수도 증가한다. 어느 상에는 무엇을 놓고, 동종동미(同種同味)의 요리는 내지 않는 등 여러 가지 규칙이 있지만, 복잡하고 어려워 현재에는 의례적인 것이 아니고는 거의 볼 수 없다.

일반적으로 가정에서는 1즙3채(一汁三菜, 밥, 국, 일본식 김치), 2즙7채(二汁七菜)가 가장 많이 사용되며, 보통 일본 김치는 제외되었으나 이것을 합칠 때는

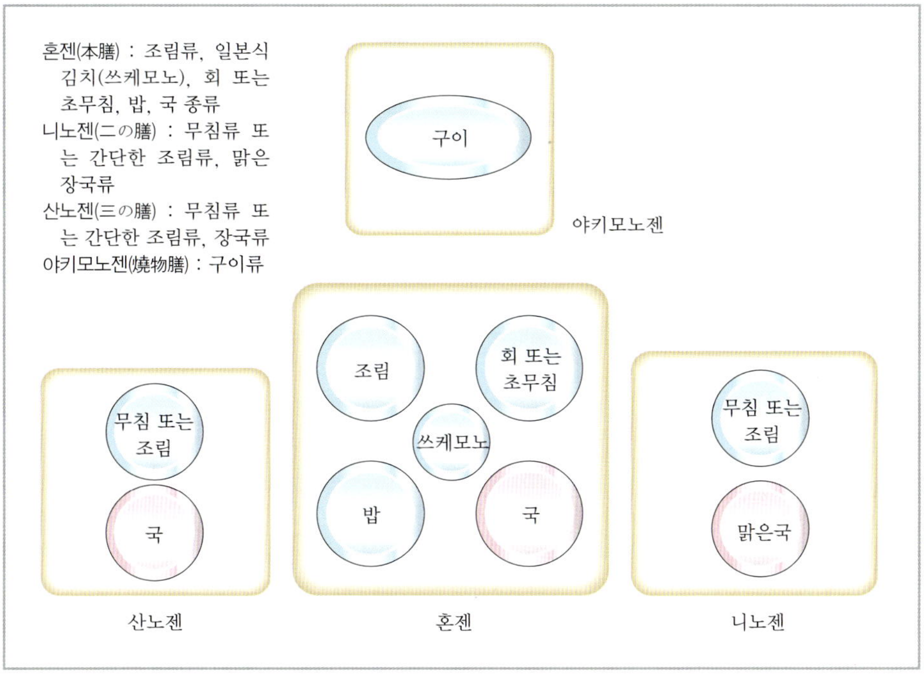

혼젠 요리의 배선도(3즙5채)

도모산사이(共三菜), 도모고사이(共五菜)라고 한다. 요리는 첫 번째 상(本膳), 두 번째 상(二の膳), 세 번째 상(三の膳), 네 번째 상(四の膳), 다섯 번째 상(五の膳)까지 차려지기도 한다. 기본적으로 모든 음식을 동시에 전부 차려내는 평면적인 서비스 형태이다.

혼젠 요리는 젠을 내는 방법, 먹는 방법에 형식이 있으며 예절과 방법을 매우 중요시하였다. 그러나 그 후 어려운 예절과 방식에서 변형된 새로운 스타일의 가이세키(懷石) 요리가 개발되었다.

가이세키(懷石) 요리

불교 선종 사상의 영향을 받아 발전해 온 일본의 전통 요리로서 다도(茶道)를 시작하기 전에 허기를 달래는 정도로, 제철의 재료를 사용하여 재료가 가진 순수한 맛을 살려 정성껏 만든 요리를 말한다. 차가이세키(茶懷石)라고도 하며, 당시에는 차를 마시면 보약 장수한다 하여 차를 아주 귀하게 여겨 약석(藥石)이라고 하였다.

가이세키(懷石)는 수행자가 겨울에 좌선을 할 때 추위와 공복을 참고 견디기 위하여 따뜻하게 회중(懷中)에 품어 고통을 가볍게 하였던 돌을 말한다. 선종의 절에서는 야식의 은어(隱語)로도 사용되고, 식사 후에는 각자 준비해 온 가이시

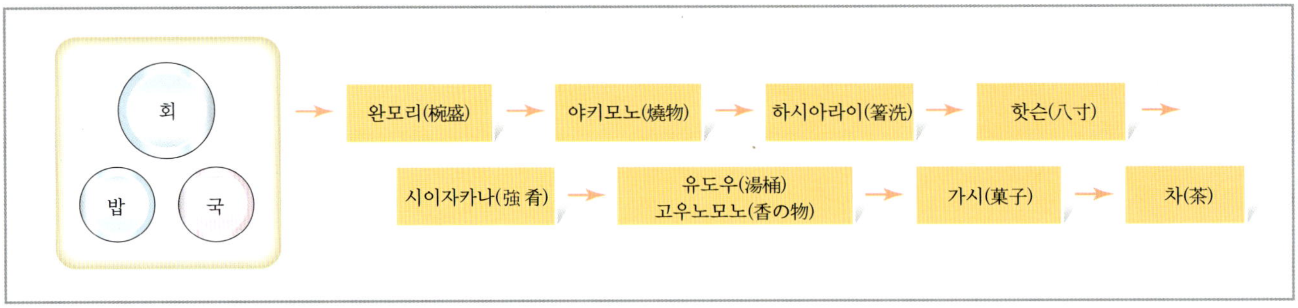

가이세키(懷石)의 메뉴와 식사의 진행 순서

봄 메뉴의 예

요리 구성		메뉴
무코우즈케(向付)	회	도미 다시마절임, 햇미역, 김, 연어, 야채, 와사비, 초절임
시루(汁)	국	된장국, 두부, 뱀밥(봄나물 종류), 겨자즙
고항(飯)	밥	벚꽃밥
완모리(椀盛)	조림	새우, 고야두부, 당근, 유채꽃, 생표고버섯
야키모노(燒物)	구이	삼치소금구이, 생강절임
하시아라이(箸洗)	맑은국	다시마 맑은국
핫슨(八寸)	술안주	숭어알, 계란말이
시이자카나(強肴)	술안주	개랑조개, 쪽파, 겨자 초된장
유도우(湯桶)		현대에는 생략됨
고우노모노(香の物)	일본식 김치	봄양배추 쓰케모노, 단무지

(懷紙)라는 종이에 씨, 열매, 가시 등을 담아 간다.

가이세키 요리의 기본 코스는 1즙3채이다.

가이세키(會席) 요리

에도 시대에 교토에서 시작된 것으로 하이쿠[俳句, 일본 고유의 단시형(短詩形)]를 읊는 모임을 모태로 발달하였다. 다양한 술과 함께 나오므로 요정 요리라고도 하며, 오늘날 일본의 연회, 회식, 결혼 피로연 등에서 볼 수 있다.

'가이세키(會席)'란 '모임의 좌석, 회합의 좌석'이라는 의미로서, 그 이전에 발달한 혼젠 요리나 가이세키(懷石)를 기본으로 하여 쇼진 요리나 중국 남방 요리 등 각양각색의 요리나 재료를 받아들여 일반화한 요리이다. 형식보다는 식미 본위, 즉 보아서 아름답고 냄새를 맡아서 향기롭고 먹어서 맛있는 것을 전제로 한다.

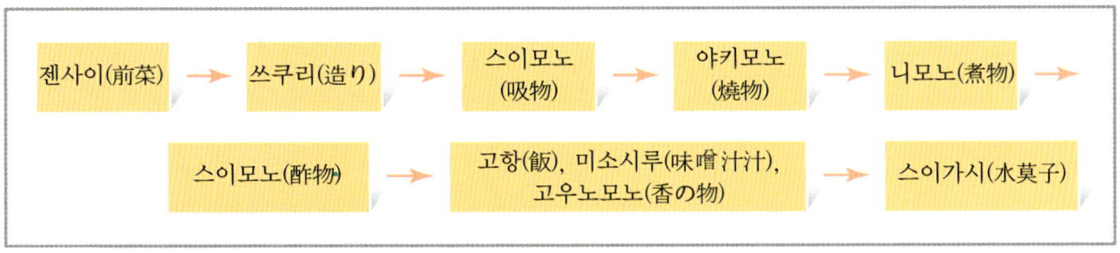

가이세키(會度)의 메뉴와 식사의 진행 순서

겨울 메뉴의 예

요리 구성		메 뉴
젠사이(前菜)	전채	반건조 오징어, 고구마조림
쓰쿠리(造り)	회	아구회, 무채, 아구 간 초절임
스이모노(吸物)	맑은국	닭고기, 당근, 야채
야키모노(燒物)	구이	방어소금구이, 생강절임
니모노(煮物)	조림	정어리, 무, 표고, 소송채, 유자
스이모노(酢物)	초무침	해삼초
고항(飯)	밥	밤밥
시루(汁)	국	된장국, 두부, 미나리
고우노모노(香の物)	일본식 김치	야채 소금절임, 무 쓰케모노
스이가시(水菓子)	후식	감

가이세키 요리는 1즙3채, 1즙5채, 2즙5채 등으로 이루어지는데, 손님에게 대접할 때에는 손님의 취향과 구미에 맞추어 계절감 있게 메뉴를 구성해야 한다. 특별한 경우를 제외하고는 같은 재료를 중복해서 사용하지 않고 같은 맛을 될 수 있는 대로 피한다. 가이세키 요리는 혼젠 요리처럼 처음부터 전부 내놓지 않고, 맑은국과 회 등을 먼저 내고 그 다음, 요리가 나오는 것이 예의라 할 수 있다.

쇼진(精進) 요리

쇼진 요리의 시초는 사찰 음식으로 야채, 해초 등의 식물성 식품을 재료로 하고 육류와 어패류, 파, 마늘을 넣지 않고 다량의 기름과 전분을 사용한다는 특징이 있다. 또한 식기는 흑색, 주색의 칠기를 사용한다. 법회나 그 이외의 불교 행사에 이용되었으며, 가마쿠라 시대에 불교의 융성과 더불어 일반 시민들에게까지 널리 퍼졌다.

'쇼진(精進)'은 '불도를 닦는 데 있어서 잡념을 버리고 정신 수양을 한다'는 뜻이다.

쇼진 요리의 배선 예

후차(普茶) 요리

에도 시대에 중국의 승려가 황벽산(黃檗山) 만복사(萬福寺)를 열어 포교를 하면서부터 도래한 중국의 사찰 음식으로 차를 마시고 난 다음 먹는 식사를 말한다. 그래서 식탁의 예의도 중국 요리처럼 원형의 탁자에 4명이 둘러앉아 한 그릇의 요리를 덜어 먹는다.

후차 요리는 불교 정신을 따라 생물을 사용하지 않는 것이 원칙이나 영양면을 고려하여 두부, 깨, 식물성 기름을 많이 사용한다. 야채와 건어물을 가지고 자연의 색과 모양으로 아름답게 꾸미며 선종의 간단한 조리법을 도입한 것이 특징이다.

후차 요리가 나가사키(長崎)에 전해져 독자적인 발전을 이루어 일본화된 중국식 요리를 싯포쿠(卓袱) 요리라 한다.

2) 전통 테이블 세팅의 분류

생활 문화에 따른 분류

일본의 행사식

- **간탄**(元旦) : 우리나라의 설날에 해당하며, 일본에서는 양력 1월 1일부터 3일까지 쉰다. 일본의 대표적 행사로 오세치 요리, 도소, 오조니 등이 대표적 행사식이다. 식재료는 산에서 나는 것과 바다에서 나는 것 등을 사용하는데, 각각의 재료는 자식 번성과 풍년 등을 기원하는 의미를 지니고 있다. 오세치 요리는 불을 사용하지 않으며, 미리 만들어 찬합에 넣어 두고 먹는다. 또한 오조니라는 떡국을 먹고 세주를 마신다. 대부분의 가정에서는 대문에 시메나와라는 인줄을 치고 소나무 장식을 하며, 소나무와 대나무로 만든 가도마쓰(門松)로 장식하기도 하였다.
- **히나마쓰리**(雛祭) : 3월 3일로, 악귀를 물리치거나 액막이를 위해 인형을 만들어 물에 띄워 보내던 풍습이 에도 시대에 이르러 여자 아이의 행복을 기원하는 여성의 축제로 이어졌다. 15명의 히나 인형(여자, 남자, 관녀 3인, 바야시 5인, 시종, 잡역부 등)을 7단에 올려놓는 히나 도구를 준비하고, 여자 아이는 친구들을 초청하여 히나 도구로 소꿉장난을 한다. 화려하고 아름다운 히나 도구는 성장하여 시집가는 날을 위해서 집안일을 훈련한다는 의미도 있고, 행복한 결혼에 대한 꿈과 동경의 상징이기도 하다. 지라시스시, 대합

맑은국이 행사식이다.

- **단고마쓰리**(端午祭) : 5월 5일로, 2차 세계대전 후에 어린이날로 제정되었다. 이날에는 고이노보리를 세우고 무사 인형을 장식하며 지마키 등을 먹는 풍습이 있다. 에도 시대에 무사 집안 남아의 성장과 출세를 기원하는 쇼우부(尙武)의 명절이 남아의 명절로 인식되다가 오늘에 이르렀다. 원래 5월 5일은 단오로 창포의 명절이라고도 불리는데, 단오에는 기치나 잉어 깃발(고이노보리)과 같은 실외 장식과 갑옷, 5월 인형, 실내 깃발 같은 실내 장식을 한다. 잉어 깃발은 고난을 딛고 훌륭한 사람이 되라고 자식의 출세를 기원하는 의미를 담아 세워진다. 단오절에 먹는 떡으로는 찹쌀, 멥쌀, 칡가루 등의 재료를 긴 원추형으로 만들어 조릿대 잎 등으로 말고 골풀로 묶어서 찐 치마키와 떡갈나무 잎에 싸서 먹는 둥근 모양의 가시와모치가 있다.

- **다나바타**(七夕) : 7월 7일로, 별의 제전이라고 불리는 이날에는 단자쿠(세로 36cm, 폭 6cm로 금은박이나 밑그림 또는 문양이 그려져 있는 종이)에 소원을 써서 대나무나 조릿대에 묶어 정원 앞 등에 세워 놓고 직녀성과 견우성에게 바친다. 칠석 때 먹는 과자는 화려하지 않아서 그다지 눈에 띄는 것은 없지만, 최근 과자점에서는 낭만적인 별의 전설에서 아이디어를 얻어 은하수를 비유한 과자를 많이 만들고 있다.

- **도요우**(土用) : 입하, 입추, 입동, 입춘이 되기 전 18일간을 봄의 도요우, 가을의 도요우, 겨울의 도요우라고 하나 오늘날에는 여름만을 지내고 장어, 마늘, 앙코모치 등을 먹는다.

- **기쿠노세쿠**(菊の節句) · **초우요우**(重陽) : 9월 9일로, 언덕 위에 올라가 가을 산야를 바라보며 주연을 여는 풍습이 있다. 붉은 산초(가와하지카미) 열매가 달린 가지를 꽂고 국화주를 마시며, 장수와 함께 재앙을 막아 줄 것을 기원한다. 산초 열매는 체내의 독기를 제거하는 묘약이고 국화는 장수의 영약을 의미한다. 헤이안 시대에는 기쿠와타(菊綿)라는 풍습이 있었는데, 8일에 국화꽃 위에 솜을 씌워 두고 9일 아침에 국화 이슬에 젖은 솜으로 피부를 문지르면 젊음을 유지할 수 있다고 전해져 궁녀들 사이에 행해졌었다.

- **쓰키미**(月見) : 9월 13일로 1년 중 달이 가장 아름다워 중국에서는 달을 보며 월병을 먹는 풍습이 있는데, 일본의 궁중에서 습관이 되어 서민에게 전해졌다. 갈대와 도라지 등 가을의 식물과 모치단고 12개로 장식한다. 또한 밤, 감, 토란 등으로 공양하고 달을 감상한다.

- **히간**(彼岸) : 춘분의 날, 추분의 날을 낀 7일간을 말하는데, 각 가정에서는 전날 불단을 깨끗이 하고 꽃, 물, 오하기 등을 공양한다.
- **도우지**(冬至) : 1년 중 해가 가장 짧은 날로 호박, 곤약, 겐진시루를 먹는 풍습이 있으며, 유자를 띄우고 목욕을 하여 감기를 예방한다.
- **도시코시**(年越し) : 12월 31일로 1년을 마치며 정월을 맞이한다. 소바를 먹는 풍습이 있는데, 소바와 같이 길게 오래도록 행복할 것을 기원하기 위해 먹기 시작했다고 한다.

일본식 통과 의례

통과 의례는 인생(人生) 의례라고도 하며, 경사의 의례로서 장수를 축하하는 것(60, 77, 88, 99세)과 남자는 생후 31일째, 여자는 생후 32일째를 축하하는 것, 아이가 젓가락을 처음 잡은 날, 출산과 아이의 3, 5, 7살을 축하하는 등 우리나라의 통과 의례보다는 의례식이 간소한 편이다. 노인 공경보다는 어린아이를 귀하게 여겨 7살이 될 때까지 여러 가지 축하 의례가 있고 최근에는 성년식 등을 국가적으로 성대하게 치른다.

제사는 장례 제사를 제외하고는 연중 거의 지내지 않는다. 경사스러운 날에는 잡귀를 쫓는다는 의미로 팥찹쌀밥을 주메뉴로 하고 제사에는 불교의 영향으로 쇼진 요리를 내는데 현재에는 점차 변화되고 있다.

지역에 따른 분류

간토우(關東) 요리

에도 요리라고도 하며 도쿄 만과 스미다가와 등에서 잡은 어패류를 사용한 생선초밥, 덴푸라, 민물장어 요리와 메밀국수 등이 대표적이며, 무가 및 사회적 지위가 높은 사람들에게 제공하기 위한 의례 요리가 발달하였다. 역사적으로는 에도 시대로부터 생기기 시작한 요리와 찻집을 중심으로 발달하였다. 문화 문정기(文化文政期, 1804~1830년)에 들어서서 서민 문화가 성숙하면서 확립되었다고 보아야 한다.

관동 요리는 관서 요리와 비교하면 맛이 농후한 것이 특징이나, 조미료는 관서의 연한 간장에 비해 진한 간장을 사용하고, 국물을 내는 다시에 주로 가다랑어 등이 이용된다. 이렇게 관동 요리와 관서 요리의 맛이 다른 데에는 수질의 차이, 생선의 차이, 토질에 따른 야채류의 차이가 요리의 지역 분할에 일역을 했다고 볼 수 있다. 그러나 교통수단의 발달과 요리 기술의 교류로 지역적 특징이 사라져 가고 있다.

간사이(關西) 요리

가미가다(上方) 요리라고도 하며, 에도 시대에 들어와서 발달된 에도 요리와 비교하면 그 역사가 더 길다. 주로 교토와 오사카의 요리를 가리키지만 두 지역의 요리에는 조금 다른 점이 있다. 교토는 바다에서 멀리 떨어져 있으나 물이 좋은 관계로 야채와 건어물을 사용한 요리가 발달했다. 반면 바다가 가깝고 어패류를 많이 접할 수 있는 오사카에서는 생선 요리가 발달했으나 간은 그리 강하지 않다.

관서 요리는 관동 요리에 비해 설탕을 비교적 덜 쓰고 소재의 맛을 최대한으로 살리는 연한 맛이 특징이며 가이세키(會席) 요리가 중심이 된다. 또한 색, 형태도 그대로 살리고 국물이 많으며 국물을 내는 다시에 멸치, 다시마 등이 이용된다.

3) 일본의 차 문화

일본에는 차가 8세기에 전래되었으며, 중국에서 처음 차가 수입된 것이 언제인지 확실한 증거는 없지만 나라 시대에 중국으로 건너간 견당사(遣唐使, 당나라의 유학 승려)나 중국, 인도 부근에서 온 승려들에 의해 단차가 수입된 것으로 추정되고 있다.

일본 다도의 역사는 크게 세 시기로 구분할 수 있다.

제 1기는 처음 차가 수입된 시기로, 중국에서 처음 차가 수입되었다는 확실한 자료가 남아 있지는 않지만 나라 시대 때 견당사나 중국으로부터 건너온 승려들에 의해 널리 보급된 것으로 보인다. 주로 상류 귀족 사회에서 일종의 대륙 취미로서 당풍(唐風)의 끽다(喫茶)가 유행하였다.

제 2기는 송의 연차의 영향을 받은 중세이다. 텐포(天平) 원년(729년)에는 차도가 행해졌는데, 당시에는 단차(團茶)라 하여 찻잎을 건조시킨 다음 때에 따라 끓여 마셨다. 그 후 견당사가 폐지되어 당과의 교류가 끊어졌으나 헤이안 시대 말기부터 송나라와의 교류가 재개되었다. 송나라는 단차가 맛이 없다 하여 맛차(녹차를 갈아서 분말로 한 고급차)를 먹는 풍습으로 바뀌었다. 주나라와 송나라풍의 끽다 취미에 따르는 투차가 유행된 시대로 그것이 점차 일본화하고 선원의 다도가 성립되었다.

현대 일반 가정에서의 손님 접대용 차 세팅(coordinator, 쯔지 히사코)

제 3기는 명나라 엽차의 영향을 받은 근세이다. 다도가 대성하고 사회 각층에 전면적으로 보급된 명풍(明風)의 끽다 취미와 병행되면서 잎차의 법식도 융성하였다.

차의 종류

- 센차(煎茶) : 일본 녹차의 대부분(약 80%)을 차지하며, 새 눈(芽)을 덖어 가며 건조시킨 차
- 교쿠로(玉露) : 그늘에서 비료 등의 영양 공급을 충분히 주어 키운 고급 녹차
- 반차(番茶) : 오래된 큰 찻잎으로 만든 차
- 호우지차(ほうじ茶) : 반차를 불로 때서 만든 차로서 카페인이나 폴리페놀 등 자극 물질이 적다. 부담 없이 마실 수 있으며, 특히 초밥을 먹을 때 호우지차를 마신다.
- 메차(芽茶) : 센차나 교쿠로를 만들면서 새 눈을 추려서 만든 차로 맛과 향이 강하며 카페인 등 자극 성분도 많다.
- 구키차(莖茶) : 줄기 부분을 모아서 만든 차로 예부터 자양 강장의 묘약으로 널리 사용되어 왔다.
- 겐마이차(玄米茶) : 센차나 반차에 볶은 현미를 섞은 차
- 분차(粉茶) : 고나차 또는 가루차는 대부분 찌꺼기로 만들어지는데, 보통 고나차는 스시바에서 제공되며 비교적 낮은 등급의 티백 형태로 만들어진다.
- 맛차(抹茶) : 교쿠로와 같은 잎을 건조시킨 것을 가루로 만든 차

4) 테이블 데커레이션의 아이템과 테크닉

테이블(Table)

전통 일본상(膳, 젠)은 한국의 소반보다 낮고 붉은색과 검은색의 옻칠이 되어 있으며 경사와 불사로 쓰임이 분류된다. 이러한 사각의 젠이 현대에 와서는 일본식 테이블 아이템의 플레이스 매트의 모양으로 디자인되기도 한다. 오늘날 일본의 식공간은 한국과 유사하게 서양화되고 주식과 부식의 구분이 뚜렷한 식사 형태이므로 테이블의 크기와 높이도 한국의 서양식 입식 테이블과 유사하다.

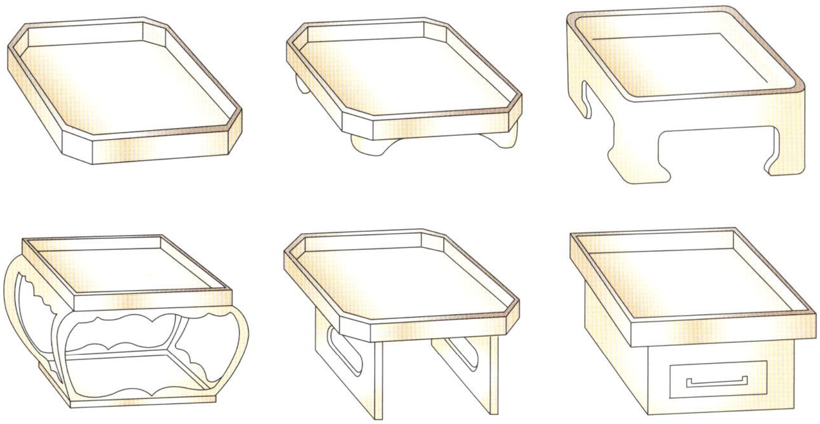

일본 전통 상의 여러 가지 형태

리넨(Linen)

일본도 한국과 마찬가지로 칠기로 된 낮은 좌탁을 사용하였기에 테이블클로스는 사용하지 않았으나 현대에는 면, 아사, 일본 전통의 지지미천 등을 일본 이미지의 컬러로 표현한다. 테이블클로스는 서양의 사용법을 따르며 나무, 칠기 매트 등으로 테이블클로스를 대신하는 경우가 많다.

테이블클로스(Tablecloth)

서양식 식공간 테이블에서의 크기를 제외하고는 소재, 형태를 서양식에 준한

가이세키(會度) 요리점의 칠기상을 사용한 테이블 세팅

일본 전통 지지미천을 사용한 러너

다. 칠기 좌탁 등 테이블클로스를 사용하지 않아도 되는 테이블에서는 손상을 방지하기 위하여 간단한 매트 등으로 대신하기도 한다. 테이블클로스를 사용할 경우에는 자연 염료 등으로 색과 일본 전통 문양 등을 넣은 제품을 선택하는 경우가 많다.

러너(Runner)

테이블클로스와 마찬가지로 서양식에 준하여 사용되며, 일본 전통 소재와 문양으로 포인트를 줄 수 있다.

매트(Mat)

서양식의 매트를 일본 식기와 접목하여 사용하기도 하나 일본 전통 좌탁의 이미지를 옮겨 놓은 듯한 디자인이 많다. 매트 위에 1즙3채의 기본형 식기를 세팅하기도 하고 서양의 코스식을 따르기도 한다.

냅킨(Napkin)

냅킨의 크기와 소재, 연출 등은 서양식 스타일을 따르고 일본 특유의 면, 아사 소재를 사용하거나 심플하고 안정된 느낌의 냅킨 접기 등으로 연출할 수 있다. 특히 전통 풍습이나 마쓰리에 사용되었던 천으로 된 소품 등을 이용하여 일본 고유의 이미지를 표현하기도 한다.

일본 좌탁 형태의 일본식 매트(히로타 히데미)

일본 전통 면으로 된 냅킨을 고유의 매듭으로 묶은 것
(사카가미 아이코, 야마모토 에츠코, 나카야마 이사코)

차이나웨어(China Ware)

일본 식기는 손으로 잡을 수 있는 무게(100g 정도)와 크기로 원형, 정방형이 있다. 그 외에도 부채 모양, 나뭇잎 모양 등 비정형의 변형된 접시도 많다. 입술을 대고 담겨 있는 음식을 먹기 때문에 그릇의 두께가 얇고, 촉감을 위해 매끄러우며 색채와 문양이 화려하게 되어 있다. 일본에서 식기를 들고 식사를 하는 것은 한국에서의 숟가락의 기능을 식기가 대신한 것이라고 할 수 있다.

일본의 식기는 형태와 재질이 매우 다양하고 크기도 개별식과 공식을 위한 것으로 나누어져 있는데, 특히 사계절을 표현한 식기와 의례용 식기의 디자인은 색상과 모양이 다양하므로 조화를 생각하여 코디네이션하는 방법도 다양하고 재미있다. 일본 도자기의 종류는 석기(stoneware), 도기(chinaware), 자기(porcelain)가 있고, 일본 전역에 도자기 산지가 산재해 있어 산지에 따른 도자기 명칭도 다양하다. 오늘날에는 칠기, 도자기, 유리, 대나무, 스테인리스 등을 재질로 하여 외국의 식기를 변형시킨 디자인이 개발되고 있다.

- 완(碗 · 椀) : 밥그릇과 국그릇(높이 10~12cm)을 말하며 일식기의 정해진 크기는 남자용이 직경 약 12cm, 여자용이 직경 약 11.5cm이다.
- 하치(鉢) : 깊이가 있는 그릇. 고바치(小鉢, 15cm), 주바치(中鉢, 13~16cm), 오바치(大鉢, 약 16cm), 히라바치(平鉢 · 皿鉢, 접시에 가까운 낮은 높이), 후카하치(深鉢 · 丼鉢, 깊은 높이), 모리바치(盛り鉢, 입구가 넓은 것), 밥 · 면 종류(16~17cm), 초코(猪口, 입구가 좁고 깊은 것)

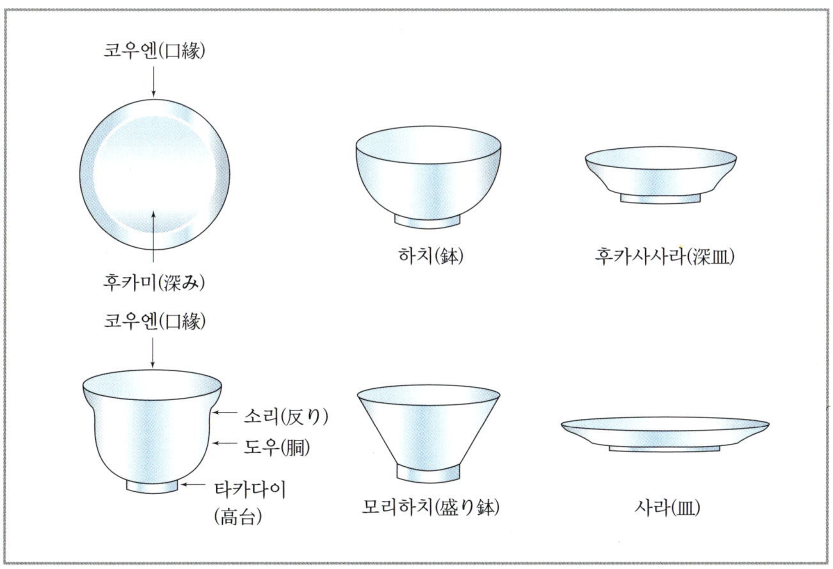

식기의 부분과 명칭

여러 가지 색과 문양의 식기

용도에 따른 각종 소재의 일본 식기의 테이블 세팅(도미노 쥰코)

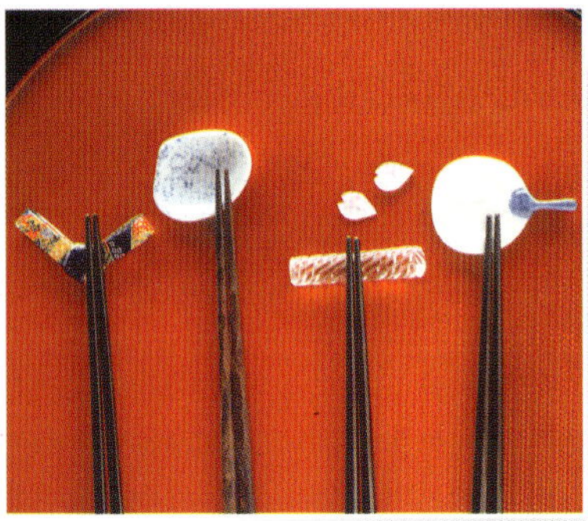

젓가락과 계절감 있는 젓가락받침

서양 와인잔 모양의 청주진(호시노 요우코)

- 사라(皿) : 고자라(小皿, 12cm 이하), 주자라(中皿, 12~21cm), 샤쿠자라(尺皿 · 大皿, 평평하고 얇은 것, 21cm 이상)

실버웨어(Silver Ware)

일본인은 식사를 할 때 젓가락만을 사용한다. 밥도 그릇을 들고 젓가락으로 먹고, 국도 국그릇을 들어 국물은 마시고 건더기는 젓가락으로 건져 먹는 게 일반적이다. 젓가락은 백목으로 된 와리바시가 특징적이고 주로 칠기로 된 것을 사용한다. 큰 그릇에 든 요리를 각자가 먹을 만큼 떠가도록 여러 사람이 공동으로 쓰는 큰 숟가락이 있을 뿐이다.

덴무(天武) 4년에 불교의 종교적인 이유와 실리(實利)나 가뭄, 기근 그리고 황태후의 쾌유를 기원하는 주술적인 의미에서 살생 금지령이 시행되었다. 육식 금지로 인해 사람들은 일본 풍토에 맞는 생선과 야채를 소재로 해서 칼로 잘라 젓가락으로 먹기 편한 요리를 발달시켰다. 그러다 무사들이 정권을 잡고 귀족이 몰락한 가마쿠라 시대가 되자 숟가락이 자취를 감추고 서민들도 젓가락만을 사용해서 식사를 하게 되어 지금에 이르렀다.

- 하시(箸) : 길이 20~24cm, 무게 23g 정도가 사용하기 편하며 차가이세키용, 축하용, 식사용의 젓가락이 있다.

글라스웨어(Glass Ware)

일본은 일찍부터 유리의 제조가 발달하여 각종 유리잔이 발달하였다. 유리 외에 도자기, 나무, 칠기로 된 잔이 있고 현대에 와서는 여러 가지 전통 재질로 서양의 주류를 담을 수 있도록 개발되고 있다. 찻잔과 술잔, 물잔 등으로 부부, 남녀, 손님용 등 그리고 디자인이 구분되어 용도에 맞게 사용한다.

오본(일본의 추석)을 토끼와 곡식으로 표현한 센터피스(사와라 이치코)

센터피스(Centerpiece)

도자기, 칠기, 유리 등의 화기가 있고 계절을 나타내는 꽃과 과일 등을 이용해 테마에 맞게 연출한다. 마쓰리와 세시절식의 전통 이미지를 간결하게 센터피스로 재현하기도 하고, 다화(茶花)와 같이 청초하고 간결한 이미지로 젠 스타일을 만들기도 한다.

피겨(Figure)

풍습이나 행사의 아이템을 이용한 디자인으로 젓가락받침의 종류가 다양하고, 일본풍의 피겨는 일본 음식과 더불어 서양 음식에도 맞게 개발되고 있다. 일찍부터 서양의 식사 문화를 동경하여 식사에 관한 피겨 등도 일본 정서에 맞도록 디자인된 것이 많아 오히려 서양인들에게 선호되기도 한다.

소품(Attachment)

풍습이나 행사의 아이템에 있어서 전통의 모양을 현대의 식탁에 어울리도록 개발, 디자인하여 서양의 테이블 세팅 스타일을 일본풍으로 만들기도 한다.

간장병 등의 피겨(다지마 후사에, 오하시 토모카, 야쯔기 히사코)

학과 거북 모양의 전통 소품(호리토 시게코)

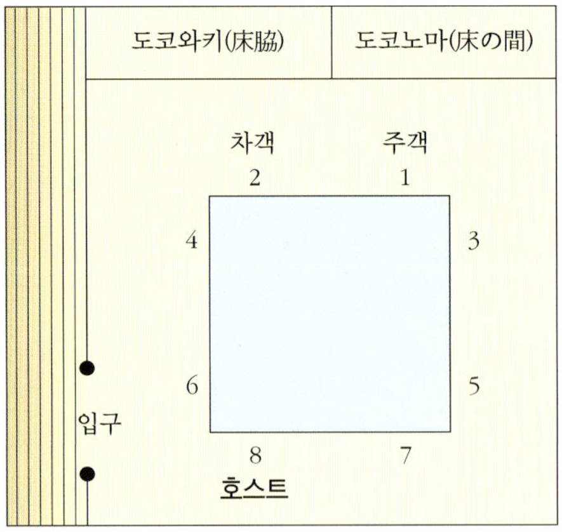

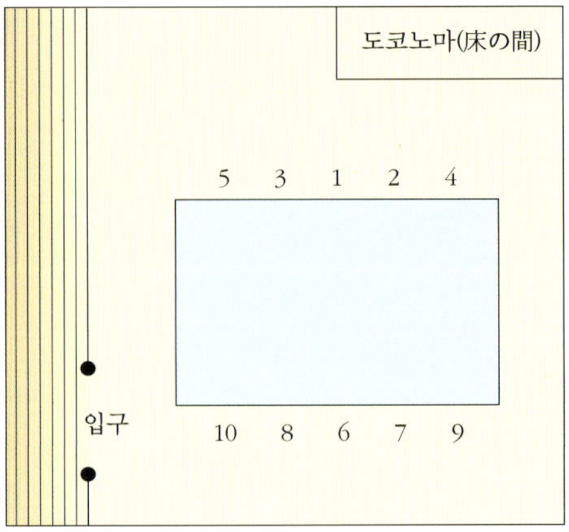

입구나 복도에서 먼 곳인 정원이나 창의 반대쪽이 상석이며, 주인은 출입구에서 가장 가까운 자리에 앉는다.

5) 현대의 식사 문화 매너

착 석

도코노마가 있는 앞쪽의 방향이 상석이다.

오사케(お酒)

술을 마실 때는 한 손으로 술잔을 들지 않는다.

하시(箸)

일본 요리는 숟가락 없이 젓가락만으로 먹는다. 우선 음식이 나오면 국물에 젓가락을 적시고 국물로 입을 축이고 나서 밥을 한 입 먹는다. 밥과 반찬을 번갈아 가면서 먹는데, 이때 젓가락이 반찬에서 다른 반찬으로 직접 가서는 안 된다. 반찬의 맛이 뒤섞여 반찬 본래의 맛을 알 수 없게 되기 때문이다. 또 반찬 접시를 그대로 놓은 채로 젓가락으로 들쑤셔서도 안 된다. 반드시 접시를 일일이 자기쪽으로 가까이 가지고 와서 덜어 먹어야 한다.

오른손으로 젓가락을 사용할 경우 왼손은 밥그릇과 국그릇, 반찬그릇을 나르는 데 써야 한다. 뚜껑이 있는 식기의 경우 왼쪽에 있는 것은 뚜껑을 열어서 왼쪽에 두고, 오른쪽에 놓인 것은 오른쪽에 둔다. 그리고 젓가락은 한 손으로 들고 한 손으로 받쳐서 사용하고 놓을 때도 받쳐서 내려놓는다. 감자나 무 등으로 만든 반찬을 젓가락으로 찔러 보는 것은 실례이다. 재료가 속까지 잘 익었나를 확인하기 위한 것이겠지만 음식을 만든 사람을 의심하는 행위가 되기 때문에 좋지 않다.

식사 중 젓가락으로 해서는 안 되는 예법의 예

구분	내 용
마요이바시(迷い箸)	무엇을 집을지 헤매는 것
우쓰리바시(移り箸)	집다 말고 다른 것을 집는 것
사구리바시(探り箸)	국 등을 휘저어 내용물을 뒤적거리는 것
가키바시(かき箸)	그릇에 입을 대고 젓가락으로 옮겨 넣는 것
요세바시(寄せ箸)	젓가락으로 그릇을 당기는 것
사시바시(刺し箸)	젓가락 두 개를 합쳐서 숟가락처럼 뜨는 것
오코바시(横箸)	젓가락으로 찍는 것
나미다바시(涙箸)	젓가락 끝에서 국물이 흐르는 것
고미바시(込み箸)	젓가락을 입 안에 무리하게 넣는 것
네부리바시(ねぶり箸)	젓가락을 핥는 것
다타키바시(叩き箸)	젓가락으로 그릇을 치는 것
니기리바시(握り箸)	젓가락을 손바닥으로 쥐는 것(공격의 의미)

국물을 마실 때는 그릇 언저리에 입을 대고 마시고, 이때 국에 들어 있는 유자 껍질이나 산초 잎이 입에 들어가지 않도록 젓가락으로 가볍게 눌러 준다.

야키모노(燒物)

생선구이는 먹는 사람의 방향에서 왼쪽으로 생선의 머리가 가도록 놓는데, 뼈가 있는 생선을 먹을 때 뼈를 발라 내지 않고 그대로 뼈 뒷면의 살을 먹으려고 들쑤시는 것도 좋지 않은 매너이다.

사시미(刺身)

담백한 사시미부터 먼저 먹고 기름지고 색이 있는 것은 나중에 먹는다.

3. 현대의 테이블 데커레이션

중국에서 전래된 시절식은 한국을 걸쳐 일본으로 건너가 비슷한 형태로 발전되었다.

오쇼가쓰(正月)

Symbol color & Point

새해를 맞이하는 아침, 풍년, 자손 번영, 가내 평안 등 한 해의 행복을 빌며 가족과 함께 둘러앉은 설날 상차림이다. 시대가 바뀌고 생활이 바뀌어도 물려주고 지켜 나가고 싶은 전통 행사, 전통 식사, 전통 그릇, 설날 때 쓰는 동상(重箱) 등이나 축하하기 위한 장식들을 현대적 감각에 맞게 심플하게 연출하였다.

Menu

설날 축하 음식(큰멸치조림, 청어알, 검은콩), 일본식 떡국, 명절 요리(가마보코, 고구마조림, 구운 생선, 마른생선조림, 무 홍백 초절임

Coordinator

마루야마 요오코, 나가노 이쿠고

오쇼가쓰(正月)

히나마쓰리(雛祭)

Symbol color & Point

3월 3일이 가까워 오면 여자들은 히나 인형을 꺼내어 장식을 한다. 혼수로 가져왔던 인형을 딸이 물려받아서 가지고 노는 것이다. 삼대(三代)가 모여 설레는 마음으로 소꿉놀이를 하는 듯한 식탁을 연출하였다.

Menu

새조개와 유채꽃 초된장 무침, 치라시스시, 대합 맑은국, 히나 과자

Coordinator

유지에 마사코

히나마쓰리(雛祭)

단고노세쿠(端午の節句)

Symbol color & Point

5월 5일로 남자 아이의 성장을 비는 명절이다. 집 밖에서는 잉어 그림의 연을 올리고 집 안은 투구나 무사 인형으로 장식하며, 어른들은 창포술을 즐긴다. 아이들과 같이 종이를 접어 장식하고 치마키(대나무 잎으로 싼 떡)와 떡갈나무 잎으로 싼 팥찰떡을 먹으며, 창포탕에 목욕하고 무병을 빈다.

Menu

대나무 잎으로 싼 초밥, 삶은 토란, 구운 성게, 푸른콩조림, 녹말 소스를 곁들인 으깬 콩 요리, 묘가(일본의 생강과) 맑은국

Coordinator

이노우에 마사코

단고노세쿠(端午の節句)

다나바타(七夕)

Symbol color & Point

칠석제인 7월 7일에는 서예와 수예의 향상을 빌며 자신의 소원을 종이에 써서 대나무 잎에 묶어 별님께 빌었다. 직녀와 견우가 1년에 한 번 만나는 날이라는 전설이 전해지고 있어 은하수 이미지를 표현한 오색의 실을 러너로 사용하였다. 대나무 잎에 자신의 소원을 적어 매달고, 예쁜 종이로 공 모양을 접어서 견우와 직녀를 표현하였다.

Menu

오색 소면, 대나무 잎으로 싼 아지 초밥, 국화 모양의 깨두부, 오이와 닭고기 무침

Coordinator

히로시마 에미코

다나바타(七夕)

쓰키미(月見)

Symbol color & Point

갈대를 마루 끝에 장식하고 12야, 13야 보름달을 기다리던 어린 시절을 회상하며 중추절의 경단, 햇과일이나 토란을 준비하였다. 달에 토끼가 살고 있다는 옛 이야기와 중추의 명월을 나타내었다.

Menu

오쿠라를 곁들인 농어와 밤 조림, 쇠고기 히레와 마늘 꼬치 튀김, 껍질콩 깨무침, 하기를 넣은 밥, 쓰케모노, 두부 맑은국

Coordinator

하스미 가요코

쓰키미(月見)

Chapter 4

서양의 식사 문화

서양의 식사 문화는 유럽 대륙의 정통 프랑스식과 섬나라인 영국식 그리고 영국에서 독립한 미국식으로 크게 나눌 수 있다.

유럽 대륙의 식사 문화를 보면 르네상스 시대 이탈리아의 새로운 조리 기법, 식사 도구, 매너 등이 프랑스에 유입되어 오늘날의 프랑스식으로 발전하였다. 르네상스 시대의 이탈리아 메디치가에서 호화스럽게 시작되었으며, 16세기 중반 메디치가와 프랑스 부르봉 왕족 간의 정략 결혼으로 인해 메디치가의 연회 연출 기법이 프랑스에 전해졌다.

이후 베르사유의 궁정 요리로 다듬어져 루이 15세 때에는 그 세련미가 예술로서 최고조에 다다랐다. 왕족과 귀족에 전속된 조리인은 유럽 국가 간을 왕래하는 거물급 요리장으로서 고액으로 고용되어 명성이 높기도 했다. 그로 인해 왕족, 귀족이 베푸는 연회는 식재 선택, 조리법 그리고 연회의 연출 기법 등에서 그 호화로움이 극에 달았다. 프랑스 혁명 이후에는 왕족, 귀족에게 소속되었던 요리인들이 독립하여 레스토랑을 개업하여 미식의 대중화를 가져왔다.

그 시대에는 소스나 요리에 곁들이는 가니쉬가 다양하게 개발되어 요리의 과학화가 이루어졌고, 향신료를 넣는 조리법과 강한 불로 조리하는 프라이팬 요리가 등장하였다. 또한 식사는 짠맛에서 단맛으로 변화되었고, 메뉴는 시계열형(時係列型)으로 구성되었으며, 각 요리에 맞는 와인을 곁들이기 시작하여 미식가의 황금시대를 맞이하게 되었다.

18세기에는 요리 전문가의 요리서 출간으로 가정에서도 새로운 요리 테크닉을 구사하기 시작하여 가정 요리가 발전하였다. 나아가 샹들리에의 등장과 그에 어울리는 은기나 자기류 식기 사용으로 가정 요리의 완성도가 더욱 높아졌으며, 손님을 가정 식사에 초청하여 즐기는 문화가 시작되었다.

이러한 식사 문화는 유럽 대륙의 각 지역으로 빠르게 확산되었지만, 지리적 여건상 접근이 어려웠던 영국은 항해 무역으로 부와 명예가 급상하면서 그들만의 특성이 나타나는 식사 문화를 형성하였다. 그리고 영국에서 독립한 미국은 짧은 역사 속에서 유럽의 식문화를 받아들여 전통적 식사 문화를 현대에 맞게 편리하게 간소화하였다.

1970년대 이후에는 새로운 가열 방법을 이용해 가벼운 요리나 소스를 만드는 누벨 퀴진(nouvelle cuisine)이라는 새로운 요리 혁명이 일어났고, 프랑스 요리를 기초로 동양의 소스나 요리 기법을 융합하는 서양식 퓨전 요리도 등장하였다.

1. 서양의 식사 문화사

서양의 식사 문화사는 기후조건에 따른 식자재와 조리방법에 따라 변화되어 왔음을 기본적으로 이해하고 종교적, 정치적, 사회적 영향에 따라 조리된 음식을 취하는 방법 등으로 문화가 만들어져 왔으므로 식사 문화사를 통찰함으로써 서양의 시대별 라이프 스타일을 알 수 있다.

왕권을 중심으로 한 양식사로 분류하고 이해하여 현대에도 통용되고 있는 서양의 스타일을 테이블 디자인에 접목시켜 품위 있고 완성도 높은 서양의 테이블 디자인에 활용하도록 한다.

그리스 기원전 7000~기원전 4C

호메로스 시대의 그리스인들은 손님에 대한 환대와 극진한 대접을 중요시했으며, 기원전 7세기경 그리스의 대저택에서는 화려한 연회가 자주 열렸다. 주로 남성의 참가만이 허락되었으며 여성은 악기, 연극 또는 무용을 위해 참가했다.

장소는 주로 메가론(megaron)이라 부르는 홀이었고, 클리네(cline)라고 하는 긴 의자에 누워 식사를 하였다. 시종들은 식사 시간이 거의 임박했을 즈음 식사하는 사람들 앞에 여러 개의 식탁과 술잔, 빵 바구니 등을 가져다 놓았다.

연회용 테이블은 누워서 요리를 잡기 쉽도록 작고 낮은 사각 테이블을 사용하였다. 당시의 식탁 위에는 포크가 없었으며, 초대된 사람들은 모두 손으로 음식을 먹었다. 접시도 없었으며 둥근 모양의 받침대가 놓였다. 그리고 고기를 먹기 위한 칼과 퓌레 종류를 먹기 위해 화려한 손잡이가 달린 숟가락, 나무나 금속으로 만든 사발이 전부였다.

부유층의 식사는 빵과 수프를 곁들인 주식에 고급 생선 요리, 고기와 과일까지 갖춰 매우 사치스러웠다. 이에 반해 서민들의 식생활은 실질적으로 매우 빈곤하였다.

그리스 시대의 연회 장면(Jacqueline maillard, Pascal hinous)

Rome

로마 기원전 8C~서기 15C

'La Cena(사교 중심의 연회)' 에 나타난 것은 2세기의 유복한 상인 집의 식탁이다. 오후 3시는 로마인에게 있어서 하루 중 가장 본격적인 식사가 시작되는 때였다. 이 식탁은 원로원의 의원을 모시기 위한 것으로, 테이블 주위에는 3명의 손님이 옆으로 누워 있을 수 있는 청동 침대(triclinium)가 놓여 있다. 청동 침대와 같은 높이의 사각 테이블을 가운데 두고 음식을 먹었는데 이는 높은 신분의 상징으로 낮은 신분은 절대 따라 해서는 안되는 행위였다.

식탁은 아직 준비를 하고 있는 단계로 우선 도기 잔과 글라스웨어를 나열하고 다음으로 나이프와 숟가락, 수프용 큰 숟가락, 이쑤시개를 나열하였다. 또한 향이 나는 물을 담은 물주전자를 준비하는 것도 잊지 않았다. 당시는 손으로 식사를 하였으므로 식전과 식사 중, 식사가 끝났을 때 손을 씻었다. 그리고 최후로 가보인 은접시를 나열하였다.

로마인은 화려한 식사를 길게 한 것으로 알려져 있는데, 사실 상당히 꾸밈 없이 수수한 식사를 하였다. 예를 들면 양상추, 3개의 달팽이, 1인 2개의 달걀, 올리브, 양파, 호박 등으로, 이 메뉴를 내지 않으면 출석하지 않았다는 유명한 철학자도 있었다. 그리고 연회를 센스 있고 우아하게 만들고 싶은 경우 연극, 시 등이 중요한 요소가 된다. 또한 주인은 손님들을 세심하게 배려하여 디저트 시간이 되면 장미 꽃잎을 비와 같이 뿌려 손님을 기쁘게 하기도 했다.

인테리어 | 바닥은 모자이크 타일로, 벽은 프레스코 벽화로 되어 있다.

테이블클로스 | 술이 달린 리넨 테이블클로스가 덮여 있다.

냅킨 | 손님은 각자 식사에 사용하기 위해 맙파(mappa)라고 하는 자신의 냅킨을 가지고 온다. 얇은 천으로 되어 있고 색이 있는 큰 냅킨으로 손을 닦기도 하고, 남은 음식을 가져가기 위해서도 사용하였다.

식기 | 점토로 된 도기의 잔은 인장 무늬로 되어 있는데 식기의 장식에 사용된 모양은 2,000종류 이상이 있었다. 청동의 접시에는 빵이 있고 별 모양의 무늬가 보이도록 놓여 있다. 그 바로 옆에는 손잡이가 붙어 있는 타원형의 청동 접시가 있다. 이 손잡이는 2세기 이전에는 보이지 않았다.

실버웨어 | 뼈와 철을 긁어 만든 나이프의 옆에는 2종류의 숟가락이 있다. 하나는 '라 규라'라는 긴 것이고, 또 하나는 뾰족한 '라 코크레아'로 달걀의 구멍을 뚫거나 조개를 먹을 때 사용되었던 것 같다.

글라스웨어 | 2개의 도기 물주전자와 손잡이가 2개 붙어 있는 와인 피처이다. 잔과 2개의 병에는 우아한 세공이 되어 있다.

소품 | 동물 뼈로 만든 이쑤시개, 동으로 만든 핑거볼이 있다.

메뉴 | 레터스, 3개의 달팽이, 1인 2개씩의 달걀, 올리브, 양파, 호박 등으로 구성되었다.

La Cena(Jacqueline maillard, Pascal hinous)

트리클리니움(triclinium)

Middle Ages

중세 1000~1450

이 식탁은 14세기의 프랑스 것이다. 중세에는 왕후 귀족의 저택에서 성대한 향연이 자주 열렸는데, 요리보다는 요리의 외관이나 향연의 전개가 더 중요하였다. 수도원장 몇 명을 초대하여 훌륭한 장소에서 맛있는 요리를 즐기기 위한 식탁으로, 중세에는 화려한 집이라도 본격적인 테이블과 식당이 없었다. 나무로 만든 대 위에 판을 올려놓아 테이블로 사용하였는데, 계절에 따라 또는 초대 손님에 따라 부엌, 정원, 성에 있는 방에 테이블을 준비하였다. 한편 유일하게 수도원만이 식당을 가지고 있었다.

급사가 코스와 코스 사이의 여흥(앙트르메)이 잘 보이도록 식기는 한쪽에 나열하였다. 다음의 요리가 나오는 동안 악사, 음유시인과 마술사, 동물의 행진 등이 손님을 즐겁게 해 준다. ㄷ자형의 식공간 배치도 가운데 빈 공간에서 요리가 서비스된다.

식탁 위에는 접시에서 덜어먹기 위해 사용된 숟가락과 큰 대접, 와인 피처가 자연스럽게 놓여 있다. 손님의 앞에는 나무나 금속으로 된 트랜처(tranchoirs) 위에 빵이 놓여 있다. 초대 손님은 손과 나이프로 접시의 고기를 집어 빵 위에 놓고 먹었다. 이 빵은 테이블에서는 먹지 않고 식후 부엌에서 하인과 가난한 사람들에게 나누어 주었다. 그리고 식사는 극단적으로 풍부하였는데 향신료를 사용하고 꿀도 들어가 달았던 것 같다.

인테리어 | 수도원의 습하고 역한 냄새를 가리기 위한 방편으로 향기가 나는 꽃을 바닥에 흩뿌려 놓았다.

테이블클로스 | 길고 폭이 좁은 흰색 리넨 테이블클로스가 덮여 있는데, 그 위에 2겹으로 접어 벽 쪽으로 길게 늘어뜨린 탑클로스(board cloth)가 있다. 이것은 손으로 식사를 한 후 손을 닦기 위한 용도로 사용되었다.

차이나웨어 | 두 사람당 1개의 대접이 깔개 사이에 놓여 있다. 이 기묘한 습관은 옆에 앉은 사람을 독살시킬 수도 있기에 그런 마음을 품지 못하게 하기 위한 것이다. 목제 또는 주석제, 은제의 사각 깔개는 오늘날의 서비스 플레이트와 같은 역할을 하였고, 그 위의 딱딱하고 두꺼운 빵은 접시 대용이며, 이 빵은 포타쥬 수프의 원조가 되었다.

실버웨어 | 나이프는 옛날부터 가장 편리한 도구로 날이 날카로웠다. 자료에 의하면 부활절에는 흰색, 사순절에는 검은색, 성령강림의 축일에는 검은색과 흰색을 같이 쓰는 등 나이프의 무늬 색이 전례(典禮) 기간에 따라 바뀌었다. 그리고 음식을 덜기 위한 공용 숟가락을 사용하였다.

글라스웨어 | 은잔은 2인당 1개씩 세팅된다. 대개 뚜껑이 있는 것으로 때로는 훌륭한 장식이 있는 것도 있다. 잔은 순번으로 모든 손님에게 나누어졌다.

소품 | 세공된 핑거볼(금은세공의 걸작품으로 세공자를 예술가로 인정했다)이 있다. 물주전자는 식전, 식사 중, 식후 손을 씻기 위한 것이다.

메뉴 | 설탕이 아직 사용되지 않았던 시대로 완두콩, 밤으로 장식된 구운 오리고기, 향신료와 벌꿀을 사용하였다.

14세기의 트랜처와 핑거볼(Jacqueline maillard, Pascal hinous)

Renaissance

르네상스 1450~1643

15세기 이탈리아에서 시작된 르네상스는 16세기에는 유럽 각지로 퍼져 나갔다. 1533년 프랑스 왕이 된 앙리 2세와 결혼한 카트린느 드 메디치, 1600년 앙리 4세와 정략 결혼한 마리 드 메디치가 요리인, 과자 제조인, 증류주 제조인과 실버웨어 등을 프랑스에 혼수품으로 가져와 프랑스 식탁과 미각이 새롭게 눈을 뜨게 되었다. 중세시대가 백조, 공작 등의 일루전 푸드(illusion food), 움직이는 앙트르메가 특징인 연회라면 16세기 르네상스 식사 양식의 특징은 석식 후 무도회에 이어 오늘날 뷔페 스타일에 가까운 코라시옹이 제공되었다는 것이다. 이는 설탕절임, 드라제, 마지 빵, 단 비스킷, 세계의 과일, 화려하고 혁신적인 식사 방식으로 왕실의 사람들을 놀라게 하였다.

식당이 아직도 없어서 테이블은 보통의 방에 준비되었다. 왕족들 사이에서 베네치안 글라스웨어가 사용된 것도 이 시기이다. 특히 인기가 있는 것은 무라노 글라스웨어로 가볍고, 상품으로 예술의 영역에 도달하였다. 카트린느 드 메디치가 가져온 포크는 그의 아들 앙리 3세 때부터 쓰였다. 또한 주름이 풍성한 값비싼 레이스 칼라가 유행하여 이것이 더러워지는 것을 방지하기 위해 포크를 사용하였다. 이로 인해 각자의 접시가 제공되어 요리에 직접 손을 대지 않아도 되었으므로 많이 세련되어졌으나 여러 사람이 사용해 불결하다 하여 꺼리게 되었다. 게다가 2개의 날밖에 없고 길어서 불편했다.

TIP 일루전

'illusion'은 환영, 착각이라는 의미이다. 'illusion food'는 중세시대에 연회의 성대함을 나타내기 위하여 공작, 오리 등의 모양으로 조리된 요리에 깃털을 붙여 동물 모양을 재현하여 놀라움과 흥미를 느끼게 하던 음식이다.

인테리어 | 수렵의 휘장으로 장식된 큰 난로와 헤라클레스의 시련을 나타낸 타페스트리로 벽을 장식하였고 선반이 달린 식기장(buffet)이 보인다. 뷔페 형식이 이때부터 시작된 것이다. 식기장은 금은 식기와 보석을 보관하는 곳으로 소유자 신분에 따라 3~5단으로 나눌 수 있었다.

테이블클로스 | 언더클로스(실크, 벨벳, 다마스크)를 사용하였고, 흰색의 리넨 위에 2개의 녹색 띠가 있으며, 레오나르도 다빈치의 회화 스타일로 장식하고 모서리 부분을 매듭지었다.

냅킨 | 새나 나비 형태로 접기, 목 장식을 보호하기 위한 냅킨을 목에 걸었다.

차이나웨어 | 이탈리아 도기 접시와 큰 병, 우루비노의 잔과 수통, 베니스 도기병, 마세오 아바켄느의 초기 프랑스 도기의 물주전자, 금제의 큰 접시를 준비하였다. 개인 접시는 여전히 트랜처였다.

실버웨어 | 나이프는 개인이 자유롭게 사용하였으며 숟가락은 음식을 덜기 위한 용도로 사용되었다.

글라스웨어 | 베네치안(무라노) 글라스웨어가 2인당 1개씩 세팅되었다. 잔은 소용돌이 형태와 유약을 칠한 것까지 있다.

소품 | 은으로 된 네퓨, 과일이나 야채로 장식하였고 구운 백조에 깃털을 달았다.

음식 | 설탕이 등장하였다.

1565년의 글라스웨어와 도기(Jacqueline maillard, Pascal hinous)

Baroque

바로크 1643~1715

공개 회식의 방법과 더불어 내연의 소수의 사람이 서로 마주보고 식사를 하는 형식이 생겼다. 이러한 형식은 유럽 귀족 사회에서 유행하였고 프랑스식 서비스로 발전하였다. 프랑스식 서비스는 세 코스로 구성되어 일품씩 나오는 것이 아니고 코스마다 한 번에 여러 종류의 요리가 나왔다. 좌우 대칭으로 나열되었던 요리는 정해진 자리가 있고 개인용 접시도 식탁 위에 규칙적으로 배치하였으며, 그 무렵 탁상의 중앙에 큰 접시, 촛대, 뚜껑이 달린 수프 튜린(soup tureen) 등 금 · 은의 도금, 도기로 된 장식물을 올렸다. 소수의 사람들이 원탁 등 테이블의 개인용 식기 앞에서 서로 마주보고 앉아 식사를 즐겨 현재의 스타일에 가까웠다.

특히 루이 14세 시대에는 귀족들이 왕의 스타일을 모방하여 화려하고 빛나는 물건, 거울, 금은 세공품 등을 좋아하였다. 포크, 숟가락, 식기는 은으로 만들어졌는데, 루이 14세는 은으로 가구를 만들게 하는 등 금 · 은 세공의 경이적인 발전을 이루게 하였다.

루이 14세는 대식가였지만 미식가는 아니었다. 각의에 늦지 않을 경우 저녁 식사는 13시에 침실로 운반되었다(베르사유에는 식당이 없었다). 세팅된 사각의 테이블이 운반되고 테이블클로스를 덮었다. 왕이 자리에 앉을 때 왕자와 귀족이 방에 초대되었는데, 왕은 왕자로부터 냅킨을 건네받아 식사를 시작하였다. 꽃은 자연에서 채취한 절화와 비단으로 만든 조화로 테이블에 꽃을 장식하는 것이 유행이었다. 파리는 조화의 중심지가 되었는데, 그 기술은 16세기 중반에 이탈리아로부터 유입된 것이다.

인테리어 | 루이 14세 시기의 귀족이 호화로운 응접실에서 혼자 저녁 식사를 하려고 한다. 왼쪽의 원형 테이블에는 은색 실로 테두리를 두른 벨벳 테이블클로스가 덮여 있고, 그 위에 목제의 흉상이 놓여 있다. 벽에는 손으로 조각한 한 쌍의 금 브라켓이 있고, 난로 위에는 영국 시계와 촛대가 놓여 있다. 뒷벽에는 꽃다발 그림이 메달리온형 액자에 걸려 있다.

테이블클로스 | 리넨 테이블클로스는 능직을 모방한 것으로 흰 백합꽃이 자수되어 있다. 당시에는 색이 있는 테이블클로스가 없었으며 사각으로 접은 채로 다림질하였다.

차이나웨어 | 금 · 은 세공의 식기가 테이블 위에 올려져 있다. 접시, 물주전자, 스템이 있는 금속 잔, 부조 무늬의 대접 등이 세트되어 촛불에 반짝인다.

실버웨어 | 은으로 세공된 포크와 숟가락이 있다. 포크는 큰 접시에서 자신의 접시로 음식을 덜 때만 사용(접시에서 입으로 옮길 때는 손가락만 사용)하였다. 나이프와 함께 포크와 숟가락은 접시의 오른쪽 아니면 왼쪽, 같은 편에 두었다.

소품 | 은 촛대가 있고, 5개의 꽃다발이 은잔에 담겨 자스민 갈란드로 연결되어 있다.

요리 | 오렌지와 포도를 곁들인 메추라기 젤리 모둠이 준비되었다.

1680년 은제식기(Jacqueline maillard, Pascal hinous)

Chinoiserie

중국풍의 유행시대

잔과 티포트는 동시에 인도, 네덜란드 상회의 선원에 의해 유럽에 수입되었다. 18세기 말에서 19세기 동안 한 세대를 풍미했던 차에 대한 영국적 취미의 유행은 프랑스 사람의 흥미를 불러일으켰으며 사람들은 비싼 티포트와 찻잔을 모으고 차를 거르는 쇠망과 스푼 등에도 관심을 가지기 시작했다. 이 세팅은 1710년의 것으로 무역상인 선주 산마로의 성벽에 의해 지켜진 화강암의 집 안에 있는 방이다.

인테리어 | 이곳은 무역상이면서 선주인 산마로의 화강암으로 된 집 안의 숨겨둔 방이다. 그는 아시아 여행을 통해 많은 선물과 함께 차를 마시는 습관을 지니고 돌아왔다. 이후 그는 이 숨겨진 방의 중앙아프리카 나무로 된 간이 테이블 위에 중국제 자기의 차 세트를 두었다.

식기 | 받침대가 있는 찻잔과 티포트는 이국적인 분위기를 연출하고 있다.

티 | 역사적으로 보면 중국에서는 물이 맛이 없었기 때문에 향을 넣어 먹는 차가 유행하게 되었다고 한다. 이 차가 프랑스로 넘어간 것은 1610년 네덜란드와 영국에 유행한 뒤였다. 그리고 그 사용이 퍼진 것은 30년 후의 일이었지만 당시는 약재로서 인정되는 정도였다.

티포트 | 처음의 1000년 동안 중국의 티 애호가들은 각각의 작은 포트에 넣은 차를 우려 포트 주둥이에 직접 입을 대고 마셨다. 당시 귀족들은 금과 은의 티포트를 가지고 있었다. 이것들은 상당히 고가의 것이었지만 금속의 주둥이로 직접 모두가 돌려가며 마시는 방법은 결벽가에게는 상당히 싫은 것으로 여겨졌다. 세계적으로 보급되고 보다 좋은 티포트라고 불리는 것은 테라코타 제품이었다. 이 다공질의 재질은 따를 때마다 조금씩 차향을 흡수하여 축적하기 때문에 다음에 부은 차의 향기를 더욱 강하게 한다. 그로 인해 포트를 씻지 않고 사용하면 2, 3대 후에는 최적의 상태가 되었다.

찻잔 받침 | 7세기에 아버지에게 차를 드리다가 손가락에 화상을 입은 젊은 딸이 잔을 겹쳐놓기 위해 중앙을 둥글게 움푹 판 작은 접시를 주문하였다. 이렇게 해서 차받침이 생겨난 것이다.

중국풍의 유행시대(Jacqueline maillard, Pascal hinous)

Rococo

로코코 1715~1774

18세기에는 새로운 식사 양식이 등장해 유행하였는데, 소수에 의한 야식(夜食)으로 오르레앙 공 루이 필리프에 의해 시작되었다. 우아한 분위기, 아름답고 가벼운 식사가 중심으로, 자신들만의 친밀한 야식회를 위해 시종의 시중도 거부한 것이 큰 특색이다. 무언의 시종이라고 불리는 소형 가구나 와인 또는 글라스웨어를 넣는 용기 등이 고안되었다. 식사에는 통일된 디자인으로 된 디너 세트, 금 · 은의 실버웨어, 자수 테이블클로스가 더 호화스럽게 수놓아지거나 세밀하게 커팅되기도 하였다. 그러나 와인 글라스웨어는 식탁과는 별도의 장소에 있는 가구 위에 놓고 용기에 넣어 와인을 마시고 난 뒤 넣어두었다.

설탕과자로 만들어진 성 등 슈르트, 미니어처의 정원, 샤브르라고 불리는 착색된 설탕으로 기하학 모양을 그리는 등 식사 전체를 경관으로 보이도록 하는 테이블 장식이 생겼다. 저택에 식사 전용의 식당이 생기고 원탁의 테이블도 사용되었다.

자기는 10세기경 중국에서 발명되었지만 그 당시는 해상 교역이 거의 이루어지지 않아 수입되기까지는 시간이 걸렸다. 1710년 마이센의 한 화학자가 가발에 부착한 흰 가루에 주목하여 분석하고 조사하여 부근에 자토의 지층이 노출되어 있음을 발견하였는데, 이것이 자기의 재료가 되었다. 아이센자기의 시작으로 18세기는 자기의 황금시대였으며, 루이 14세 지배의 후반부터 발전하여 스타일이 세련되어졌다.

이 시대에는 차와 커피, 초콜릿을 마시는 방법에 맞춰 테이블에 올리는 찻잔 등이 탄생하였으며, 초콜릿 찻잔에는 2개의 큰 손잡이가 달렸고 그 외 일반적인 커피 찻잔도 생겨났다. 금은 세공사는 새로운 커피 숟가락과 셔벗 숟가락, 디저트 실버웨어와 포크를 만들어 냈다.

Tip
테이블클로스 위에 설탕가루를 뿌려 만든 아름다운 모래 그림은 초대 손님의 칭찬을 받았지만 작은 바람에도 날아가 테이블클로스를 더럽혔다. 그래서 설탕가루를 테이블클로스 위에 풀로 고정시키게 되었다.

인테리어 | 18세기 파리의 호텔 식당으로 의자의 윤곽이 전체와 조화를 이루고 있다.

테이블클로스 | 유니크한 테이블의 형태에 맞게 덮여 있다.

차이나웨어 | 테이블에는 중국풍의 마이센 자기 세트가 차와 커피 그리고 초콜릿을 함께하도록 준비되어 있다. 금 도금의 포트, 커피포트, 홍차 상자를 볼 수 있다. 2개의 손잡이가 달린 초콜릿 찻잔이 출현했지만 홍차 찻잔은 아직 손잡이가 없다.

센터피스 | 테이블 중앙에는 지면 그림(오색의 모래를 손에 쥐고 조금씩 뿌리면서 그리는 그림)이 있다. 그 그림의 중심에 설탕과 전분, 풀의 가루로 만들어진 조망대 건물 장식이 중후함을 느끼게 한다.

메뉴 | 부로잉 기법의 작은 글라스웨어에 설탕절임을 한 과일이 올려져 있는데, 식탁이 활기차 보이게 색의 조화를 이루었다.

1730년 마이센의 비밀(Jacqueline maillard, Pascal hinous)

France

프랑스식 서비스

프랑스식 식사는 1회 식사에 수차례 요리가 바뀌며 면밀한 계획에 따라 서비스되었다. 프랑스식 서비스는 18세기가 되어 정점에 이르렀다. 정식은 요리를 세 번으로 나누어 내는데 첫 번째 서비스로는 포도류, 루루베(큰 덩어리 고기나 생선 모둠), 앙트레(작은 덩어리의 요리로 소스를 뿌린 것이 많다)와 온제 · 냉제의 오드블이 나온다. 두 번째는 로스트 요리와 샐러드 그리고 앙트르메(앙트레보다 가벼운 요리나 야채, 달걀과 단맛의 것들)가 나오며, 마지막으로 각종 디저트, 과일, 치즈가 나온다.

이러한 프랑스식 서비스는 궁정, 귀족의 저택에서 행해지는 사치스러운 것으로서 일반적인 것은 아니었다. 테이블에 좌우 대칭으로 요리가 나오고 일품씩 순서대로 나오지 않고 한 번에 꽉 차게 나열해 호화롭고 아름다움을 뽐내었다. 프랑스식 서비스는 베르사유 궁정의 것이 가장 세련되었는데, 당시의 귀족 사회에 파급되어 좌석 순서가 신분이나 권력에 의해 정해졌다. 이는 현대의 테이블 매너, 좌석 위치에도 그 유래가 이어졌다. 프랑스식 서비스는 세련되었으나 정성이 많이 들어간 요리가 식어 버리고 레쇼로 데워도 졸아 버리는 결점도 있었다.

사진의 장소는 마르메종 성의 식당이다. 마르메종 성에서 조세핀 여왕은 큰 만찬회를 열지 않고 가족과 친한 친구, 부관을 몇 명만 불렀다. 황제는 식사의 내용과 시간에 전혀 구애를 받지 않았지만 형식적인 프랑스식 서비스는 상류 계급에서 여전히 유행하였다.

TIP

글라스웨어의 탄생

17세기 초 영국의 왕 잭 1세는 배를 건설하는 데 쓰일 목재가 부족했기 때문에 글라스웨어 직인에게 연료로 나무를 사용하는 것을 금지하였다. 따라서 직인들은 기술 연구를 거듭하여 목재 대신에 석탄을, 수산화칼륨 대신에 납을 사용하게 되었다. 그 결과 생각지도 못한 크리스털 글라스웨어가 탄생하였다.

테이블클로스 | 제 1차 재정 시대의 나폴레옹 문장을 디자인한 테이블클로스로 가운데에 N 자와 별 모양의 자수가 있다.

글라스웨어 | 1785년 이후 생루이와 바카라가 디자인한 크리스털 글라스웨어는 한 사람 앞에 하나 또는 2개가 올려졌다.

차이나웨어 | 이집트풍 식기 세트의 접시로 테두리가 청색이고 금으로 상형 문자가 장식되어 있다. 테이블 중앙에는 알코올식 워머가 있는데 위에는 종 모양의 뚜껑이 있는 타원형의 은제 큰 접시가 있고 따뜻한 물이 들어 있는 4개의 용기 위에도 종 모양의 뚜껑이 있는 원형 큰 접시가 있는데 안의 요리를 데우고 있다. 콘솔 위에는 오디오제의 다리가 있는 은 수프 그릇이 있다.

1811년의 프랑스식 서비스(Jacqueline maillard, Pascal hinous)

Russia

러시아식 서비스

19세기 초, 파리 주재 러시아 대신 크라킹이 프랑스식 서비스의 결점을 지적하고 자국의 서비스법을 소개하였는데, 요리를 일품씩 내어 따뜻한 요리는 따뜻하게, 찬 요리는 차갑게 제공하는 것이었다. 그러나 그 당시 테이블의 호화로움에 비교할 수 없어 받아들여지지 않았고, 그 후 러시아 공작이 이를 받아들여 요리인 유르반의 『듀포와즈 요리서』 등에 러시아식 서비스와 프랑스식 서비스를 비교해 놓았다.

러시아식 서비스는 테이블 위에 요리를 올리지 않고 모든 것이 식당에 준비되어 회식자에게 하인이 직접 서비스하여 전원이 같은 요리를 먹도록 하는 것이다. 이 서비스 방법은 프랑스에서는 1826년경부터 시작되어 점차 프랑스식으로 바뀌게 되었다. 이때 테이블은 많은 식기 대신 병 또는 바구니에 든 큰 꽃다발 장식, 크리스털 식기류 등으로 장식하였다.

각자의 접시에 원하는 양만큼 서빙해 주고 질적으로 최고의 상태에서 요리를 맛볼 수 있어 레스토랑 등에서도 러시아식 서비스를 이용하여 유행하게 되었다. 실버웨어는 접시의 오른쪽에 숟가락과 나이프가 놓이고 왼쪽에는 포크가 놓였다. 또 리큐르, 샴페인, 화이트 와인, 레드 와인, 물 등의 글라스웨어가 각각 놓였고, 처음에는 식탁이 비어 있지 않도록 과자, 과일 등을 좌우 대칭으로 놓거나 높이 쌓기도 하였다.

러시아식 서비스가 일반화되기 시작한 것은 1870년대부터이다. 따뜻한 요리는 조리하는 장소에서 나누어 만들어지고, 큰 접시에 서빙하는 서비스식이 보편화되면서 서비스 방법도 더 세련되어져 오늘날의 원형이 되었다.

인테리어 | 콘솔형의 식기대에 흰 대리석과 금색 브론즈로 된 파인애플 장식대와 과일용 그릇이 장식되어 있는데, 파인애플은 당시에 고가의 장식품으로 크게 유행하였다.

테이블클로스 | 다마스크 모양을 흉내 낸 포도송이와 잎의 형태가 수놓여 있다.

차이나웨어 | 파리의 자기라고 불리는 꽃과 금테두리 로 장식된 식기가 보인다. 크리스털 식기류도 테이블에 나타나기 시작하였다.

실버웨어 | 금도금 나이프와 포크를 사용하였다.

글라스웨어 | 초대 손님의 접시 앞에는 물, 와인, 마데라 술, 샴페인, 리큐르 등 음료에 따라 같은 디자인이지만 높이가 다른 글라스웨어들이 놓여 있다.

센터피스 | 손님이 테이블에 앉기 전에 내는 요리 대신에 많은 꽃들이 테이블 가운데에 장식되어 있다.

소품 | 금도금 촛대, 소금 통, 테이블 중앙에 대접 모양의 장식품과 2개의 물주전자가 있다.

1827년의 러시아식 서비스(Jacqueline maillard, Pascal hinous)

피에스 몽테(앙트낭 가렘 작)

Bourgeois

부르주아의 저녁식사

국민의 대다수는 자신의 생활환경 개선을 희구하게 되었고 실제로 쾌적한 생활을 하게 되었다. 이 시대는 우쭐대는 부르주아의 시대로 아직 형식을 중시하지는 않았다.

인테리어 | 말아 올리는 형식의 블라인드(커튼)가 쳐져 창문을 사이에 두고 천으로 마감 된 패널이 양쪽에 있으며 각각의 앞에는 대리석을 곁들인(배합한) 마호가니제의 테이블이 있다. 그리고 벽 양쪽에는 풍경화가 걸려 있다. 바닥은 쪽매붙임 세공의 꽃으로 장식된 판자로 되어 있다.

테이블클로스 | 작은 꽃다발을 악센트로 한 프란보와즈 색의 리본 모양의 자수가 연속적으로 새겨져 있다.

식기 | 대접과 접시는 모두 크레이의 도기 제품이다.

소품 | 조각이 있는 시계와 채색된 초 등의 매력적인 장식품은 테이블 장식과 잘 조화되어 있다.

센터피스 | 과일과 꽃이 장식

요리 | 수프 대접이 테이블 위에 있는데 여주인은 자신의 앞에 겹쳐져 있는 접시에 수프를 담아 하인에게 시켜 하나하나 회식자들에게 서비스하게 하였다. 콘솔 테이블 위에 준비된 요리는 닭의 파이 껍질로 싼 파테, 샤루로토 오 후란보아즈, 부르오슈 등이다.

도자계 | 자기공방과의 경쟁은 물론, 점점 연구되어 나오는 새로운 제조방법에 적응할 수 없어 혁명의 동란기에 일제히 없어진 프랑스 도자계는 18세기 말에 완전히 없어진 것 같았다. 하지만 19세기가 되어 사회적으로나 경제적으로도 도기부흥에 좋은 조건이 성립되었다.

부르주아의 저녁식사(Jacqueline maillard, Pascal hinous)

Art Nouveau

아르누보 1890~1910

'아르누보' 라는 명칭은 1881년 벨기에의 잡지 「근대 예술 아르모데루느」에서 시작되었다. '새로운 예술' 이라는 뜻의 아르누보는 인간성의 회복과 자연의 조화를 추구하여 생겨난 양식이다. 이 예술 운동은 1860년 영국에서 시작되었고 곧 전 유럽으로 퍼져 나갔다.

아카데미즘을 시작으로 과거의 스타일에서 벗어나기를 열망했던 이 운동은 동식물에서 많은 착상을 얻었다. 보석, 장식물, 가구 등도 철저하게 새로운 미의식을 따라 창작되었고, 기계화된 획기적인 제품에 반발하여 수공예의 곡선을 살린 장식이 특징이었다. 가구는 물론이고 수많은 공예품이 만들어졌는데, 곤충, 화초, 일본적인 붓꽃, 목련, 대나무 등이 모티브로 사용되었다. 차이나웨어 분야에도 이러한 문양이 그려진 접시, 티세트, 은 티포트, 실버웨어가 만들어졌다. 그러나 지나치게 과장되게 디자인되어 합리적이지 못하고 극단적이라고 심하게 비판을 받아 1905년경에는 점차 시들해져 1차 세계대전까지 남아 있지 않았다.

사진의 테이블은 낭시에 있는 한 집의 식당에 연출된 것이다. 둥근 테이블 위에는 에밀 가레가 만든 샴페인 병이 있는데, 1902년 아르누보 스타일로 에나멜 장식을 해서 만든 것이다. 프랑스에서 아르누보는 19세기 말경 낭시에서 에밀 가레의 추진에 의해 시작되었다.

인테리어 | 개인 주택의 식당에 세팅된 테이블로, 식당은 전체적으로 청동색의 마호가니로 통일되어 있다. 벽난로 위에는 장식 도기가 있고, 좁은 원형 탁자 위에 아르누보 스타일의 화병을 볼 수 있다.

테이블클로스 | 겨우살이 나무의 가지를 모방하여 자수한 흰 리넨 테이블크로스는 식기와 완벽하게 조화를 이루고 있다.

센터피스 | 세심한 배려로 디자인된 오브제이다. 꽃 아치의 중심은 난으로 되어 있고 아스파라가스와 부드러운 잎이 장식되어 있다.

글라스웨어 | 회식자들에게 샴페인 글라스웨어와 물을 위한 글라스웨어가 하나씩 서비스되어 있다.

소품 | 1902년 에밀 가레가 최초로 만든 에나멜 장식의 샴페인병은 PERRIER JOUET사가 1965년 많은 기술적인 문제(에나멜을 고정시키기 위해 600℃에서 2회나 유리병을 굽지 않으면 안되었다)에도 불구하고 재현하여 다시 태어났다. 'BELLE EPOQUE' 라고 불리는 아름다운 샴페인 병은 오늘날 세계에서 아르누보의 대표적 유리작품으로도 유명하다.

1902년의 아르누보식 식탁(Jacqueline maillard, Pascal hinous)

Art Deco

아르데코 1910~1945

'아르데코'는 1925년에 개최된 현대 국제 미술 박람회의 명칭에서 유래되었다. 아르데코의 역사는 1차 세계대전 직후로 거슬러 올라가는데, 장식이 과다한 미학의 반동으로, 또 전쟁의 비극을 잊어버리기 위해 예술 분야에서 시작되었다. 과거의 다양한 스타일을 버리는 것보다 오히려 전통에서 출발하여 환경을 생각하는 것이었는데, 물체의 선은 그 기능성과 본질적인 미를 살리기 위하여 단순화하였다. 테이블 세팅 분야도 곧 이 운동의 영향을 받아 그 당시까지 알려지지 않았던 간소함, 상품 자체의 장점을 살리기 위해 테이블 위에 가득히 늘어놓거나 요란하게 장식하는 것을 배제하였다.

특히 차이나웨어 분야에서 장 퓨이포르카(Jean Puiforcat)는 과거로부터 계속해서 이어 온 필요 없는 다양한 장식을 제거하고 귀석, 목재, 상아를 사용하였다. 그 후 1930년대 초에 직선과 곡선을 조합해 보다 부드러운 선을 살리면서 실용성과 함께 심미성을 중시하면서 차이나웨어는 그 두 가지 요구를 충족하게 되었다.

사진의 테이블은 전통적인 영국의 엘레강스한 애프터눈 테이블을 아르데코풍의 간결한 선의 식기로 세팅함으로써 시대에 알맞는 분위기를 나타내었다. 분홍색의 페브릭 등으로 우아함이 보여지는 애프터눈 티의 스탠딩 뷔페 스타일로 쿠키류와 과일 등으로 티타임을 표현하였다.

인테리어 | 일본 장인의 인내심과 섬세함으로 만들어진 오래된 느낌의 옷칠 된 벽장식이 특징이다.

테이블클로스 | 식물을 모티브로 하여 자수가 된 연한 분홍 리넨 테이블클로스가 사용되었는데, 테이블에 사용되는 천에도 컬러가 도입되었음을 말해 준다.

차이나웨어 | 백금으로 도금된 자기 컵을 볼 수 있으며, 접시를 비롯한 은 식기류의 잡는 부분이 섬세하고 세련된 상아로 되어 있다. 홍차 볼은 홍차를 한 잔 더 들기 전에 컵의 바닥에 남은 홍차 잎을 버리기 위한 것이다.

실버웨어 | 나이프에는 날과 같은 크기와 모양의 문양을 나이프 전체에 붙이고 숟가락류는 완전한 달걀형으로 만들었다. 포크 날의 숫자는 4개에서 17세기와 같이 3개로 만들어 원래의 포크 모양으로 되돌아갔다.

1925년 아르데코풍의 식탁(Jacqueline maillard, Pascal hinous)

2. 현대 서양 식탁의 혁명

식탁은 기후, 지리 조건에 따른 식재료와 조리 방법에 의해 자연 발생적으로 조리 도구, 식사 도구 등이 발전하였고, 그 이후 역사적 · 정치적 · 사회적 · 경제적 조건에 따른 식탁 문화가 발달하였다.

그리스, 로마 시대에는 상류층만이 누워서 먹을 수 있었으며, 중세에 들어 앙트르메, 일루전 푸드(illusion food) 등이 연회에 이용되어 손으로 식사를 하였는데, 하느님이 주신 손으로 식사를 하는 것이 당연하다고 생각했기 때문이다. 르네상스 시대에는 이탈리아의 메디치가와 프랑스 왕가가 정략 결혼을 하면서 프랑스의 식문화에 지대한 영향을 미쳐 지금의 디저트 뷔페와 같은 코라시온이 탄생되었다.

그리고 바로크 시대의 특징인 역동적인 무대 장치와 연극의 축제는 부르봉가 루이 14세의 권력을 보여 주는 것이었다. 루이 14세는 모든 것을 양식화했으며, 관중들이 지켜보는 가운데서 공개 회식을 하였다. 한편에서는 개인을 존중하는 방식도 생겼으며, 소수 인원으로 식사를 하는 것이 퍼지면서 프랑스식 서비스가 생겨났다. 18세기의 로코코 시대에는 우아하고 편안한 분위기의 스페(야식)가 귀족들 간에 유행하여 19세기 말에는 현재의 서비스의 원형인 러시아식 서비스가 나타났다.

시대를 거치면서 식탁 문화의 외형뿐만 아니라 식사를 즐기는 방법과 서비스 방법 등도 변화되어 왔다. 현대의 레스토랑 서비스는 러시아식 서비스가 기본이지만 지금의 식탁 문화가 영원히 지속되는 것은 아니다. 다른 분야와 마찬가지로 시대의 사상, 편이성에 따라 계속 바뀌어 나갈 것이다.

현대는 식탁의 혁명 시대라고 한다. 21세기에는 세계의 인류가 교류하면서 세계의 문화가 한데 섞이고 있다. 전통을 고수하기보다는 다른 식탁 문화를 도입하여 즐기는 것이 멋스러운 식생활 방법의 하나로 여겨지는 시대이다. 그러나 시대가 어떻게 바뀌더라도 식사하기 편하고 서비스하기 쉬우며 쾌적한 아름다움 등을 추구하는 식(食)에 대한 생각은 변함이 없을 것이다.

3. 서양의 식탁 문화

서양의 식탁 문화는 동양과 달리 왕족의 국립 제작소 등을 통해 직접 테이블 아이템을 디자인하고 관리하면서 유럽 전역에서 꽃을 피우게 되었다. 페치카 등 중앙난방 방식의 영향으로 입식 테이블을 기본으로 하는 서양 테이블 세팅의 포인트는 좌우 대칭의 정확한 균형을 이루어 아름다움과 기능을 동시에 느끼게 하는 데 있다. 아름다움을 표현하기 위해 가장 중요한 것은 일정한 크기와 용도로 정해져 있는 아이템들이 정확히 제자리에 배치되어야 한다는 것이다.

먼저 테이블을 연출하는 데 있어 식공간의 규모와 테이블의 균형, 식기들 간의 균형을 생각해야 한다. 그리고 꽃이나 초 등의 센터피스를 배치할 경우에도 중앙을 높게 할 때는 양 옆을 낮게 하고 중앙을 낮게 할 때는 양 옆을 높게 하는 등 입체적인 강조도 고려해야 할 것이다. 또한 천장의 높이와 촛대, 꽃 등의 균형도 고려하여 부담스러운 연출은 삼가하여야 한다.

1) 서양 테이블 세팅의 기본 구성

개인 영역(Personal Zone)

식탁 위에서 한 사람이 차지하는 영역은 성인의 어깨 넓이인 가로 약 45cm 전후, 세로 약 35cm 정도의 넓이이다. 이러한 세로 폭은 한 사람이 식사 중 앉은 채로 팔을 뻗어 글라스웨어를 잡을 수 있는 거리이고, 음식을 바라보는 시선이

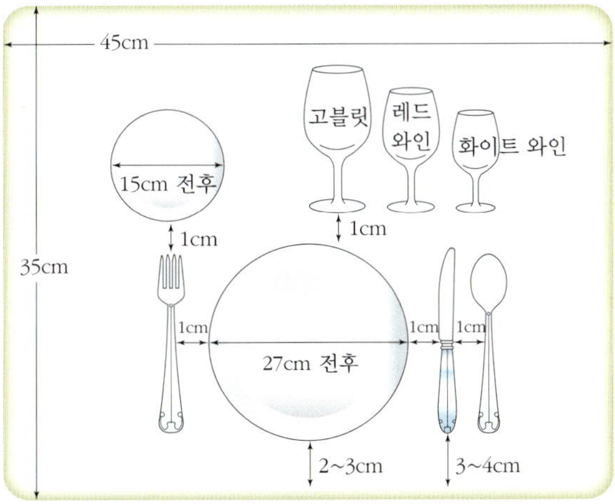

개인 영역의 테이블 세팅

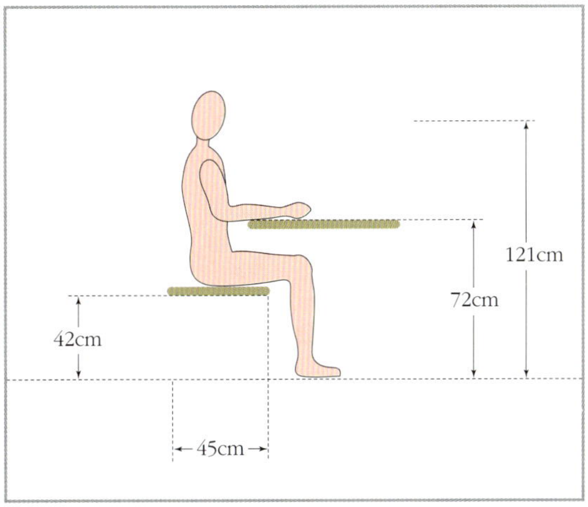

1인의 착석 모듈

45° 정도가 되는 자세가 편안하고 단정하게 보인다.

서양에서 실버웨어는 좌우 상하 이동(젓가락을 사용하는 동양권은 상하 이동)을 하며 사용하기 때문에 옆 사람과 약 15cm의 간격을 유지해야 한다. 그리고 식탁의 높이는 70cm 전후 정도가 적당하고, 의자의 좌석 높이는 식탁 높이에 적합한 인체 공학적 수치로서 42cm 전후가 적당하며, 의자 시트의 넓이는 45cm 정도이다. 건축가 르 코르뷔제 수치는 식기와 인체 및 가구와의 상관관계 내에서 정리된 과학적이고 실용적인 것이다. 이러한 원리는 식탁에 앉아 식사를 할 때 공유 영역의 테이블 매너와도 직결된다.

개인 영역에 개인 접시의 자리를 정하기 위해 디너 플레이트를 테이블 끝에서 약 2.5cm(대개 엄지손가락 한 마디 정도) 정도의 간격을 두고 놓는다. 실버웨어도 테이블 끝에서 약 3cm 정도의 간격을 두고 놓는다. 세팅 순서는 나이프부터 포크, 숟가락의 순이며, 메뉴에 따라 적절한 실버웨어를 세팅한다.

나이프는 오른쪽에 배치하는데 칼날이 메인 접시를 향하면서 약 1cm 정도 떨어지게 놓고, 포크는 왼쪽에 세팅한다. 빵 접시의 위치는 디너 플레이트와 1/3 정도 겹쳐지게 되며 수직 축을 중심으로 10시 방향의 위치에서 왼쪽 마지막 포크 위, 약 1cm 정도 간격에 놓는다. 글라스웨어는 디너 플레이트를 중심 수직 축으로 하여 플레이트 끝에서 약 1cm 간격씩 띄워 놓으며, 오른쪽 방향으로 약 1cm 정도 간격을 두고 고블릿(물잔), 레드 와인 글라스웨어, 화이트 와인 글라스웨어 순으로 세팅한다.

공유 영역(Public Zone)

식탁에서 마주앉은 사람의 개인 영역을 제하고 나면 30cm 정도의 세로 폭이 남

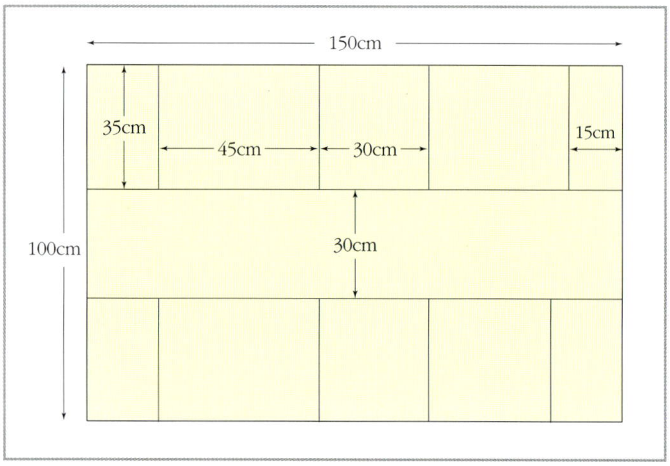

4인용 테이블의 공유 공간

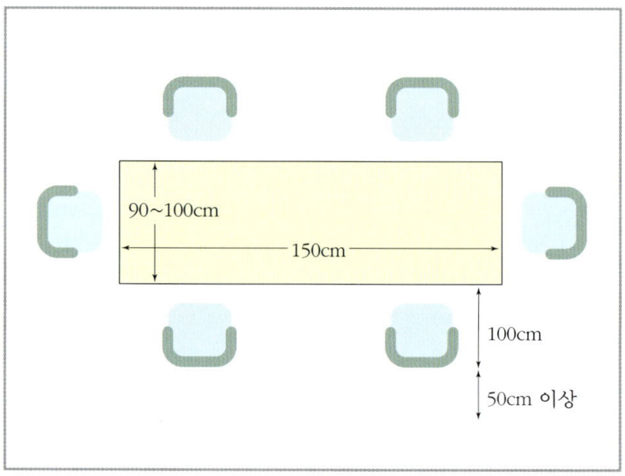

6인용 테이블의 식공간

는다. 테이블 러너의 기본 세로 길이가 30cm인 것은 이런 이유에서이다. 이는 식탁에서의 공유 영역으로 서양식 상차림에서 큰 오벌 접시나 소스보트 등 서비스웨어가 놓이기도 하고 소금, 후추 통과 촛대, 테이블 플라워, 소품 등 실용과 장식을 위한 공간으로 구성된다. 또한 초는 주로 디너 상차림에 사용되는데 2인당 1개꼴로 세팅하며, 소품은 테마를 표현하거나 분위기를 살리기 위한 장식으로 이야깃거리(talking goods)가 될 수 있는 것으로 연출한다.

이러한 서양의 성인 4명 식탁 공간에 있어서 가로와 세로 길이는 1.5m×1m가 가장 이상적인 면적이라고 할 수 있다. 의자의 높이는 의자의 좌석 세로 길이가 약 50cm 정도이므로 의자를 밀고 당기는 동작에 1m 정도가 필요하고, 만일 벽이 있다면 그 공간을 50cm로 하여 사람이 지나다닐 수 있도록 해야 한다.

2) 서양 테이블 세팅의 분류

포멀 테이블과 인포멀 테이블

포멀 테이블(Formal Table)

포멀 테이블은 엄격한 의례가 요구되는 국가 간 외교 행사, 웨딩 등과 같은 상황에서 이루어진다. 초대받은 손님은 초대장을 받으면 반드시 참석 여부를 전하고, 모두 정장을 하고 참석해야 한다. 손님은 자동차 운전자와 관계없이 주차를 주차 관리인에게 맡긴다.

늦은 시간에 열리는 포멀 디너는 본식사를 위하여 안주가 많지 않은 칵테일이 나오고 30~40분 후에 식사가 나온다. 칵테일을 마시면서 자기 소개와 정보

포멀 테이블 세팅의 예

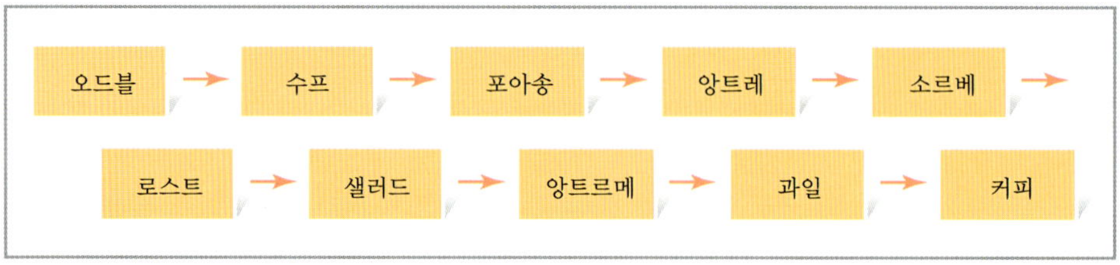

프랑스식 풀코스의 진행 순서

프랑스식 풀코스 메뉴의 예

구 분	메 뉴
오드블	레몬을 곁들인 훈제연어, 올리브, 오이 피클
수프	콘소메 수프
포아송	대구 므니에르
앙트레	레몬버터의 비프스테이크
소르베	유자 셔벗
로스트	오리고기구이
샐러드	그린샐러드
앙트르메	프럼푸딩
과일	멜론

교환 등 사교 시간을 가지며 리셉션 칵테일이 끝나면 식사를 시작한다. 식사는 계절의 신선한 재료로 만든 다섯 가지 이상의 코스 요리와 최상의 와인을 대접한다. 그날의 메뉴보드와 이름표 등이 세팅되는데 이는 게스트가 임의로 바꿀 수 없다.

포멀 테이블의 세팅은 흰색 리넨의 다마스크직 테이블클로스 그리고 재질과 색이 같은 포멀한 크기의 냅킨, 커팅이 풍부한 크리스털 글라스웨어, 은제품의 실버웨어, 금장이 둘러진 백자기의 차이나웨어를 메뉴에 따라 두 벌 또는 세 벌을 세팅한다. 그 밖에 다이아몬드형의 테이블 플라워, 은제품의 촛대, 소금 · 후추통을 배치한다. 그러나 현대에는 기본은 지키면서 식기의 모양이나 아이템의 색상 등을 변형시킨 세미포멀의 세팅을 많이 한다.

인포멀 테이블

오늘날과 같이 바쁜 시대에는 대부분의 사람들이 형식에 얽매이지 않고 자유롭고 편안한 인포멀 스타일의 식사를 즐긴다. 손님들이 직접 만든 요리를 가지고

인포멀 테이블 세팅의 예

오는 포트럭 파티(potluck party), 종이와 플라스틱 테이블웨어를 사용할 수 있는 피크닉, 많은 인원이 준비된 음식을 스스로 서브하여 즐기는 뷔페 등이 시간과 공간의 구애를 받지 않고 즐기는 인포멀 스타일이다. 메뉴는 포멀 테이블에 비해 간단한 코스(수프나 샐러드-메인 요리-디저트)로 준비하며, 호스트나 호스티스가 직접 요리하거나 서빙하고 가족이나 초대한 친구들의 도움을 받기도 한다.

세미포멀 테이블

요즈음은 시대의 흐름에 따라 포멀의 딱딱한 격식과 번거로움 또는 인포멀의 가벼움에서 변형된, 기본은 지키면서 유행만 따르지는 않는 세미포멀 스타일을 선호한다. 단색의 보더라인이 있는 자기 디너웨어와 테이블 전체의 컬러를 조화롭게 연출하기 위해 냅킨과 초는 꽃 등과 유사색 또는 보색으로 하여 포멀 테이블보다 화사하게 세팅한다. 테이블 세팅에서의 즐거움은 표현을 자유롭게 할 수 있는 세미포멀이나 인포멀의 형태에서 찾을 수 있고, 다양한 생활양식의 변화로 더욱 발전해 나갈 것이다.

나라별 테이블 세팅

프랑스

서양 테이블의 대표적인 프랑스식 테이블은 영국식 테이블과는 대조적으로 엘레강스한 것이 특징이다. 원탁형의 테이블을 테이블클로스로 전부 덮어 길게 늘어뜨려 더욱 우아하게 연출하며, 식기류는 로코코 시대의 로카이유 양식의 패턴으로 표현된다. 빵 접시는 경우에 따라 세팅이 안 되어도 무방하며, 빵 접시를 세팅하지 않을 때에는 빵 접시가 있어야 할 곳에 빵을 놓으면 된다.

실버웨어는 엎어서 놓는데 이는 과거의 전통적인 습관이 현재까지 남아 있는 것으로, 부와 권력의 상징인 문장(紋章)을 보여 주려던 것에서 유래되었다고 한

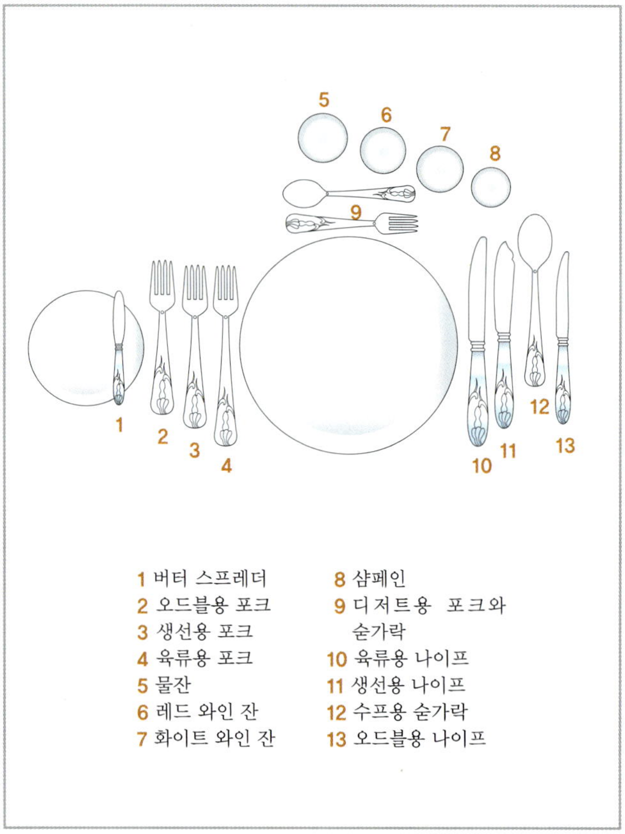

프랑스의 만찬용 포멀 테이블 세팅

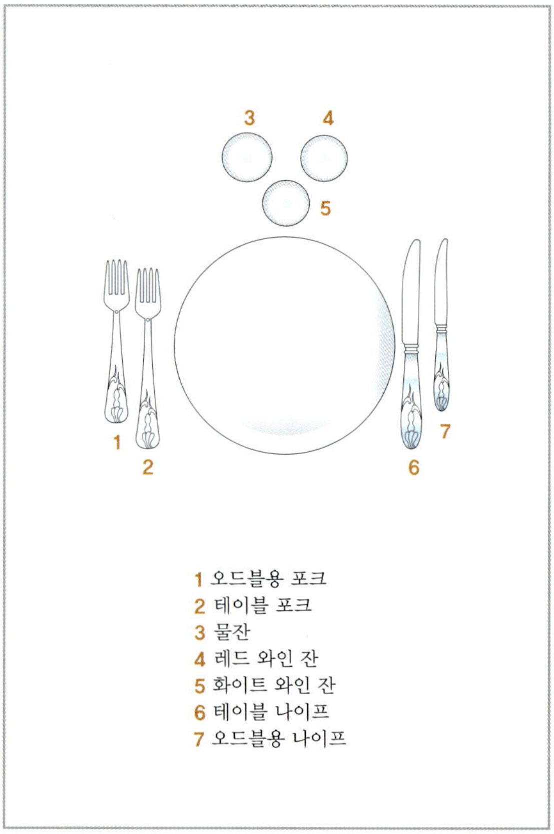

프랑스의 포멀한 약식 테이블 세팅(메뉴에 따라 용도에 맞는 커트러리와 글라스가 세팅됨)

다. 실버웨어류는 직선으로 세워서 세팅하지만 하단 부분을 리드미컬하게 놓아 여성적인 분위기를 연출한다. 그리고 전반적으로 부드러운 색상을 사용한다.

프랑스식 세팅은 완성되었을 때 전체적으로 삼각형 형태를 이루는 것이 특징이다.

영 국

영국식 테이블은 남성적이고 권위적인 클래식 스타일로, 테이블클로스는 테이블 끝에서 대개 50~60cm 정도로 늘어뜨리고, 고급 도장의 식탁일 경우 테이블클로스 대신 고급 레이스나 피혁 등의 매트를 사용하기도 한다. 식기류는 격조 있고 무게감 있는 금색 장식의 자기를 세팅한다. 포멀 파티의 글라스웨어 종류

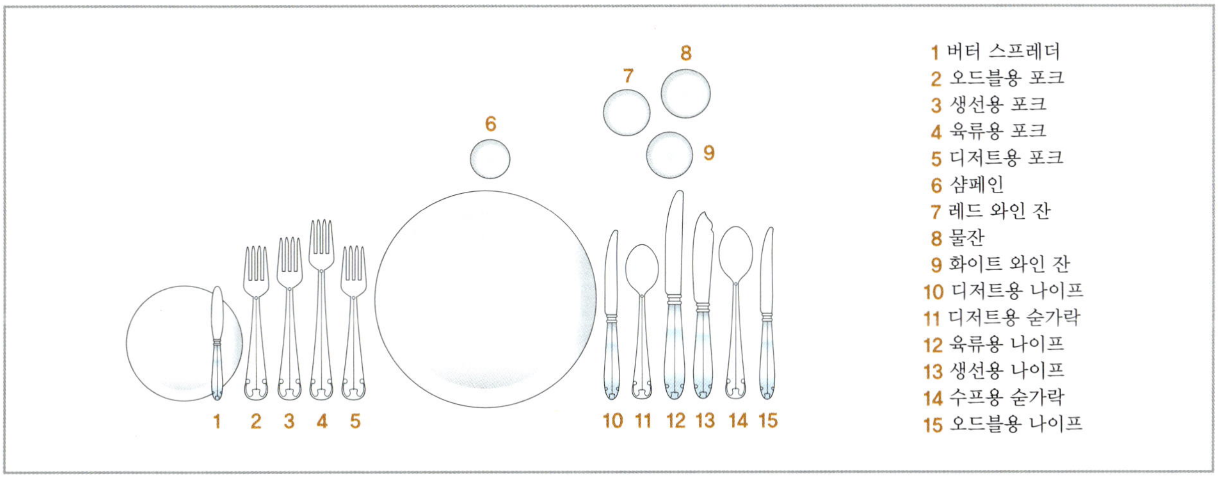

영국의 만찬용 포멀테이블 세팅

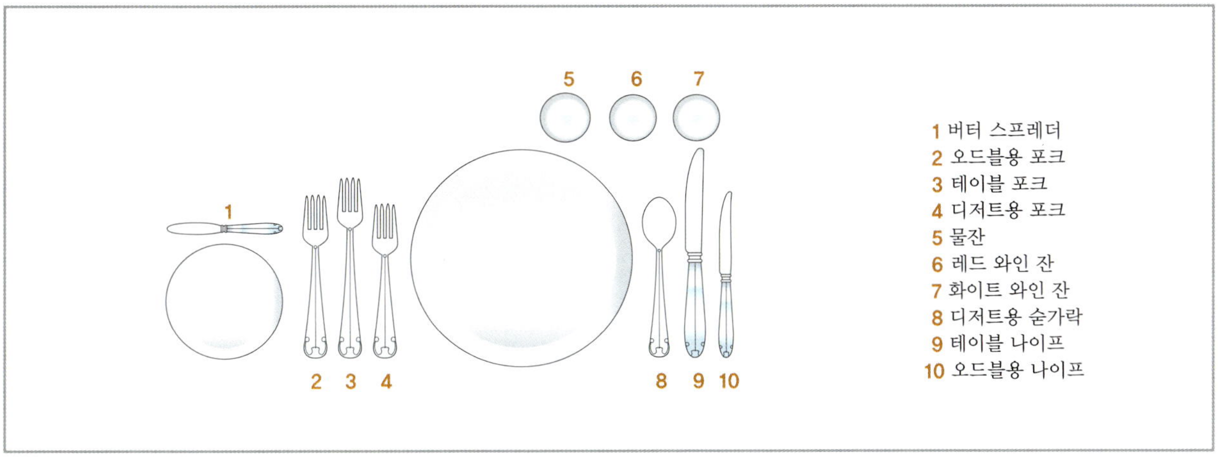

영국의 포멀한 약식 테이블 세팅(메뉴에 따라 용도에 맞는 커트러리와 글라스가 세팅됨)

는 일직선으로 놓으며, 실버웨어류는 프랑스식과는 달리 하단 부분을 일직선으로 놓고 전체적으로 직사각형으로 세팅하는 것이 특징이다.

이러한 세팅에는 섬나라였던 영국이 유럽 대륙의 식문화, 특히 프랑스의 식탁 문화를 그대로 받아들이며 긴장했던 흔적이 남아 있다. 전반적인 색상도 무게감 있고 화려하게 사용한다.

미 국

미국의 모든 식문화는 유럽 대륙에서 가져왔으나 일상생활에서는 편리하도록 캐주얼하게 세팅된다. 그러나 테이블 세팅의 아이템은 캐주얼하게 생략되거나

미국의 만찬용 포멀 테이블 세팅

미국의 포멀한 약식 테이블 세팅(메뉴에 따라 용도에 맞는 커트러리와 글라스가 세팅됨)

격식을 배제했을 뿐 고유한 스타일을 고수하면서 발전되어 왔으며, 20세기 초의 아르데코 스타일이 많이 반영되었다. 포멀한 세팅에서는 영국보다도 더 확장된 것이 특징이다.

세 나라의 세팅은 역사적 배경, 정치, 경제의 영향을 받으면서 민족성과 식습관에 따라 이루어진 것이다. 이 세 나라는 세계 연회의 테이블 세팅을 주도해 나가지만, 오늘날과 같은 시대에는 인류의 이동이 많고 서로의 식문화도 섞여 전통을 기초로 현실에 맞게 변화되고 있다.

3) 서양의 차 문화

홍차의 유래

서양의 홍차의 유래에 대해서는 재미있는 일화가 숨어 있다. 중국에서 녹차를 배에 싣고 가던 중 적도의 뜨거운 태양열을 받아서 찻잎이 발효되어 유럽에 도착하여 상자를 열었을 때에는 찻잎이 까맣게 변해 있었다. 찻잎을 버리기 아까워 끓여 마셔 보니 훨씬 맛이 좋아 이 차를 마시게 되었다는 것이다.

찻잎에는 산화 효소가 있어서 그대로 놓아두면 자연 발효가 일어난다. 중국에서는 잎을 딴 즉시 가열하여 효소를 불활성화시켜 녹차를 만들었는데 제조과정 중 우연히 잘못되어 발효된 차가 만들어지기도 하였다. 이러한 과정에서 우롱차 등 반발효차와 완전 발효차인 홍차가 탄생한 것으로 추측된다. 최초의 홍차는 17세기 초에 복건성에서 만들어진 것으로 보인다.

언제부터 유럽인들이 홍차를 마시게 되었는지는 확실하지 않지만 다음과 같이 생각해 볼 수 있다. 처음에 유럽인은 차에 설탕이나 우유를 타서 마셨다. 중국에서 들여온 차는 대부분 녹차였지만 반발효차인 우롱차도 있었는데 녹차보다 우롱차를 더 선호하게 되었다. 기름기 많은 중국 요리를 먹은 후에 우롱차를 마시면 입 안이 개운하듯이 고기를 많이 먹는 유럽인에게는 발효된 차가 입맛에 더 맞았던 것이다. 따라서 중국은 우롱차를 더 많이 수출하면서 점점 더 발효시켜 홍차를 만들게 되었다. 이는 1780년에 중국차의 대표격인 키먼(Keemun) 차가 문헌에 나타나는 것으로 보아 짐작할 수 있다. 그리하여 19세기 중엽에는 영국의 차가 거의 홍차로 바뀌게 되었다.

또한 1839년부터 들여오기 시작한 인도 아삼 지방의 차는 발효된 것이었는데 인기가 있어서 홍차가 퍼졌다는 이야기도 있다.

TIP 본차이나

찻잔과 찻주전자도 중국에서 수입되었다. 중국의 찻잔에는 손잡이가 없는데, 영국인들은 홍차를 중국의 녹차보다 훨씬 뜨겁게 해서 먹었으므로 손잡이를 달게 되었다. 또 영국인들은 소 뼈의 재를 흙과 섞어서 홍차의 색이 돋보이는 부드러운 흰색의 도자기를 만들어 냈다. 이것이 본차이나인데, 본차이나의 화려한 장미 무늬는 영국 티세트의 상징이었다.

영국 홍차의 역사를 만든 여왕들

가정에서 차를 마시는 화려한 습관이 극히 일부의 왕족과 귀족의 생활 습관이 된 것은 17세기 후반에서 18세기를 거치면서이다.

1662년 영국의 찰스 2세와 정략 결혼을 한 포르투갈 캐서린 여왕의 혼수품은 중국의 차 도구, 차 통 1개씩과 지참금 대신 인도 폼페이의 토지, 북아프리카 탄질의 토지 그리고 배 1척 가득한 브라질산의 설탕 등이었다. 벌써부터 차를 마시는 것이 일상화된 포르투갈 왕실 출신의 캐서린 왕비는 바람기 많은 국왕의 빈 자리를 메우기 위해 궁정에서 차를 소개하는 일을 시작하였다. 그리하여 애용하는 중국 다기에 찻잎을 넣어 차를 마시는 것은 궁정의 스타일이 되었다.

17세기 말 영국의 메리 2세 여왕은 설탕과 우유를 넣어 차를 즐겼다. 시노와즈리(중국 취미 또는 동양풍의 취미라는 뜻)가 영국에서도 유행하여, 특히 델프트 도기를 좋아했던 여왕은 많은 식기를 네덜란드에서 주문하여 화려한 티 세트가 유행되기 시작하였다. 그리고 18세기 초에 앤 여왕은 찻잔을 손에서 놓은 적이 없을 정도였다고 한다. 그녀는 햄프튼 궁에서 차회를 열고 윈저성에 차실을 만들어 가구와 서양 배 모양의 티 포트 등을 특별 주문하였다.

겨우 100년의 기간 동안 3명의 왕비, 여왕들의 라이프스타일은 영국의 차 문화 보급에 특별한 영향을 끼쳤다. 왕족, 귀족 계급의 상징으로 퍼진 차는 산업혁명과 함께 중산 계급의 여성들에게까지도 알려지게 되었다.

1840년 베드포드 공작 부인 안나 마리아에 의해 시작된 애프터눈 티는 단순한 차의 습관을 영국적인 정통 홍차 문화로 완성시켰다. 이러한 독특한 차 문화가 서민층에까지 보급된 것은 19세기 후반이었는데, 19세기 후반부터 수입 관세가 내리고 식민지였던 인도, 세일론(지금의 스리랑카)에서의 생산이 증가하면서 공급이 쉬워졌기 때문이었다. 이와 같이 빅토리아 여왕 시대부터 에드워드 7세 시대에 영국 홍차 문화의 황금기가 도래하였는데, 중노동에서 오는 스트레스를 해소하기 위해 술에 만취되었던 노동자들에게 영국 여왕이 홍차를 권하면서 시작되었다.

1850년까지는 중국차를 연하게 스트레이트로 마셨으나 점차 진한 차로 바뀌고, 나중에는 진한 차에 설탕과 우유를 넣어 마시는 현재의 형식으로 변화되었다. 19세기 말에는 인도, 세일론산의 홍차가 중국차를 압도할 정도로 성장하였다.

유럽에서 영국을 중심으로 발전을 해 온 홍차 문화는 식성이나 전통이 조금씩 변화하면서 현재에 다다랐다. 한편으로는 1770년 보스턴 차사건이 일어나

미국 독립 전쟁의 원인이 되기도 하고, 1840년대에는 아편 전쟁을 일으킴으로써 홍차가 세계의 역사를 움직였다고 할 수 있다.

영국식 차 문화

영국 차 문화의 특이한 예의 하나는 차 마시는 시간(티타임)이 정해져 있고 그때마다 적합한 홍차를 골라서 마신다는 것이다.

베드 티(Early Morning Tea, Bed Tea)

여성이 우아하게 아침 시간을 즐기면서 침대에서 파자마를 입은 채로 천천히 잠을 깨기 위하여 마시는 차를 말한다. 따라서 주로 사용되는 차는 깊이가 있고 맛이 확실한 아삼과 세일론의 브랜디 티 또는 아이리쉬 브렉퍼스트 티 등이었다.

브렉퍼스트 티(Breakfast Tea)

유럽에서는 아침을 간소하게 먹지만 영국에서는 풍부한 메뉴에 우유를 넣은 홍차를 내놓는다. 왕실에서도 여덟 가지 코스를 준비하기도 하였는데 1904년 조지 5세의 아내였던 메리 여왕이 장대한 코스를 정리하여 현재의 기본이 되었다고 한다. 영국의 아침은 브렉퍼스트 티가 가장 큰 특징이라고 할 수 있다.

일레븐지즈(Elevenses)

오전 11시경의 티타임으로 모닝 브레이크라고 하는데 영국에서 가장 캐주얼한 티타임을 말한다. 티백을 사용하기도 하고 간단한 과자를 머그잔의 홍차와 같이 준비한다. 주로 사용되는 차로는 우바베이스의 브랜디 티 등이 있다.

애프터눈 티(Afternoon Tea)

19세기에 꽃핀 영국 스타일의 사교 파티로, 차가 들어오기 전에 영국인들은 하루에 아침과 저녁 두 끼만 먹었다. 1840년에 베드포드 백작 부인은 시장기를 참지 못하여 오후 2, 3시경에 차와 케이크, 과자 등 가벼운 식사를 들기 시작하였다. 이보다 전에는 샌드위치 백작이 빵 조각 사이에 다른 것을 끼워서 먹는 방법을 발명하였다. 이리하여 오후에 차를 마시면서 샌드위치를 먹는 관습이 생겼으며 사교적인 행사가 되었다.

포멀한 티파티에는 초대장을 보낸다. 주로 여성이 중심이 되어 열리는 파티로서 리셉션, 오픈 하우스(open house), 생일, 강연회 등이며 식사의 방법과 동일하게 포멀 또는 캐주얼하게 할 수 있고 파티 스타일은 시팅 스타일 또는 뷔페

TIP 커피 하우스

커피 하우스는 주로 차를 마시는 곳으로, 커피가 차보다 먼저 들어왔기 때문에 이러한 이름이 붙었다. 커피 하우스는 1페니 대학(Penny University)이라고도 불렸는데, 1페니만 내면 차를 마시고 신문을 읽고 사람들과 이야기를 나눌 수 있었기 때문이다. 다양한 모임이 이곳에서 열렸는데, 에드워드 로이드가 상인들과 모였던 커피 하우스는 나중에 국제적인 보험 회사인 '로이드(Lloyd's)' 가 되었다.

정원에서의 애프터눈 티 파티

스타일로 식당, 거실, 로비, 정원 등의 장소에서 할 수 있다.

티 테이블의 포멀한 세팅에는 자수, 레이스 등의 테이블클로스와 티냅킨을 주로 사용하고 개인용 세팅은 케이크 접시와 홍차용 티세트, 실버웨어는 디저트용 포크, 나이프 세트와 공용의 플레이트는 디너 접시, 손잡이가 달린 케이크용 접시, 오벌형 접시, 샌드위치용 접시 등으로 반드시 도일리를 사용하여 격조 있는 세팅을 해야 한다. 잼과 크림기, 홍차용 티포트, 설탕통, 차통, 차 여과기 등이 준비되어야 하고, 하이 티 스탠드는 반드시 있어야 하는 것은 아니지만 티 테이블 위에서 높이와 입체감을 표현하여 한층 더 호사스럽게 보이기 때문에 애용된다. 케이크 등을 위한 티 종류나 케이크용 서버 등이 필요하며, 영국식 티파티에서는 뜨거운 물을 담아 두는 주전자가 있어 차의 농도를 조절한다. 센터피스는 정원의 장미 등으로 장식하고 여주인이 손수 키운 것은 자랑거리가 된다.

티포트를 관리하는 것은 여주인이며, 자리에 앉은 채로 손님의 잔을 돌려서 홍차를 대접한다. 낮은 테이블일 경우 잔과 잔받침을 무릎 위에 둔다. 대접하는 차로는 핑크퀄리티 우바, 얼 그레이, 다즐링 등이 있고, 메뉴는 스콘, 타르트,

핑거샌드위치, 초콜릿 케이크, 마드렌느, 시폰 케이크, 쿠키 등과 제철 과일을 풍부하게 차린다.

하이 티(High Tea, Dark Afternoon Tea)

저녁 6시 정도부터 시작하며, 애프터눈 티타임과는 달리 간단한 요리와 함께 와인 등도 나오는 가볍고 멋스러운 저녁의 티타임이다. 아이들이 있을 경우에는 주류를 나중에 낸다. 주로 사용되는 차로는 세일론, 다즐링 등이 있다.

애프터디너 티(Afterdinner Tea)

가족이나 손님과 함께 저녁 식사 후에 갖는 티타임으로 브랜디와 어울리는 초콜릿, 과자 등이 준비된다. 대화는 조용하게 나누고 주류는 취하지 않을 정도로 마시며, 아무리 즐거워도 너무 오래 있는 것은 좋지 않다. 주로 사용되는 차로는 자스민, 캐러멜, 로즈 페탈 등이 있다.

TIP 티가든

티가든(tea garden)은 신사 숙녀들이 야외에서 차를 마시면서 연주회, 카지노, 꽃구경, 모닥불 놀이 등을 즐기는 모임이다. 커피 하우스와 달리 성별이나 출신 계급에 구애받지 않고 함께 모일 수 있었다. 나폴레옹군을 격파한 넬슨 제독이 엠마를 만난 곳도 바로 티가든이었다.
티가든에서는 T.I.P.S.라고 쓰인 작은 나무 상자가 테이블이었는데, T.I.P.S.는 'To Insure Prompt Service'의 약자로 손님이 웨이터를 빨리 부르고 싶으면 이름 그대로 '즉시 서비스할 것을 보증하는' 상자에 동전을 넣었다. 이렇게 해서 팁을 주는 관습이 생긴 것이다.

4) 테이블 데커레이션의 아이템과 테크닉

리넨(Linen)

리넨은 최초로 사용되었던 섬유의 명칭인데, 테이블 아이템에서의 리넨은 테이블 세팅에 사용되는 모든 천을 총칭한다. 리넨은 시트, 베드 커버, 필로우 커버 등의 홈 리넨(home linen)과 테이블클로스, 러너, 매트, 냅킨, 키친타월 등의 테이블 리넨(table linen)으로 나눌 수 있다.

테이블클로스의 역사

빅토리아 여왕이 친선을 위해 프랑스 엘리제 궁에 다마스크 테이블클로스를 선물했다는 이야기가 있을 정도로 테이블클로스는 수준 높은 생활양식의 상징이 되기도 하였다. 테이블클로스의 시작은 지금의 냅킨과 같은 개념으로서 식사 후 더러워진 손을 닦기 위한 용도로 쓰였으며, 식사시 청결과 아름다움을 위한 용도로는 냅킨을 사용한 시기보다 훨씬 뒤의 일이었다.

그리스 · 로마 시대의 로마인들은 고사페(gausape, 한면은 거칠고 다른 한면은 부드러운 모직)를 냅킨, 수건, 시트와 같이 다용도로 사용하였으며, 재정 로마 시대에는 권력의 상징으로 천연 아사의 다마스크를 테이블클로스로 사용하였다. 5세기에는 게르만 민족의 이동으로 암흑 시대가 되어 냅킨이나 테이블클로스를 사용할 만한 생활의 여유가 없었다. 그러나 문헌에 따르면 루이 1세 시

전통 문양, 시대적 양식으로 디자인된 테이블클로스

심플한 자연 소재의 테이블클로스

대(814~840)에 프랑스에서 테이블클로스가 부활되었다고 한다.

영국에서는 조금 늦게 앵글로 색슨 시대(8~10세기)부터 테이블클로스가 사용되기 시작하였다. 1530년 인문주의자 에라스무스가 쓴 매너 책에는 '한 코스에 한 번씩 자기 자리 앞의 테이블클로스에 손을 닦으시오' 라는 내용이 있다. 이는 테이블클로스가 냅킨의 역할을 겸했다는 것을 반증한다.

한편 중세에는 식사시 여러 장의 테이블클로스를 겹겹이 깔아 놓은 후 코스별로 음식이 바뀔 때마다 테이블클로스를 한 장씩 벗겼다. 그리하여 마지막 요리에서는 가장 값비싼 테이블클로스(동양의 카펫)를 보여 주어 부와 명예를 과시하였다.

프랑스 로코코 시대에는 식당이 생기면서 퐁파드르 후작 부인이 목면의 테이블클로스를 처음으로 사용하였다. 루이 16세 시대에는 왕비 마리 앙트와네트가 당시에는 최고의 사치인 실크 오간지를 선보였다. 나폴레옹 시대에는 권위의 상징인 태슬이 테이블클로스에 이용되었고, 모아레 천이 생겼다. 산업 혁명 이후 부르주아 계급은 기계로 대량 보급된 아사의 다마스크를 테이블 세팅에 많이 사용하였다. 1, 2차 세계대전 이후 나일론 등의 신소재와 화학 염료의 개발로 가격이 저렴하고 아름다운 색의 세탁 또한 용이한 테이블클로스가 보급되면서 서민들도 테이블클로스를 부담 없이 사용할 수 있었다.

잔디를 테이블클로스로 이용하여 2002년 한일 월드컵의 이미지를 표현했다(월드컵 오프닝 파티, 이은경).

서로 다른 재질의 천을 2중으로 깔은 다음 상단의 클로스를 그릇 모양으로 파내어 하단의 검은색을 입체적으로 표현하여 클로스를 강조하였다(박금순).

테이블 리넨의 종류

언더클로스(Undercloth)

전체 세팅에 안정감이 있도록 테이블클로스 밑에 까는 것으로, 언더클로스 뒷부분이 고무나 두터운 펠트 천으로 되어 있어 쉽게 움직이지 않도록 되어 있다. 언더클로스는 식기, 실버웨어, 글라스웨어 종류를 사용할 때와 이동시킬 때 소음을 줄이며 촉감을 부드럽게 하는 기능과 와인 등을 엎질렀을 때 흡수하는 작용도 한다.

테이블클로스(Tablecloth)

테이블클로스는 식탁 전체 분위기의 색과 재질감을 표현해 주는 가장 중요한 아이템이다. 테이블 컬러 코디네이트를 위해서 식기에 두 번째로 많이 사용된 색상을 테이블클로스의 색상으로 선택하면 편안하고 안정된 분위기를 연출할 수 있다. 식욕을 돋우고 청결감을 주는 테이블클로스를 선택해야 하며, 무게감 있는 소재로 고급스런 분위기를 연출한다. 천연 소재인 아사, 면, 마로 만드는 것이 일반적이며 이러한 재질은 세탁이 용이하다.

테이블클로스와 식기는 재질감의 통일성을 기본으로 한다. 예를 들어 올이 굵고 투박하며 광택이 없는 천은 도기나 스톤웨어 등과 어울리며, 올이 가늘고 광택이 있는 천은 자기 등과 어울린다. 테이블클로스의 연출 방법은 정식 만찬일 경우 완전히 덮어 바닥까지 닿는 길이가 되어야 한다. 포멀 스타일은 테이블 모서리에서 50~60cm로 내려오게 하고, 일반 가정의 테이블에서는 앉고 서기 편하게 25~30cm 정도의 길이로 한다. 인포멀한 스타일에서는 편안한 식사를 방해하지 않는 정도에서 자유롭게 창의적인 아이디어로 테이블클로스를 연출할 수 있고, 천 이외의 소재 등으로 색다른 식사 분위기를 연출할 수도 있다.

테이블 러너(Table Runner)

테이블의 공유 공간에 폭 30cm 정도로 가로로 길게 놓는 싱글 러너와 세로로 2장을 나란히 늘어놓는 더블 러너가 일반적이다. 테이블클로스와 같이 사용할 수도 있고 러너만으로도 사용할 수 있다. 러너를 놓는 위치, 소재, 색채 등으로 다양한 변화를 주고 길이와 폭은 테이블의 크기와 용도에 따라 자유롭게 할 수 있다.

폭이 넓은 리본으로 테이블 주위를 묶어 화려함을 강조했다(겨울 – 두 여인을 위한 Tea Table, 홍선영).

푸른 물감을 넣어 만든 비닐 러너로 여름 식탁의 시원함을 나타냈다(해변가에서, 강용순).

플레이스 매트(Place Mat)

주로 캐주얼 스타일의 세팅 때 이용한다. 천 외에 도기, 석판, 거울, 대나무, 왕골 등을 사용하여 식기를 안정감 있게 세팅하기도 하고 돋보이게 하기도 한다. 기본적인 크기는 가로 45cm×세로 35cm인 디너용 매트이고 런천 매트, 티 매트 등 상황에 맞는 종류와 크기가 있다.

고백자 식기를 아크릴 매트와 함께 사용하여 심플하게 표현했다.

크리스털 식기를 거울 매트 위에 놓아 크리스털의 이미지를 더욱 강조했다(Crystal Morning, 박미영).

종이 냅킨을 전체 컬러와 맞추어 율동감 있게 접어 놓았다(단오, 제민지, 채윤희).

여름 바닷가의 식탁 이미지와 맞도록 보트형의 냅킨을 연출하였다.

냅킨(Napkin)

냅킨은 피부에 직접 닿는 경우가 많기 때문에 주로 천연 소재를 사용한다. 기능적인 역할과 장식적인 역할을 함께 하며 접는 방법도 매우 다양하다. 식기와 매트에 어울리는 동색 계열로 안정된 느낌을 연출하기도 하고, 보색 계열로 테이블 위에 악센트를 주는 역할을 하기도 한다. 여러 가지 색으로 되어 있는 테이블클로스의 경우 냅킨의 색은 기본적으로 테이블클로스에서 가장 적게 사용된 색으로 한다.

냅킨 접기는 컬러 코디네이트 외에 컬러의 양을 조절하는 컬러의 분량으로서 중요하기 때문에 테이블 세팅에서 마지막 단계에 실시하여 전체의 마무리 역할을 한다. 냅킨은 접는 형태가 복잡할수록 손이 많이 가 비위생적이라는 느낌을 줄 수 있기 때문에 되도록 간단한 방법으로 접는 것이 좋다.

냅킨의 크기는 격식을 갖추는 경우는 70×70cm이며 일반 호텔과 레스토랑에서는 45~60cm, 티파티의 경우 30~35cm, 칵테일파티의 경우 20×25cm 정도의 것을 사용한다.

TiP 냅킨의 기원

찰스 2세(1660~1685년)의 궁정 요리장이 고안한 26종류의 냅킨 접기가 오늘날까지도 사용되고 있다. 그러나 그 역사를 보면 테이블클로스와 마찬가지로 손으로 식사를 한 고대까지 거슬러 올라간다. 고대의 냅킨은 아포마그다리(apomagdalie)라고 불렀던 밀가루 반죽 덩어리로 식사 후 반죽 덩어리를 조금씩 잘라 손을 닦고 난 후 버렸다.

도일리(Doily)

도일리는 1700년대부터 1850년까지 영국 스트렌드가에 있는 유명하고 오래된 포목상에서 발명해 낸 장식적인 모직을 가리키는 용어였으나, 시간이 지나면서 빅토리아 시대의 사람들이 실내의 여러 곳을 덮어 장식하는 리넨 레이스로 그 뜻이 바뀌었다. 19세기 중엽에 들어서는 인쇄 산업 기술의 발달로 값싼 종이 레이스의 상업적 생산이 이루어졌다. 유럽의 중산층은 세련됨을 과시하기 위해 집 안에 이러한 종이 도일리를 받아들이기 시작했다.

디저트용 접시와 글라스 사이에 도일리를 두어 안정감을 주었다.

3단 티 스탠드의 접시 위에 도일리를 두어 섬세함을 강조했다.

와인 바스켓과 키친타월의 스타일링

종이 도일리는 제과점이나 레스토랑, 호텔 및 가정에서 접시의 소음이나 흠집을 막고 음식의 표현력을 높이기 위해서 사용된다. 종이 도일리는 구멍을 내고 접히고 겹쳐져서 벌집 모양으로 무늬가 만들어지면서 입체감을 주어 천 레이스의 느낌을 더욱 효과적으로 살려 내었다. 아주 작고 복잡한 무늬에서부터 사각이나 원형 또는 크고 작은 하트형 등 매우 다양한 디자인을 찾아볼 수 있다. 서양에서는 웨딩, 밸런타인데이 등의 세팅에 빠지지 않는다.

키친타월

서양에서 사용하는 키친타월은 50×70cm 정도의 크기로 접시나 유리잔에 손자국이 남지 않도록 하기 위해 접시나 유리잔을 전체적으로 싸서 닦기에 편리하다.

차이나웨어(China ware)

세계 각국에는 아름다운 도자기를 생산하는 유명한 도자요(陶瓷窯)가 많이 있고, 명품이 진열되어 있는 도자기 박물관, 미술관 등에서 도자기의 역사를 확인할 수 있다. 도기와 자기는 일찍부터 동양에서 서양으로 실크로드와 해상로 등을 통해 전해져 장식품으로 전시되기도 하고 일상생활에서 신분의 상징으로 사용되기도 했다. 하지만 현재는 각자의 라이프스타일에 따른 다양한 도자기를 선택하여 식생활의 질을 높이게 되었다.

한식기는 요리에 맞춰 형태나 색을 고르지만 양식기의 디너 세트는 크기와 용도 등이 정해져 있다. 양식기는 기본적으로 같은 무늬와 디자인으로 준비하는 것이 세팅하기에 수월하며 테이블클로스나 런천 매트 등으로 변화를 주는 것이 좋다. 전통 있는 식기 브랜드를 구입하면 한 점씩 추가로 구입하여 보충할

독일 마이센의 시대에 따른 로고가 있는 백자

동양풍의 도안을 모방한 초기 마이센의 자기 접시

수 있는 이점이 있다.

현대에는 금속, 유리 등으로 식기를 만들어 식공간 이미지와 매치되도록 하고 있다. 그러나 포멀한 경우를 제외하고는 정해진 용도과 모양에 구애받지 않고 용도를 바꾸거나, 재질이 전혀 다른 유리 등을 디너 접시로 사용하거나 또는 다른 식문화권의 식기를 이용하여 다양성과 독창성 있는 자신의 라이프스타일을 나타내기도 한다.

차이나웨어의 역사

유럽의 왕족과 귀족들은 일찍부터 동양의 직물 · 차 · 자기를 선망하여 육로로는 실크로드를 통해 중국의 도기가 네덜란드 델프트로 전해졌고, 해로로는 자기가 아프리카 희망봉을 거쳐 스페인 마주루카 섬에서 이탈리아 화이앙스에 전해져 이것이 카트린느 드 메디치에 의해서 프랑스 화이앙스로 명명되었다. 1602년 네덜란드 동인도 회사에서 자기를 수입하여 귀족들은 자기방(ceramic room)을 만들 정도였다.

마이센은 1702년 작센국(독일)의 아우구스트 1세가 연금술사 베드카를 섬에 가두어 자기를 만들도록 명령한 것에서부터 시작되었다. 1709년 자기를 만드는 데 성공하여 1710년 아우구스트 1세가 왕립 자기제작소를 설립하였고, 1718년에 오스트리아의 카를로 6세 시대에 도공을 빼돌려 빈에 자기요를 열었다. 계속해서 이탈리아, 프랑스, 덴마크에 자기요를 열어 각국에서 독자적인 자기가 만들어졌다. 프랑스 루앙 등에서는 연질 자기, 영국은 골제 자기 등이 생겼고 산업혁명 후에 대량 생산으로 현대에 이르게 되었다.

차이나웨어의 종류

형태에 따른 분류

- 플레이트웨어(plate ware) : 불어 'plat'에서 유래된 것으로 원형 모양이라는 의미를 담고 있다. 평면적인 형태로 깊이가 거의 없어 플레이트웨어라고 한다.
- 홀웨어(hall ware) : 깊이가 있는 그릇 또는 입체형 식기를 홀웨어라고 한다. 딥 플레이트(deep plate)라고도 하며 수프와 국물을 담을 수 있다.

용도에 따른 분류

- 서비스 플레이트(service plate) : 플레이스 플레이트(place plate) 또는 장식용 접시로 지름이 약 27~32cm이다. 식사의 시작부터 끝까지 세팅되어 있기도 하고 레스토랑 임의로 사용하기도 한다.
- 디너 플레이트(dinner plate) : 스테이크, 로스트 등의 메인 디시용으로 25cm 이상의 크기이고, 스타일링에 따라 애피타이저와 디저트용으로도 쓸 수 있다.
- 디저트 플레이트(dessert plate) : 오드블, 샐러드, 디저트, 과일용으로 지름이 약 18~21cm이며 뷔페 스타일의 개인용 접시로도 쓸 수 있다.
- 케이크 플레이트(cake plate) : 케이크, 초콜릿, 과자, 샌드위치용으로 지름이 약 18cm이다.
- 수프 플레이트(soup plate) : 수프나 스튜용으로 지름이 약 21~23cm이다. 타원형이나 원형이 있는데 개인용으로 쓰이는 것은 원형이다.
- 컵과 소서(saucer) : 커피, 홍차 겸용으로 사용된다.
- 데미다스 컵과 소서(saucer) : 식후의 커피용으로 사용된다.
- 머그(mug) : 커피, 우유, 수프 등을 담는 용도로서 가장 편안한 스타일로 사용된다.

소재에 따른 분류

- 토기 : 점토로 빚어 1,000℃ 이하에서 굽고 유약을 바르지 않은 것으로 오늘날에는 식기로 사용되지 않는다.
- 도기 : 점토로 빚어 1,100~1,200℃에서 굽고 유약을 바르지 않은 것으로 빛이 통과되지 않고 두드리면 둔탁한 소리가 난다.
- 석기 : 점토로 빚어 1,300℃ 이상에서 굽고 유약을 바르지 않은 것이다. 비교

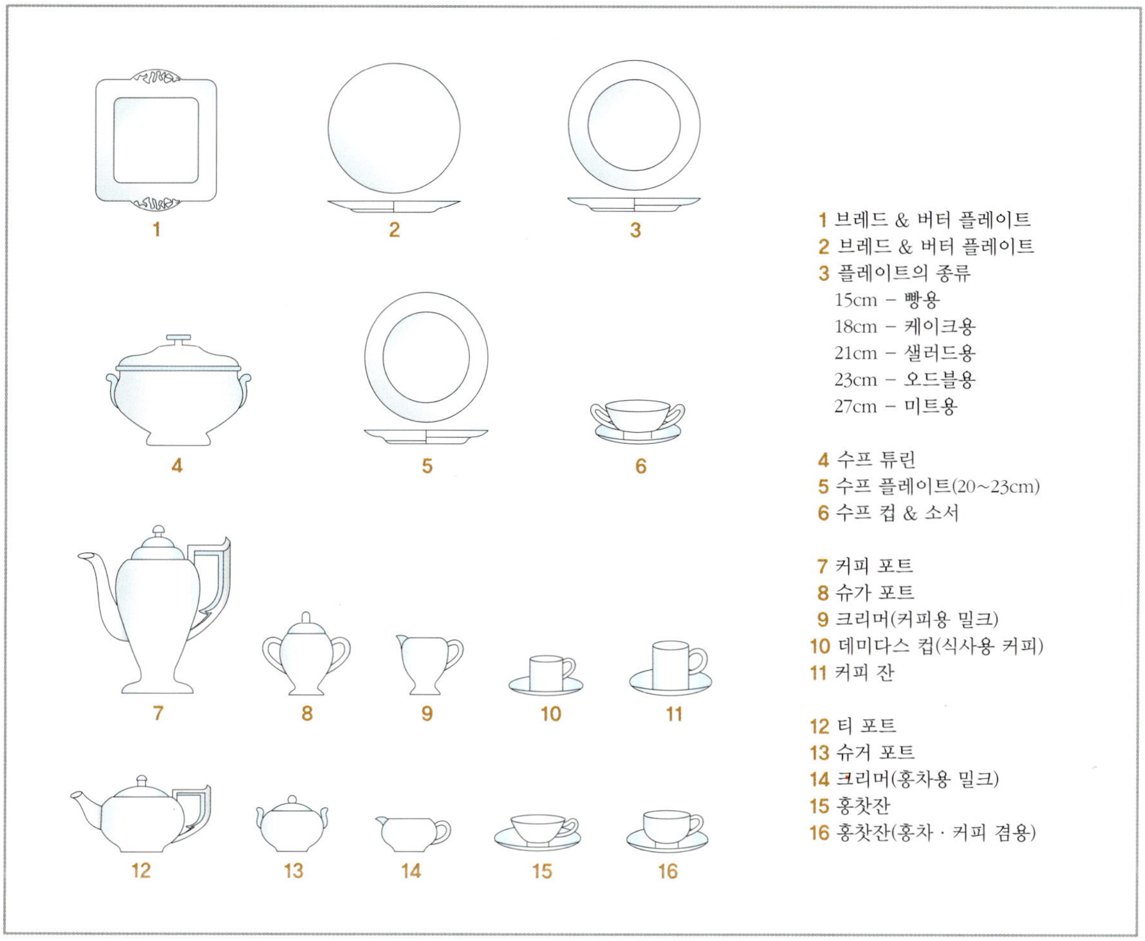

양식기의 용도별 형태와 명칭

적 고온에서 구웠기 때문에 물이 통과되지 않고 두드리면 토기보다 선명한 소리가 난다. 웨지우드의 자스퍼웨어가 그 예이다.

- 자기 : 자기토로 빚어 1,200~1,400℃에서 유약을 칠해 구운 것으로 흡수성이 없고 광택이 있으며 두드리면 맑은 소리가 난다. 자기는 경질 자기와 연질 자기로 구분할 수 있는데 경질 자기는 차가운 흰색으로 비교적 단단하여 나이프를 사용하는 용도의 식기로 적당하다. 또 연질 자기는 소뼈의 재를 반 이상 섞은 것이며, 부드럽고 따뜻한 우유빛을 띠어 우아한 티타임에 어울린다.
- 내열 자기 : 오븐, 렌지용으로 사용되며 석기보다 열에 강하고 유약이 코렐에 가깝다.

실버웨어(Silver ware)

음식을 먹기 위해 운반하거나 자르는 도구로 숟가락, 포크, 나이프를 통틀어 실

커트러리의 다양한 형태

1 테이블 나이프와 포크(디너접시 사용)
2 스몰 테이블 나이프와 포크(런천 등의 중간접시 사용)
3 피시 나이프와 포크(생선용)
4 푸르츠 나이프와 포크(과일용)
5 오드블 나이프와 포크(전채용)
6 디저트 나이프와 숟가락(소스가 있는 부드러운 디저트용)

7 스테이크 나이프(두께가 있는 스테이크용)
8 버터 수프레더(버터용)
9 아이스티 숟가락
10 크림수프 숟가락
11 크레이프 푸르츠 숟가락
12 티 스푼 라지(홍차 전용)
13 티 스푼 스몰(홍차 · 커피 겸용)
14 아이스크림 숟가락
15 에그 숟가락
16 커피 숟가락(데미다스 커피)
17 샐러드 포크
18 페스츄리 포크
19 오이스터 포크

*1, 4, 10, 13, 18은 필요에 따라 겸용이 가능하다.

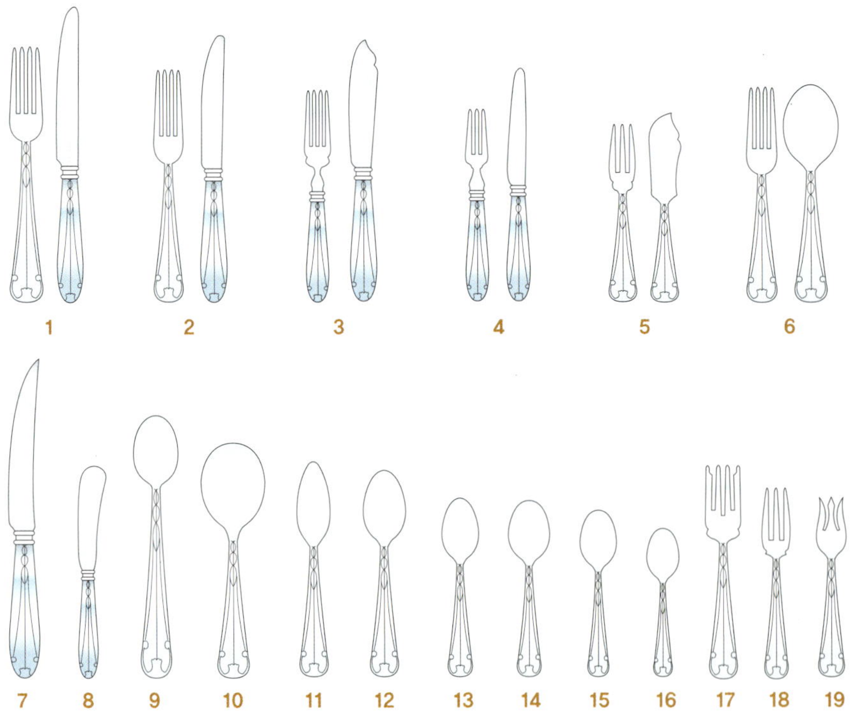

개인용 실버웨어의 종류와 명칭

버웨어 또는 플랫 웨어(flat ware)라고도 한다. 유럽에서는 신부의 중요한 혼수품으로서 단순히 나이프, 포크, 숟가락이라는 도구로서의 역할뿐만 아니라 식탁의 품격을 결정하는 기준이 되기도 한다. 유럽의 왕족이나 귀족 가문은 실버웨어에 가문의 문장을 새겨 넣기도 했다. 요즘은 소재와 디자인이 다양한 실버웨어도 많이 나와 있어 테이블의 이미지에 맞는 스타일로 연출할 수 있다.

포멀한 테이블에는 순은 제품이나 도금 제품을, 인포멀한 테이블에는 개성 있는 소재와 디자인의 실버웨어를 세팅한다. 현대에는 동서양의 음식 교류에 따른 식사 도구의 변화에 따라 나이프 옆에 젓가락이 놓이기도 하고, 서양이라도 동양 문화를 선호하는 층에서는 젓가락을 사용하는 식사 문화가 유행하고 있다.

실버웨어는 세팅할 때 식기 등과 같이 동일한 패턴으로 통일시키는 것이 품위 있어 보인다. 또한 식기의 크기, 글라스웨어와의 밸런스를 맞추는 것도 중요하다.

실버웨어의 역사

시대에 따라 실버웨어의 디자인도 프랑스의 양식사와 같이 바로크, 로코코, 네오클래식, 앙피르, 에스포아르, 아르누보, 아르데코, 컨템포러리 스타일로 변천되어 왔다. 이러한 시대 양식(樣式)의 패턴은 식기 등과 같이 현재에도 사용된다.

실버웨어의 종류

■ 용도에 따른 분류

- 나이프 : 테이블 나이프, 생선용 나이프, 버터 나이프, 과일용 나이프, 디저트용 나이프 등
- 포크 : 각 나이프에 대응하여 테이블 포크, 생선용 포크, 과일용 포크, 디저트용 포크 등
- 숟가락 : 테이블 숟가락, 수프 숟가락, 티숟가락, 커피 숟가락 등
  (나이프, 포크, 숟가락 등의 모양은 통일시켜야 한다. 생선용 나이프 대신 소스 숟가락을 사용해도 된다.)
- 레이들 종류
- 샐러드 서버 : 전용의 숟가락과 포크를 세트로 구성하여 서비스한다.
- 커빙(curving) 나이프와 포크 : 로스트 등을 잘라 서비스한다.
- 케이크 서버 : 케이크나 파이를 서비스한다.

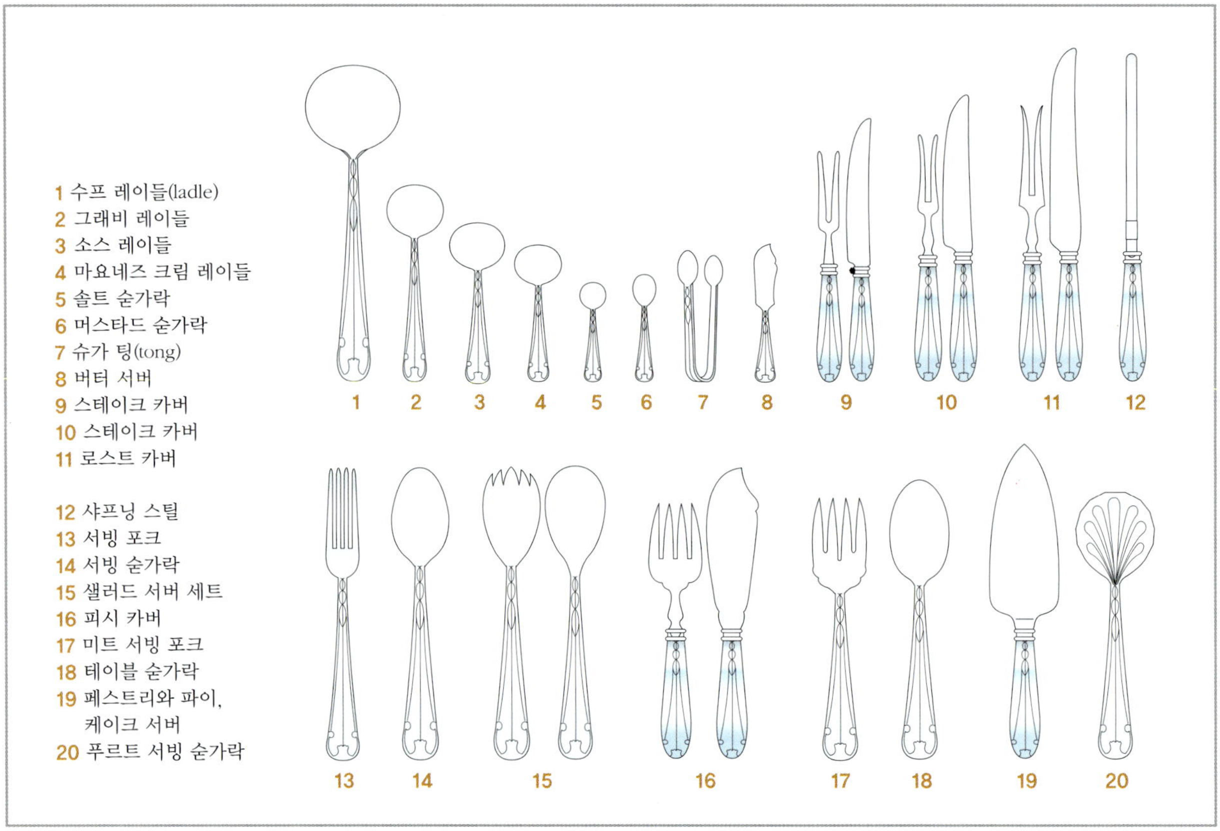

서비스용 실버웨어의 종류와 명칭

■ **소재에 따른 분류**

- 순은 : 순은 제품은 열전도율이 높고 약하기 때문에 은에 7.5%의 동을 혼합하여 사용한다.
- 은도금 : 양은(동, 아연, 니켈의 합금)을 30~40μ의 순은으로 도금한 것으로 은의 양으로 품질의 차이를 나타낸다.
- 스테인리스 : 철에 니켈, 크롬을 혼합한 금속이다.

글라스웨어(Glass ware)

서양식 세팅에서는 주로 유리잔을 사용하기 때문에 글라스웨어라고 한다. 테이블 세팅에 필요한 소품 중 종류가 가장 다양하고 취미로 수집을 하기도 하며 무늬나 재료, 고전적인 것부터 현대적인 모양 등 종류가 매우 다양하다.

글라스웨어의 역사

로만 유리는 로마 시대에 핸드 부로잉(숨을 넣어 부는 것) 기법으로 만든 것으로 대량 생산이 가능하여 일용품으로 사용하였다. 그리고 이슬람 유리는 로마 제국의 멸망과 함께 로만 유리의 기술이 페르시아에 전해졌다. 9~15세기까지 이슬람의 꽃이라고 하여 훌륭한 커트와 에나멜 기법이 사용되었다. 또한 유럽에서 다시 유리가 발달된 것은 이탈리아의 베네치아이다. 베네치안 유리는 13세기 말 유리 기술의 비법을 지키기 위해 무라노 섬에 직인들을 가둘 정도로 당시 유리는 베네치아의 독점 산업이었다. 그 후 네덜란드, 프랑스 등 유럽의 영주들은 무라노 섬에서 도망쳐 온 직인을 몰래 채용하여 베네치아 유리와 똑같이 만들게 하였다. 베네치아 유리는 생지의 아름다움과 세련된 디자인으로 명성이 자자했으며 유럽에서 유행한 베네치아풍의 유리들은 패숑 드 베니스 글라스라고 불렸다.

바르도 유리는 12, 13세기경 독일, 보헤미안 등 유럽의 중부 삼림 지역에서 베네치아와는 전혀 다른 유리가 만들어졌으며 녹색이 깃든 소박한 유리로 왕족, 귀족보다는 서민층에 침투되었다. 보헤미안 유리는 16세기 말에서 17세기에 걸쳐 체코의 보헤미아 지방에서 베네치아 유리보다 강하고 튼튼한 컬리 유리가 만들어지게 되었다. 유리에 조각을 하는 그라베류 기법이나 커트의 아름다움으로 보헤미아 유리의 전성기를 맞이하게 되었다. 1673년 영국의 조지 라벤스크로프트에 의해 납을 넣은 크리스털 유리가 개발되었다. 국력의 증대와 함께 드링킹 글라스웨어 등 영국의 테이블 웨어는 유명해졌다. 18세기 후반 아일랜드의 워터 포드에서 펼쳐진 유리 공예는 풍부한 양질의 원료를 바탕으로 아이리쉬 유리로 발전하게 되었다. 19세기가 되어 미국에는 대량 생산의 수단으로 프레스 글라스웨어가 개발되었다. 틀에 모양을 넣어 흘려 넣은 유리를 프레스를 하여 만든 것으로 복잡한 모양도 간단하게 양산되었으므로 미국의 유리는 공예에서 공업으로까지 발전하였다. 19세기 말부터는 유리 작가의 활약이 눈에 띄었다. 프랑스를 중심으로 꽃 핀 새로운 예술 양식 아르누보 시대로 자연을 모티브로 하는 에밀 갈레의 영향을 입은 돔 형제들의 활약이 컸다. 그 후 아르데코 시대에는 르네, 라리크, 장, 프이포루카 등이 유명하다.

글라스웨어의 종류

■ 용도에 따른 분류

- 고블렛(goblet) : 주로 물을 마실 때 사용한다.
- 와인글라스 웨어(wineglass ware) : 레드와인, 화이트 와인, 샴페인(구프형과 플롯형)이 있다.

크리스털 유리

아르누보시대의 와인디켄터와 보헤미안 글라스

아르누보 시대의 샴페인병과 글라스웨어

- 디켄터(decanter) : 와인과 위스키를 담아 서비스한다.
- 피처 : 물을 담아 서비스한다.

소재에 따른 분류

- 소다 유리 : 열이나 충격에 강하고 식기, 병, 창유리 등 사용 범위가 넓다. 녹청색을 띠며, 베네치안 유리 등이 있다.
- 컬리 유리 : 굴절률이 높고 약품에 강하기 때문에 광학 기기로 이용된다. 보헤미안 유리가 있다.
- 크리스털 유리 : 광택이 있어 아름답고 고급 식기나 공예품으로 많이 쓰인다. 납을 25% 이상 함유한 것을 크리스털 유리라 하고, 그 이하는 세미크리스털 유리라고 한다.
- 석영 유리 : 급격한 온도에 강하고 주로 내열 식기, 실험 도구, 전구 등에 사용한다.

글라스웨어의 용도별 형태와 명칭

센터피스(Centerpiece)

센터피스는 대부분 테이블 중앙에 위치하기 때문에 장식적인 역할을 담당하는 것을 통틀어 센터피스라고 지칭하며 테이블의 높이를 입체적으로 표현한다. 오늘날 테이블 코디네이션에서 센터피스로 많이 이용되고 있는 꽃(화예 디자인)이 테이블에 일반화된 것은 산업 혁명 이후 부르주아 계급이 왕족과 귀족의 취미를 본뜨면서부터이다. 로마인들과 르네상스 시대의 사람들은 과일과 야채를 테이블 위에 데커레이션하는 것을 즐겼다. 그리고 빅토리안 시대에는 만찬 식탁의 중앙에 그 당시에는 고가였던 빨간 장미로 앞이 안 보일 정도로 과장되게 장식하기도 하였다. 센터피스는 19세기 중엽에 이르면서 더욱 널리 이용되었다. 이때부터는 왕족과 귀족뿐만 아니라 중산 계급(브루주아 계급)에서도 작은 꽃이나 과일, 인형(야드로), 도자기, 촛대 등을 올리게 되었다.

유럽에서 왕이나 귀족들이 커다란 테이블에서 식사를 할 때 상 가운데 유리 장식이나 꽃을 놓았던 것에서 유래된 센터피스는 식사와는 큰 관계가 없지만 테이블 세팅에서 매우 중요한 요소이다. 꽃이나 과일, 과자, 양초 등을 식탁의 분위기에 맞게 장식하는데, 꽃으로 장식할 경우 식욕을 해칠 우려가 있는 향이 강한 꽃과 가루가 날리는 꽃은 피한다. 꽃은 계절감을 느낄 수 있고 생동감을 주며 테이블의 의미와 성격을 쉽게 전달해 준다. 그리고 긍정적인 분위기를 유도하고 테이블의 명확한 컬러 스케일을 쉽게 유도한다.

크기는 기본적으로는 테이블 전체 면적의 1/9이지만 디자인 연출에 따라 달라질 수 있으며, 마주 앉은 사람과 시선을 교환할 수 있도록 높이는 팔꿈치(45cm)보다 낮게 하는데 이 또한 장소에 따라 달라질 수 있다. 서로의 얼굴을 볼 수 있도록 높이를 배려하는 것을 제외하면 반드시 법칙이 있는 것은 아니다.

요즈음은 센터피스로 식물 등을 이용하기도 하고 환경 문제로 인해 프로랄 폼을 사용하지 않고도 가능한 디자인을 연출하고 있다.

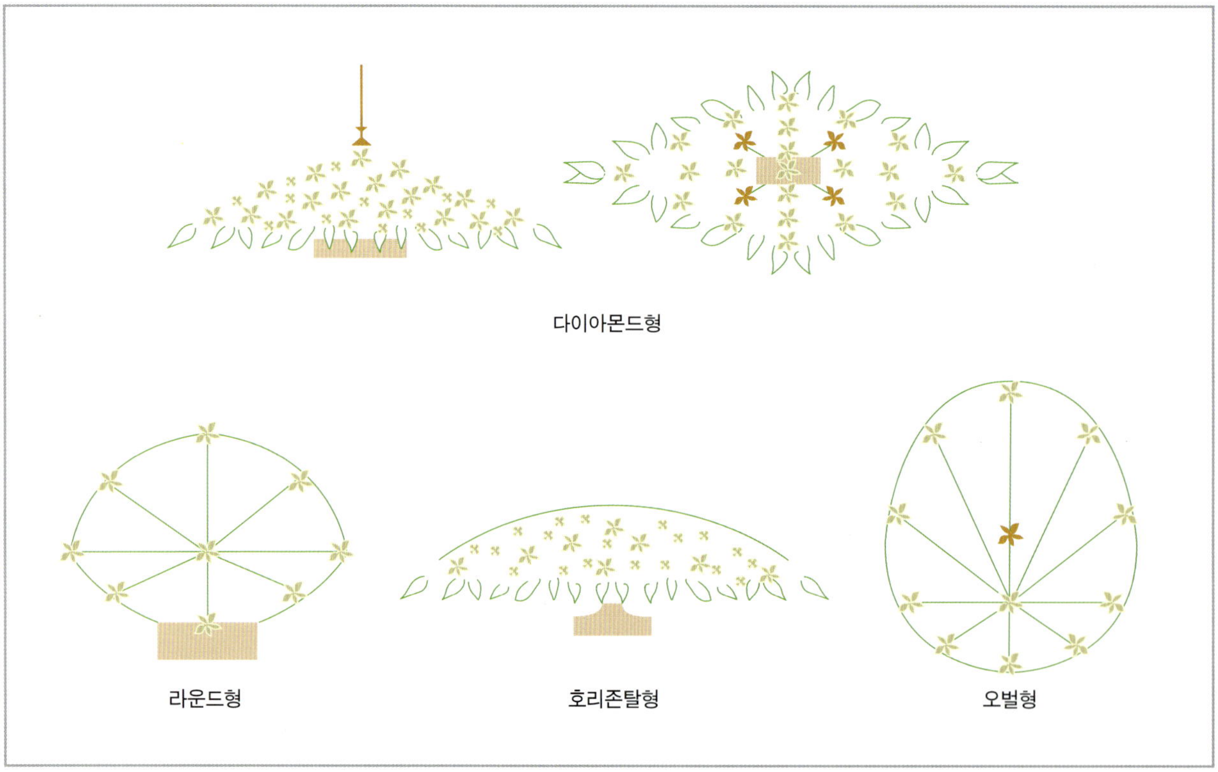

테이블에서 꽃을 이용한 센터피스의 형태

대면 유형에 따른 사용법

- 시팅 테이블의 경우 : 어느 방향에서도 보기 좋도록 사방형으로 꽂는 것이 바람직하며 마주 앉는 사람과의 커뮤니케이션에 방해되지 않는 높이로 초, 화기와의 관계를 고려해야 한다.

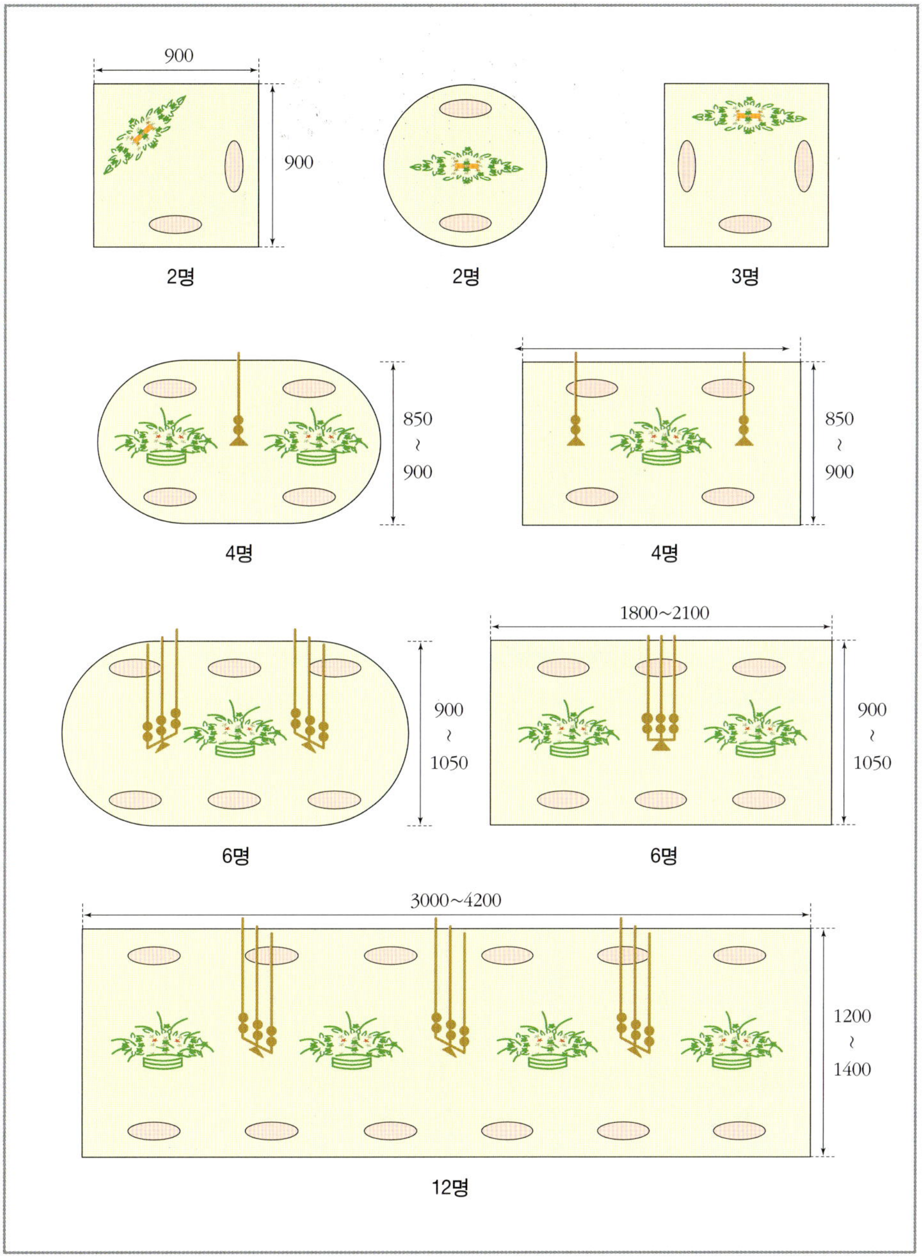

시팅 테이블의 대면 유형에 따른 센터피스의 위치

뷔페 테이블에서의 센터피스(영화 시사회를 위한 뷔페 테이블, 송성호)

- 스탠딩(뷔페) 파티 테이블 : 사람들이 서서 움직이면서 음식을 먹고 이야기를 나누므로 서 있는 사람의 눈높이보다 낮거나 더 높게 디자인한다.

꽃에 따른 분류

- 라인의 꽃(line flower) : 긴 선의 형태를 가진 줄기 위에 줄을 지어 피어 있는 꽃이다. 글라디올러스, 스토크, 금어초, 리아트리스, 델피늄, 용담, 부들, 엽란, 갯버들, 드라세나 등이 있다.
- 형태의 꽃(form flower) : 꽃의 형태가 매우 개성적이고 큰 꽃으로 포컬 포인트로 사용되어 악센트를 만드는 데 효과적이다. 프로테아, 헬리코니아, 카라, 안스리움, 극락조화, 백합, 양란, 카틀레아, 몬스테라, 팔소니 등과 같은 꽃이 있다.
- 중심이 되는 꽃(mass flower) : 꽃송이가 크고 둥근 형태로 양감을 가진 꽃

이다. 일반적으로 라인 플라워와 폼 플라워의 중간에 배열하며 수국, 장미, 카네이션, 국화, 해바라기, 달리아, 마가레트, 데이지, 거베라, 동백 등이 속한다.

- 필러의 꽃(filler flower) : 잔잔한 잎의 작은 꽃들이 한 가지 또는 여러 가지에 많이 붙어 있는 꽃으로 공간을 메우거나 색채 등을 부드럽게 조화시키거나 섬세한 느낌을 주어 연결하는 데 쓰인다. 안개꽃, 패랭이꽃, 프리지어, 스타티스, 소국, 네프로네피스 등이 이에 속한다.

꽃 색에 의한 식탁에서의 테라피 역할

분홍색 꽃은 긴장을 풀어 주고 따스함을 느끼게 해 준다. 또 안정된 정취의 부드러운 기분, 편안한 기분을 주어 스트레스를 감소시키고 생기를 준다. 따라서 노년층을 위한 파티나 결혼기념일 등의 테이블 연출에 많이 이용된다.

하얀색 꽃은 어떤 것과도 어울릴 수 있으며 안정감, 균형 감각, 순수함을 상징한다. 호흡 기관을 활성화하는 기능이 뛰어나 혈압을 안정시키고 신경을 진정시켜 식사를 천천히 즐길 수 있게 도와 주며 다이어트에도 효과적이다. 웨딩 등 포멀 테이블에 어울린다.

푸른색 또는 보라색 계열의 꽃은 정신적인 피로와 긴장, 흥분된 감정 등을 진정시켜 자율신경을 정돈해 주는데, 구체적인 효과로 눈과 신경의 피로를 달래

분홍색의 그라데이션으로 표현한 데커레이션(Pink Rendezvous, 이미경)

웨딩의 대표적인 이미지 컬러인 흰색으로 표현한 데커레이션(White Propose, 이현정)

검정과 흰색의 세팅에 빨간색의 센터피스로 악센트를 준 데커레이션

그린색 식기를 노란색 꽃과 조화시켜 계절감을 느끼게 한 데커레이션

검정 대나무 화기에 보라색 리시안사스를 꽂은 센터피스와 크리스털 식기의 세련된 조화

준다. 이 색의 꽃은 성숙된 여성들의 파티에 어울린다.

빨간색 꽃은 신경을 자극하고 혈압을 상승시키며 기분을 좋게 한다. 또 혈액 순환이 빨라지게 함으로써 몸을 따뜻하게 하여 식욕을 증진시키고 활력과 에너지를 주며 의욕이 생기게 한다. 따라서 축제 등의 파티에 잘 어울린다.

노란색 꽃은 소화 흡수력을 높여 식욕을 증진시켜 몸의 기능을 활발하게 한다. 혈액 순환을 촉진하여 심신을 활성화하며 기분을 상승시키는 효과를 준다. 봄을 주제로 하는 파티, 위로를 위한 파티 등 활력을 주기 위한 테마에 어울린다.

피겨(Figure)

꽃과 초는 정식 디너 테이블 세팅에 빼놓을 수 없는 것으로 사람의 얼굴을 아름다워 보이게 하고 음식을 맛있어 보이게 하며, 무엇보다도 멋진 분위기를 연출하는 데 이용된다. 보통 8인 테이블에 촛대 2개를 세트로 놓고 테이블클로스나 초의 색, 촛대의 종류, 꽃의 색 등을 맞춘다.

아침 식사에는 별도의 초가 필요 없으며, 점심 식사에는 분위기를 연출하기 위해 간혹 사용하기도 한다. 그러나 저녁 식사에는 반드시 초를 사용하는데, 초는 손님을 맞이하기 전부터 켜놓는 것이 좋다. 작은 테이블에 초를 놓을 때는 가운데가 아니어도 된다.

대 · 중 · 소 크기의 골드색 촛대와 초

유리화기에 꽃으로 장식한 초

유리 주전자에 꽃으로 장식한 초

초와 촛대

테이블 세팅에서 마지막에 염두에 두어야 할 장식은 조명이다. 테이블 주변의 불빛을 낮추고 초의 은은한 빛으로 식사 분위기를 만든다. 저녁 식사 중의 촛불은 2시간 정도 지속될 수 있는 것을 선택한다. 캔들 홀더는 테이블의 크기와 사람 수에 맞추어 초의 수를 바꿀 수 있도록 여러 가지 디자인이 되어 있다. 초의 색깔은 정식에는 흰색, 그 다음으로는 금색과 은색 등이 있다. 파티 등에서는 테이블클로스나 식기에 맞추어 다양한 색깔의 초를 사용하고 꽃, 동물, 과일 모양의 초 등으로도 재미있게 연출할 수 있다.

소금, 후추병

구멍이 하나 있는 후추 병, 여러 개가 있는 소금 병을 두 사람 앞에 한 세트씩 배치하는데, 음식에 직접 간을 하기보다는 소스에 간을 하는 방법으로 쓰이며 장식의 효과도 있다. 여러 가지 디자인이 있어 조그만 아이템이라도 전체와의 조화를 생각해서 이미지에 맞는 것을 선택하도록 한다.

네임 홀더

포멀 테이블에는 반드시 필요하며 카드로 대신하기도 한다. 테이블 이미지에 맞는 소재와 색, 디자인의 네임 홀더(name folder)와 네임 카드로 디테일에 신경을 써서 세련된 자리가 되도록 한다. 그 외에 네임 홀더를 식물이나 돌 등을 사용하여 독창적인 세팅을 할 수 있다.

모던 스타일과 네오클래식 스타일의 소금 · 후추병

숫자 모양의 스테인레스 네임 홀더와 네임 카드

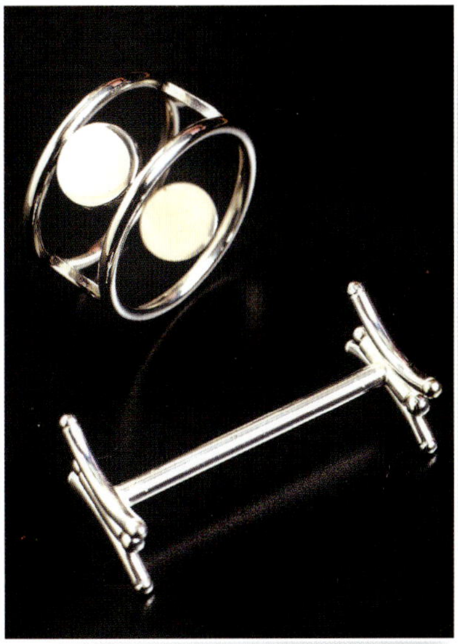

은 도금의 냅킨 링과 레스트

냅킨 링과 받침

냅킨 링은 천이 귀하고 세탁이 용이하지 않은 시대에 사용하였던 냅킨을 다시 링에 끼워서 보관했던 것으로 유럽에서는 아기가 태어나면 이니셜을 새겨 선물을 하기도 하는 귀한 아이템이었다. 기성 제품도 있지만 식사의 의미나 계절에 따라 여러 소재로 식사가 시작되기 전의 시간을 감동적인 순간으로 만들 수도 있다. 식사가 끝난 후에는 냅킨을 다시 링에 끼워 놓는다.

소품(Attachment)

이야깃거리(talking goods)라고 하여 식사와는 무관한 아이템이나 식사의 의미를 나타낼 수 있고 식사 중의 대화를 유도하기도 하는 소품 등을 말한다. 테이블의 식사를 방해하지 않는 범위에서 청결하고 세련된 소품과 장식으로 테이블 데커레이션을 주도한 이의 개성과 교양미를 예측할 수 있다. 테이블을 장식할 때 지나치게 될 수도 있으므로 악센트 요소로서 분량을 조절하도록 한다. 하지만 현대의 식탁에서는 특별한 경우 퍼포먼스의 요소로 강조되기도 하므로 식사의 성격에 따라 디자인을 연출하는 추세이다.

5) 테이블 세팅의 순서

순서를 지키며 세팅을 진행하면 수월하게 할 수 있고 아이템들이 서로 부딪히거나 파손되는 위험이 줄어든다. 연출 디자인을 할 때도 아래의 순서대로 자신의 아이디어를 테이블 위에 옮기면 목적에 맞는 창조적인 테이블을 연출할 수 있다.

① 언더클로스를 깐다.
② 테이블클로스를 깐다.
③ 센터피스를 테이블의 중심에 놓는다.
④ 플레이트를 놓는다.
⑤ 실버웨어를 놓는다.
⑥ 글라스웨어를 놓는다.
⑦ 냅킨을 접어서 포크의 왼쪽 또는 접시의 가운데에 놓는다.

6) 현대의 식사 문화 매너

매너(manner)란 살아가는 데 있어 필수 불가결한 것이며, 사회성을 잃지 않는 것이 그 기본이 된다. 그 예로 소리 안 나게 음식 먹기, 바른 자세 취하기, 다른 사람과 먹는 속도 맞추기 등을 들 수 있다.

테이블 매너는 크게 프로토콜, 에티켓, 매너의 단계로 나누어 설명할 수 있다. 프로토콜(protocol)이란 '사람과 사람을 이어 주는 접착제, 윤활유'라는 의미를 나타내는 그리스어에서 유래된 말로, 국가 간의 공식 의례나 국가와 타국 기업 간 교제상의 의례로 나타나고 있다. 테이블 매너에 있어서의 프로토콜이란 앞서 언급한 개념이 테이블에서도 동일하게 적용되는 테이블 매너의 최상위 개념이다.

프로토콜은 다음과 같은 개념들이 포괄적으로 포함되어 이루어진다.

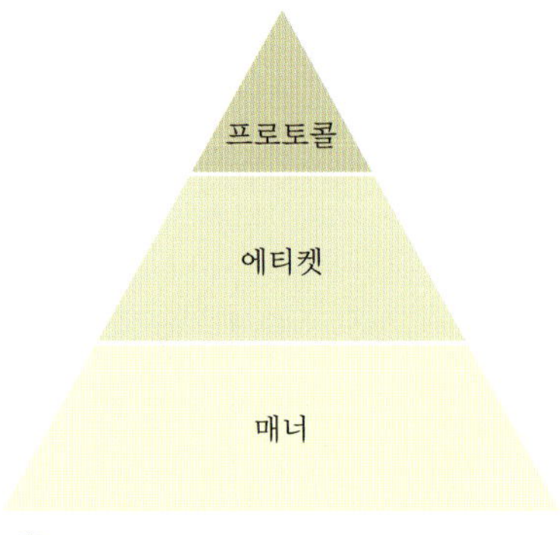

매너의 순위

- Lady first : 강대국이 약대국을 보호하고 어른이 아이를 보호한다. 사교계에서는 남성이 여성을 에스코트한다.
- Local custom respected : 타국의 문화, 습관 등을 존중하고 자국의 문화를 주장하는 권리를 갖는다.
- Rank conscious : 사람에게는 태어났을 때 주어진 칭호나 직업상의 직위 등이 있고 상위층에게는 지위에 맞는 행동 미학이나 호스피탈리티가 요구된다.
- Common sense : 일반 상식으로 자국의 문화와 역사를 이해하고 설명할 수 있는 교양이 있어야 한다. 지구인의 한 사람으로서 지구의 평화와 자유를 지

키기 위해 노력한다는 생각이 인류 공통의 상식이 된다.

- Reciprocity(partnership) : 대등한 관계를 유지하고 타인에게 의존하지 않으며, 도움을 받았을 경우 다시 베풀어야 한다는 공평 원리가 파트너십이라고 할 수 있다.
- Compromise : 이익 추구만이 아니라 상호 도모하는 지혜를 가져야 한다. 파티 등에서는 남녀가 좌석을 같이하고 공평해야 한다.

에티켓은 프랑스어 'strike', 네덜란드어 'sticken'이 그 어원이며 프랑스 왕조 궁정 간의 교양을 나타내는 티켓으로부터 발생한 것으로 테이블 매너의 중위 수준의 개념이다. 에티켓은 이문화(異文化)의 사람들이나 습관이 다른 사람들이 모일 때 서로를 생각하는 마음에서 발생하는 매너로서 다양한 사람이 모인 다양한 그룹 간의 의례로 나타나고 있다.

마지막으로 **매너**는 라틴어 'manuarius'가 그 어원이며 개인의 양식에 대한 대중의 보편적 판단으로서 테이블 매너의 하위 수준이다.

테이블 매너의 기본은 다음과 같다.

(1) 착 석

레스토랑에서는 입구에서 종업원의 안내를 기다린다. 의자의 왼쪽부터 앉는다.

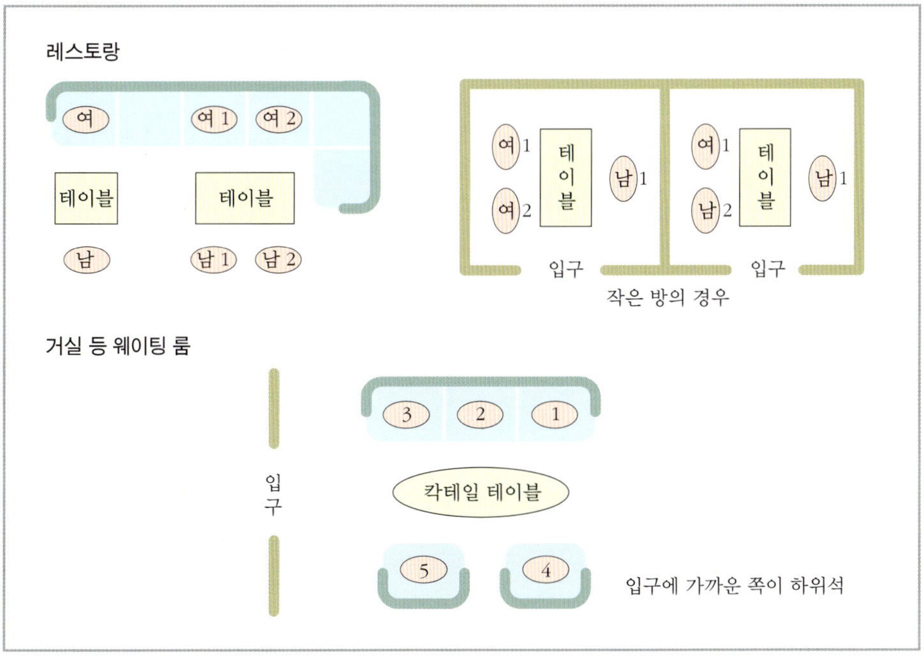

착석의 매너

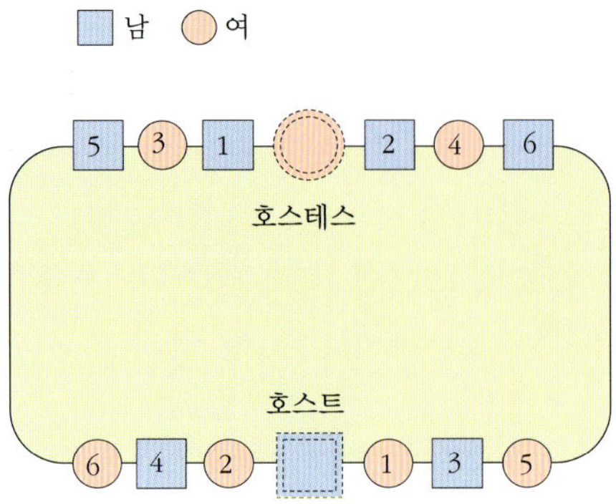

프랑스식 착석의 매너(번호는 상위석 순서)

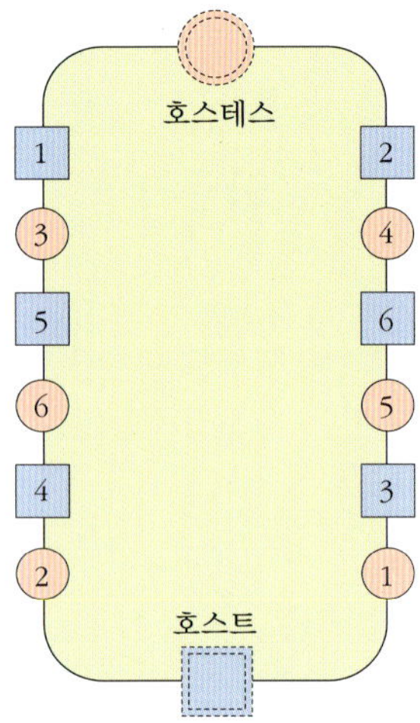

영 · 미식 착석의 매너(번호는 상위석 순서)

냅 킨

모든 사람들이 자리에 앉으면 호스트가 먼저 무릎 위에 냅킨을 펼쳐 올려놓는다. 냅킨의 크기에 따라 차이는 있지만 일반적인 경우 완전히 다 펼치지는 않으며, 안쪽을 사용하고 덮는다. 식사 중간에 일어날 경우 의자 위에 올려놓고 다 먹고 난 후에 적당히 접어서 올려놓는다. 여성은 립스틱이 글라스웨어에 묻지 않도록 먼저 냅킨으로 가볍게 입술을 누르고 마시는 것이 좋다.

나이프와 포크 사용법

식사 중의 커틀러리 위치

식사가 끝난 뒤의 커틀러리 위치

실버웨어는 사용 순서대로 놓여 있으므로 접시에서 멀리 있는 것부터 사용한다. 양쪽 겨드랑이 사이를 계란 한 알이 들어가 있는 듯이 벌리고 손목을 움직여 사용한다. 식사 중일 때는 양쪽(8시 20분 방향)에 걸쳐놓고, 한 코스의 요리가 끝나면 포크와 나이프를 왼쪽 위에서 오른쪽 아래로 대각선이 되게 나란히 하여 접시의 가장자리로 약간 나오게 놓는데 나이프가 사람 쪽을 향하도록 한다. 포크는 자유로이 오른손에 들고 먹어도 되지만 나이프는 절대로 왼손으로 들지 않는다.

고기 요리용 나이프는 테이블 나이프라고도 하는데, 테이블에 처음부터 세팅되어 있다. 생선용은 육류용보다 크기가 조금 작고 칼날이 넓게 디자인되어 있는데, 생선용 포크는 3개의 날로 되어 있고, 생선 요리 소스용 나이프는 숟가락과 같은 모양으로 소스가 많은 생선 요리에 적당하다. 이는 생선살을 자르면 흐트러질 수 있기 때문이다. 생선 요리용 나이프는 보통 손잡이에 모양이 있고,

브랜드에 따라 손잡이 끝부분이 휘어져 있기도 하다. 그러나 고기 요리용과 생선 요리용으로 특별히 구분하지 않고 겸용으로 사용해도 무방하다. 테이블 포크와 샐러드 포크도 모양새가 조금 달라서, 샐러드 포크는 생야채가 미끄러지지 않도록 고기 요리나 생선 요리를 먹을 때 사용하는 테이블 포크에 비해 폭이 넓다. 그러나 테이블 포크를 샐러드 포크로 사용해도 된다.

빵과 버터

메인 요리가 나오기 직전에 먹는다. 한 입 크기로 잘라 버터, 잼, 소스 등을 발라서 먹는데, 빵가루가 테이블 위에 흩어져도 그대로 둔다. 버터는 버터나이프로 덜어 와서 버터 스프레더로 바른다.

수 프

납작한 접시에 담긴 수프를 들고 먹는 것은 매너에 어긋나는데 손잡이가 달린 그릇은 들고 마셔도 무방하나 여성에게는 무리가 있다. 숟가락이 있을 경우 반드시 숟가락을 사용하며, 숟가락을 수프 접시에 담아 놓으면 수프를 마시는 중이라는 표시이고 수프를 다 먹었을 경우 수프 접시 앞에 숟가락을 놓아 둔다.

생선 요리

생선의 머리가 왼쪽으로 가도록 담고, 큰 생선의 경우 포크로 머리를 누르고 나이프로 저며서 먹기 좋게 나누어 놓는다. 가시를 뱉을 때는 포크에 담아서 내려놓는다. 납작한 생선은 포크로 잡고 연필을 쥐듯 나이프를 잡고 생선 중앙에 옆으로 길게 가른 후 자기 몸 쪽부터 발라먹은 다음 반대편을 먹는다. 한쪽 면을 다 먹었으면 뒤집지 않고 뼈와 살 사이에 나이프를 넣어 뼈를 발라내고 반대쪽 살을 먹는다.

육류 요리

한 번에 모두 자르지 않고 먹을 때마다 육즙이 다 흘러나오지 않도록 한 조각씩 잘라 먹는다. 꼬치일 경우 포크를 이용하여 접시에 세워서 하나씩 빼 먹는다.

주 류

와인 잔은 바로 들지 않고 끌어 당겨서 바로 자기 앞에서 든다. 누군가가 와인을 따라 줄 때는 글라스웨어를 쥐지 않고 다 따라 줄 때까지 기다리고 고맙다는

1. 와인향이 잘 나도록 글라스의 면적이 제일 넓은 부분까지 따른다.

2. 와인잔의 밑부분을 붙잡고 바닥에서 돌려 와인과 공기가 잘 섞여 향기가 퍼지도록 한다.

3. 글라스는 손의 온기가 전해지지 않도록 스템 부분을 쥐고 마신다.

와인잔 잡는 법

표시를 한 다음 잔을 든다. 거절할 때에는 손을 얹어 마시지 않겠다는 의사를 표현한다. 코스가 바뀌면서 와인 잔이 바뀔 때 새로운 와인을 따른 잔은 마시기 쉽도록 위치를 옮겨도 된다.

샐러드

고기 요리 중간이나 나중에 먹는다. 샐러드 접시 등 코스에 따라 나오는 접시들은 절대로 옮겨서는 안 된다.

디저트 케이크를 놓는 방향

디저트

아이스크림(아이스크림에 꽂혀 있는 쿠키류는 아이스크림으로 차가워진 입을 달래기 위한 것이다), 케이크를 접시에 담을 때에는 뾰족한 부분이 앞쪽으로 가도록 하고, 먹을 때는 앞쪽부터 먹는다.

커 피

숟가락을 뒤에 놓아 잔을 들고 내려놓을 때 걸리지 않도록 한다. 각설탕은 그대로 잔 속에 떨어뜨리면 커피가 옷에 튀므로 숟가락 위에 놓고 숟가락째로 잔 속에 넣고 젓는다.

핑거볼

주로 손으로 먹는 음식일 경우 나온다. 디너접시 왼쪽 위에 놓이도록 하며 한 손씩 집어넣어 손가락 끝을 적시고 냅킨으로 물기를 닦아 낸다.

4. 현대의 테이블 데커레이션

절기에 따라 다양한 풍습과 행사가 있는 우리나라와 마찬가지로 세계 여러 나라도 휴일과 다양한 축제가 있는데, 이는 각 나라의 생활양식과 풍습, 가치관, 역사 등을 고스란히 반영하고 있다. 따라서 행사(축제)별 테이블을 연출하는 것은 각 나라의 사회와 문화를 이해하는 주요한 방법이 된다. 현재 우리나라에서도 외국 축제를 우리의 행사처럼 지내기도 하여 이벤트 파티의 주제로 사용하기도 한다.

이러한 파티에는 전통적으로 내려온 심볼 컬러나 소도구 등을 사용하나, 현대에 와서는 유행색을 쓰기도 하고 소도구도 개인이나 단체의 의도에 따라 창의롭게 달라지기도 한다.

1) 외국의 행사 테이블

밸런타인 데이(St. Valentine's Day)

2월 14일은 원래 순직한 로마의 성직자 Valentinus를 기념한 그리스도교의 축일이었다. 현재와 같은 풍습은 고대 로마의 Le Bacchus(박카스)의 제의날과 같은 의미로 시작되었다. 이 날 고대 로마의 여자들은 사랑의 편지를 써서 항아리에 넣어 두었으며 이를 남자가 꺼내어 상대를 찾았다.

오늘날의 밸런타인데이에는 사랑하는 사람들과 'Be my valentine' 이라는 말과 함께 추운 겨울 동안의 안부를 묻는 카드를 주고받고 꽃과 액세서리, 사탕, 하트 모양의 초콜릿을 선물하며 사랑을 고백한다. 그 답례의 날로 화이트데이가 있는데 이것은 일본에서 시작되었다.

Symbol color & Point

붉은색, 분홍색, 흰색 등을 인조 모피, 꽃, 식기 등을 이용하여 나타내었고 하트형의 소품, 선물 상자, 초콜릿 등을 투명 아크릴 위아래에 입체적으로 표현하였다.

Menu

로즈 샴페인과 연어 카나페 등

밸런타인 데이

할로윈(Halloween)

그리스도교에서 11월 1일은 만성절(All saints' day)이라고 하여 성인들을 기리는 제일이자 축일이다. 그 전야인 10월 31일은 원래 all hallows' eve로서 그것이 지금의 할로윈이 되었다. 고대 켈트인에 의하면 10월 31일에 선조의 혼 또는 마녀, 귀신 등이 세상으로 돌아와 사람들에게 '무언가 주지 않으면 해치겠다'라고 하면서 돌아다니며 사람들에게 장난을 친다고 한다.

오늘날에는 미국 어린이들의 축제로 유명하며 할로윈의 상징물이라 할 수 있는 호박은 속을 도려낸 후 악마의 얼굴 모습을 새기고 그 안에 초를 고정시켜 놓는다. 학교에서는 가장 파티가 열리고 밤이 되면 도깨비, 마녀, 해적 등으로 변장한 어린이들이 집집마다 다니면서 초콜릿과 사탕을 얻어 간다.

Symbol color & Point

오렌지색, 검은색 등의 심볼 컬러를 테이블클로스, 식기, 거미, 박쥐 등으로 표현하고 모던하고 심플하게 정리하였다.

Menu

호박 수프, 양고기 스테이크, 초콜릿 케이크

할로윈

추수감사절(Thanks-giving Day)

추수감사절은 11월 넷째 주 목요일로 시작은 영국에서 박해를 받았던 청교도들이 메이플라워호를 타고 미국으로 이주한 1620년부터이다. 1년 후 무사히 아메리카 대륙에 도착해서 살아남은 기쁨과 더불어 최초의 수확에 대한 감사와 원주민인 인디언들의 도움을 생각하는 수확제가 현재의 감사제로 계속되고 있다. 각지에 흩어진 가족들이 한자리에 모여 초기 이민 시대 선조들의 역경을 생각하면서 칠면조 요리, 고구마, 호박 파이 등을 먹고 가족과 함께 이야기를 나누며 미식축구를 구경하는 날이다.

Symbol color & Point

갈색, 오렌지색의 곡식과 호박 등 가을의 수확물을 센터피스로 사용하여 풍성함을 나타내었다.

Menu

칠면조구이, 호박 파이 등

Coordinator

김양현

추수감사절

크리스마스(Christmas)

크리스마스는 그리스도의 탄생을 축하하는 날로서 원래는 종교적인 행사이나 지금은 종교를 초월한 축제의 날이 되었다. 초기에는 1월 6일이었으나 유럽 각지에 있었던 태양신왕, 수확제, 동지제 등과 의미나 축제를 기념하는 방식 등이 섞이면서 12월 25일로 바뀌었다. 이는 그리스도의 탄생 이외에 12월의 살벌한 추위 속에 빛나는 태양에의 숭배, 신의 정령이 깃든 상록수의 풍부한 열매 수확의 염원이 담겨 있다.

크리스마스는 유럽과 미국인에게 있어 연중 가장 큰 행사이다. 크리스마스 이브는 가족과 함께 보내며, 25일 아침에는 크리스마스 트리 밑에 장식된 선물을 교환한다. 먼 곳에 사는 사람들과는 카드를 주고받고 그리스도의 사랑을 기억한다.

크리스마스 디너는 미국의 경우 칠면조를 먹고, 영국에서는 로스트비프, 프랑스에서는 양고기, 독일에서는 소시지를 먹기도 한다.

Symbol color & Point

초록색, 빨간색 등 크리스마스의 전통적인 색을 사용하였으나 모던하고 투명하게 연출을 위하여 녹색 별모양 아크릴을 쓰고 냅킨을 간결하게 접었다.

Menu

연어 오드블, 칠면조구이, 크리스마스 푸딩

Coordinator

송성호

크리스마스

2) 4계절을 컨셉트로 한 테이블

꽃 그늘 속의 봄나비

Symbol color & Point

봄을 의미하는 노랑과 초록을 나비 모양의 식기와 나비 패턴으로 하고, 센터피스로는 식기와 동색의 온시디움을 사용하여 화사함을 연출하였다.

Menu

미모사 샐러드, 송어 휘렛 등

Coordinator

김민지

꽃 그늘 속의 봄나비

초여름의 샴페인 디너

Symbol color & Point

시원하고 청결한 이미지의 여름을 크로스와 냅킨으로 나타내고, 센터피스는 매스플라워의 역할을 하는 큰 꽃으로 간결하게 연출하였다.

Menu

해산물 마리네이드, 안심 스테이크, 레몬 셔벗

초여름의 샴페인 디너

초가을 식재로 하는 런치

Symbol color & Point

한식기의 소재인 유기로 디너 접시 등을 만들고, 나이프를 사용하기 어려운 점을 감안하여 젓가락을 사용할 수 있도록 조리하였으며, 유기합은 오드블을 담을 수 있도록 하였다. 센터피스는 호박을 화기로 들풀 등과 열매를 이용하여 중후한 유기와 컬러를 맞추었다.

Menu

송이버섯 소테 오드블, 양고기 로스트, 몽블랑 케이크

초가을 식재로 하는 런치

서른 번째 Christmas Birthday Dinner

symbol color & Coordination point

전체를 금빛으로 무게감 있게 연출하여 송년을 위한 파티 테이블을 연출하였다.

Menu

캐비어, 오마루수프, 로스트비프, 각종 푸티 케이크

서른 번째 Christmas Birthday Dinner

Part 2

식공간 연출 디자인

식공간 연출 디자인

Chapter......

- 5 파티
- 6 이벤트
- 7 전시
- 8 디스플레이
- 9 매스미디어
- 10 식기, 주방 기구

테이블 데커레이션은 맛있는 식사를 쾌적한 환경에서 할 수 있도록 하는 역할 이외에도 여러 가지 시각적인 효과를 통한 커뮤니케이션 역할을 하기도 한다. 식사와 관련된 대표적인 행사의 예로 최근 성행하는 파티와 더불어 조리 문화와 식탁 문화를 주제로 하는 이벤트, 전시회 등에서 시각적인 효과를 창출한다. 또한 판매 촉진을 위한 디스플레이, 호텔과 레스토랑에서의 연회를 위한 테이블 아이템 연출 등의 매니지먼트, 식문화 또는 식(食)의 정보 관련 대중 미디어 프로그램 등에도 이용된다. 뿐만 아니라 식기, 조리 기구, 주방 기구 등의 도구를 문화적 · 실용적인 디자인으로 개발하고 제안하는 데도 응용된다. 따라서 단지 미적 추구만이 아니고 커뮤니케이션이 될 수 있는 모든 식공간을 위해서는 테마를 가진 스토리 테이블이 연출되어야 한다.

스토리 테이블

스토리텔링(Storytelling)은 21세기의 모든 분야에서 강력한 차별화를 두는 수단으로 이용된다. 또한 스토리 테이블(Story table)은 풍부한 상상력과 다양한 경험을 통해, 사물을 보는 안목과 느낀 감정을 대중과 공감하고 즐길 수 있도록 디자인하여, 단지 식사만 하는 것이 아니라 식사 중 대화를 유도하고 즐

거움을 함께 공유하여 식사 외의 쾌적한 환경을 조성하는 데 목적이 있다.

이벤트, 전시의 식공간에서도 행사의 테마에 맞는 연출 디자인으로 스토리를 제안하여 시각적인 효과를 높임으로써 참여자들과의 공감대를 조성하여 행사의 테마를 인식하게 하는 성과를 배가시킬 수 있다. 그러기 위해서는 식공간을 이해할 수 있는 테마 컬러를 정한 후 인테리어, 음식, 식기, 패브릭, 소품, 꽃 등으로 표현하여 전체의 흐름이 이야깃거리가 될 수 있도록 해야 한다. 이러한 작업은 테이블 세팅과 테이블 코디네이션의 차이를 나타내기도 하고, 그 차이는 테이블 코디네이션의 가치를 높이기도 한다.

테마 컬러

식공간에서 이미 만들어져 누구나 공감할 수 있는 테마 컬러는 재각인의 효과를 얻을 수 있고, 아직 만들어지지 않은 테마 컬러는 스토리 테이블을 확실하게 연상시키는 것으로 선택하여 창의적인 스토리 테이블이 되도록 해야 한다. 런칭 파티 등에서는 브랜드 컬러를 이용하여 파티 전반을 통일되게 함으로써 세련된 이미지를 보여 줄 수 있다.

티파니 블루(Tiffany Blue)

미국의 세계적인 보석 브랜드인 '티파니'의 컨셉트 컬러로, 전세계인이 선망하는 '티파니 블루'로 불리고 있다. 고급스러운 이미지를 꿈이 있고 청순한 블루로 표현하여 차갑지 않으면서 연령층에 구애받지 않는 특유의 색으로 고급스러움을 나타내고 있다.

바비 핑크(Barbie Pink)

바비는 단순한 인형이지만 어린이, 어른을 막론하고 장난감 또는 수집품으로 사랑을 받고 있다. 바비 핑크는 로맨틱하지만 선명하고 힘있는 핑크빛으로 바비의 개성을 뚜렷하게 나타내고 있다.

퐁파두르 핑크(Pompadour Pink)

프랑스 로코코 시대를 대표하는 루이 15세의 애첩이었던 퐁파두르 부인의 화사하고 여성적인 이미지를 대표하는 색으로 식기, 패브릭 등에 많이 사용되고 있다.

영화 '티파니에서 아침을'을 표현한 스토리 테이블

2006 Barbie Story Seoul전

로카이유 양식의 퐁파두르 핑크 접시

2002 동경 테이블웨어 페스티벌(Anne-Marie M.de Portu)

인테리어

식공간 인테리어는 테이블 데커레이션을 돋보이게 하는 중요한 역할을 한다. 인테리어와 식탁을 동일한 이미지로 통일하여 원만하고 세련된 식공간을 디자인할 수도 있고, 전혀 다른 이미지를 복합적으로 구성하여 고난이도의 특색 있고 아이디어 넘치는 식공간을 디자인할 수도 있다. 그리고 식사 도구와 소품 등으로 컨셉트를 조정하여 스토리를 나타내는 중심적인 역할을 부여하기도 한다.

음 식

다양한 재료와 조리 방법은 각국의 식문화 및 개인이나 단체의 라이프스타일을 그대로 반영할 수 있다. 식사 모임의 유형과 전시의 형태에 따라 식탁을 대하는 이를 연상케 하며, 맛은 변함이 없으나 크기, 색, 형태를 변화시킴으로써 새로운 음식을 대하는 듯한 효과를 내어 이야깃거리를 만들어 준다. 또한 테마나 계절을 나타내기 위한 푸드 스타일링도 스토리를 만들어 준다.

광고 같은 경우, 스토리 푸드의 효과는 상상을 초월하는 효과를 줄 수 있다. 이러한 음식의 변형은 식사의 새로운 즐거움에 대한 기대를 갖게 하여 먹는다는 의식으로 디자인되기도 하고, 메뉴 등의 광고를 위하여 디스플레이적인 효과를 높이기 위한 기법 또는 컴퓨터 조작 등으로 인위적으로 스타일링되기도

이미지 푸드(Goma's party book)

한다. 이러한 사회적 요구로 인해 푸드 스타일링이라는 분야가 생기게 되었다.

식 기

음식이 어느 식기에 어떻게 담기느냐에 따라 스토리가 시작된다고 할 수 있다. 또한 식기는 개인이나 한 나라의 문화를 나타내고, 식기 또는 식기가 아닌 것에 창의적으로 음식을 담는 것도 스토리 구성이 될 수 있다. 이러한 스토리 구성은 새로운 식기를 디자인하게 하고 도예가, 식기 디자이너의 활동 범위를 넓혀 주어 도자 산업에 기여한다.

식기 대용의 나뭇잎

식기 대용의 도마

할로윈 데이의 호박 센터피스(2002 동경 테이블웨어 페스티벌)

꽃과 식물

간접적인 표현 방법으로 스토리를 만드는 데에는 생화, 조화 등 식물이 이용된다. 계절에 따른 신선한 천연의 색으로 식욕을 돋우고 조화나 식물 등으로 아름다운 식공간을 만들어 차별화된 공간의 스토리를 만든다. 그러나 식탁 또는 식탁 주위의 꽃과 식물은 경우에 따라서 과장되기도 한다.

소 품

소품은 가장 직접적으로 스토리를 쉽게 표현하는 방법이 될 수 있다. 하지만 소품을 놓기만 하는 것은 식상하기 쉽고, 많은 소품의 구성은 스토리 테이블의 품위를 떨어뜨릴 수도 있어 소품 세팅은 센터피스와 함께 심플하게 해야 한다. 소품은 전체의 스토리 흐름에서 중요한 역할을 하므로 소품 아이템 하나에 집중하기보다는 전체 아이템의 조화를 고려해야 한다.

이러한 스토리 테이블과 그에 알맞은 식공간 디자인은 식생활 문화를 높여주고, 자기 표현으로 인한 성취감과 즐거움을 함께 나눌 수 있게 하므로 가치가 있다고 평가될 수 있다.

가을 이미지의 다람쥐 소품

식공간, 식생활을 위한 감성 분류

가정에서뿐만 아니라 전문가로서 식공간을 디자인할 때 완성도 높은 진행을 위하여 지금까지 연마해 온 감성과 테크닉 외에 다양한 라이프스타일 전반을 식공간과 연결하여 연구할 수 있는 이미지 스케일이 있다. 마케팅의 입장에서 볼 때, 식생활 문화 공간에 관여하는 여러 품목을 각 개인 또는 각 업계와 서로 다른 감성 이미지로 접근할 때의 리스크 해소와 서로 간의 감성적 이해 소통을 위하여 기본 8분류를 감성의 공통 척도로 이용할 수 있다. 따라서 이미지를 나타내는 형용사, 이미지별 색채와 배색, 소재가 가진 이미지의 특성, 형태로 나타나는 이미지, 시대적 양식에 따른 패턴 등을 인테리어, 식생활 도구, 음식, 소품 등으로 종합적으로 분류했다.

이러한 분류는 대부분 서양적 디자인에 기초하고 있어 서양인의 감성 이미지에 대한 동양적 해석이 필요하므로 세분화하여 만들어진 것이다. 하지만 현대는 이미지들이 복합적으로 뒤섞여 조화를 이루는 시대이므로 독창적인 작업에는 장해가 될 수도 있다. 따라서 이는 단순한 이미지를 위한 디자인을 하거나 복잡한 작품 또는 이미지 작업의 프레젠테이션을 위해 사용될 수 있다.

일본 컬러 디자인 연구소에서 분류한 NCD의 기본 감성 분류와 식공간과 생

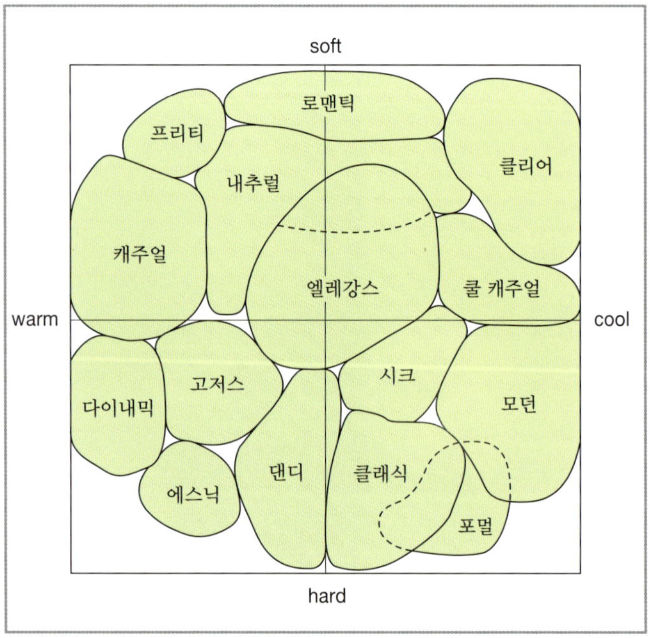

NCD의 기본 감성 분류

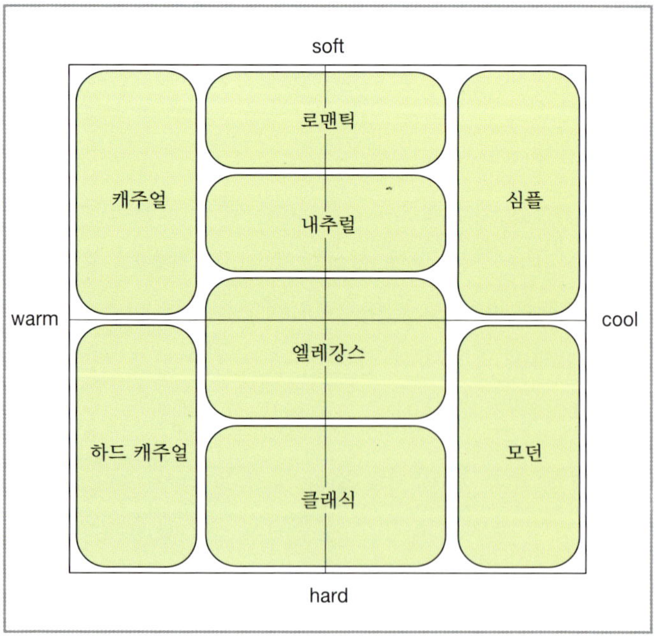

의사소통의 기본 8분류

감성 분류의 예(노은수)

활 문화 라운드테이블의 이미지스케일을 바탕으로 하여 한국의 정서에 맞도록 제작하였다.

4가지의 감성 이미지(soft, warm, cool, hard)와 기본 8분류(classic, elegant, romantic, casual, hard casual, simple, natural, modern)를 식탁에서의 음식, 식사도구, 패브릭, 꽃, 소품 등을 활용하여 서로 다른 이미지를 알아보기 쉽게 이미지군으로 나누어보았다. 이러한 이미지들은 확실하게 나누어 세팅하는 것이 테크닉의 기본이지만 이미지들을 혼합하여 기본 8분류와 전혀 다른 이미지를 나타내는 고도의 테크닉도 가능하다. 또한 전문가들의 확실한 감성의 분류를 통해 자신의 표현의 시점을 알 수도 있다.

Classic

클래식

- 복잡하고 딱딱함
- 성인적인 느낌
- 양식적(樣式的)
- 고급스러움
- 음식 – 전통적이며 깊이가 있는 맛

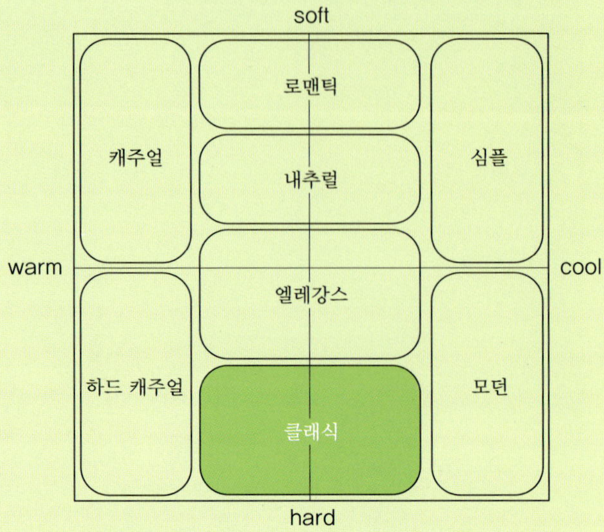

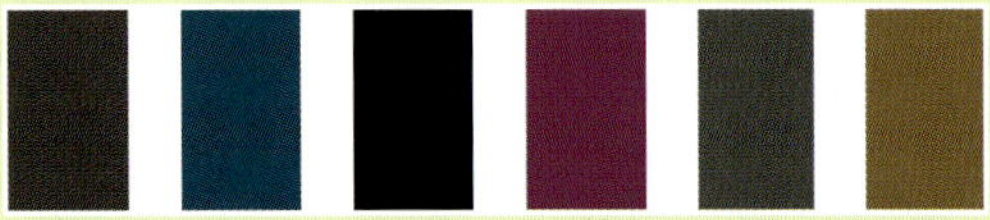

클래식 식공간 이미지

클래식 스타일

이미지 언어 | 전통적인, 호화로운, 무거운, 깊이 있는, 중후한, 격조 있는, 안정된, 견고한, 성숙한, 견실한

소재, 형태, 패턴 | 장식적인 전통 문양, 고전적인 꽃무늬, 금색 벨벳 등 광택이 있어 고급스러워 보이는 것, 중후하고 품격이 있는 가죽, 로즈우드, 고급스러우면서 동시에 실용성, 내구성이 있는 상질(上質)의 소재, 견고하고 안정감이 있는 것, 시대적 양식을 느끼게 하는 것, 좀더 호화롭게 표현하고자 할 때는 세밀하고 장식적인 모티브

색채와 배색 | 갈색을 중심으로 한 진한 색, 와인색, 검붉은 색, 금색 등은 화려한 느낌을 주고 검은색, 어두운 회색 등은 격조 높은 댄디한 이미지를 나타낸다. 너무 대조적인 배합을 하지 않아야 품격을 드러낼 수 있다.

음식 | 푸아그라를 곁들인 프랑스풍 오리고기 요리, 한국 전통 갈비찜, 신선로 등의 전통적인 맛이 계승된 요리

Elegance 엘레강스

- 광택이 있는 컬러
- 성인적인 느낌
- 섬세한 무늬, 질감
- 곡선 사용
- 음식 – 손이 많이 가는 요리

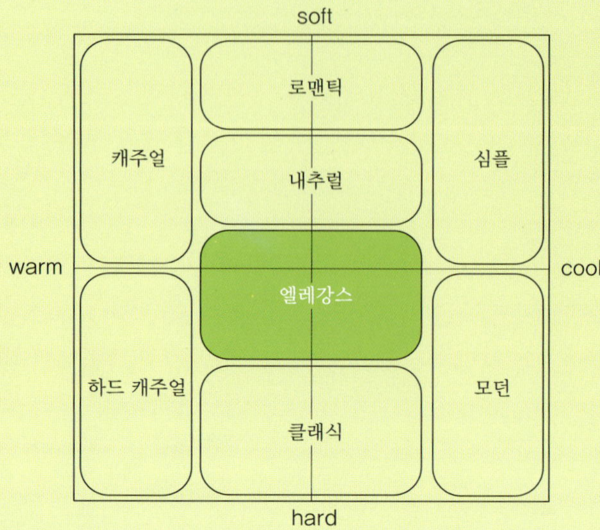

엘레강스 식공간 이미지

엘레강스 스타일

이미지 언어 | 상품(上品)의, 우아한, 세밀한, 멋진, 평온한, 세련된, 미묘한, 깊이 있는, 무게감 있는

소재, 형태, 패턴 | 확실한 모양을 의식하지 않은 원 형태의 모호한 문양, 미묘한 직조의 무늬, 흐르는 듯한 곡선, 적당한 장식을 살린 꽃무늬, 추상적인 무늬, 무게감 있고 광택이 나며 매끄럽고 올이 가는 상질(上質)의 소재, 실크, 스웨이드, 대리석, 고급 도자기 등, 두께가 얇고 세밀한 유리 제품, 적당히 중량감이 있고 매끄러운 곡선, 입체적인 직조로 장식을 돋보이게 하여 세밀한 뉘앙스를 살린 디자인

색채와 배색 | 평온한 톤의 성숙된 이미지의 색을 중심으로 색채의 톤을 미묘하게 조화시키면 세련되고 품위 있는 색이 된다. 따뜻한 색을 많이 섞으면 여성적인 스타일이 되고, 회색 등 차가운 색 계통을 중심으로 하면 중성적인 엘레강스 스타일이 된다.

음식 | 테린, 우아한 장식이 많은 케이크 도미선 · 오이선 · 잡채 등 손이 많이 가지만 쉽게 먹을 수 있는 한식

Romantic
로맨틱

- 파스텔 톤의 부드러운 느낌
- 가벼운 질감
- 메르텐 감각
- 장식성
- 음식 – 디저트 등

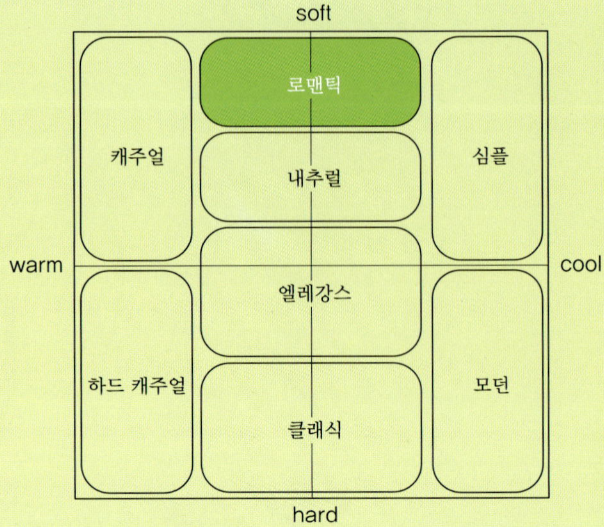

로맨틱 식공간 이미지

로맨틱 스타일

이미지 언어 | 감미로운, 연약한, 달콤한, 부드러운, 사랑스러운

소재, 형태, 패턴 | 연한 색의 꽃무늬나 작은 물방울무늬 등 동화풍의 서정적이고 소프트한 느낌의 일러스트, 시폰 등 투명감이 있는 패브릭이나 세밀한 레이스, 반투명 유리 등, 흰색이나 밝은 색의 등나무 등, 프릴이 있는 부드러운 곡선을 사용하고, 얇고 둥근 느낌이 있는 것으로 손으로 감싸 쥘 수 있을 듯하며 콤팩트한 형태

색채와 배색 | 파스텔 계통의 연한 색, 핑크를 중심으로 감미로운 청색에 흰색을 넣어 소프트하게 정리하면 소녀다운 부드러운 배색이 된다. 페퍼민트, 베이비블루 등 연하면서도 차가운 색을 배색하면 산뜻함이 더해진다.

음식 | 입에 넣으면 금방 녹는 젤리, 무스 아이스크림, 솜사탕 등의 디저트

Natural
내추럴

- 간결하고 부드러운 자연스러움
- 질감 중시
- 자연감
- 원만함
- 음식 – 소재가 가진 자연의 맛을 살린 것

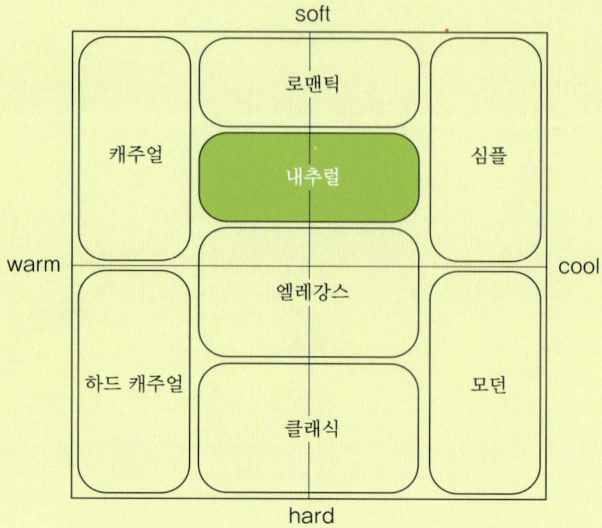

내추럴 식공간 이미지

내추럴 스타일

이미지 언어 | 자연적인, 평화로운, 친하기 쉬운, 목가적인, 제압감이 없는, 온화한, 소박한, 가정적인, 편안한

소재, 형태, 패턴 | 무지나 무지풍의 무늬, 이파리나 나무를 모티브로 한 부드러운 느낌의 무늬로 너무 조밀하지 않은 것, 단순하고 부드러운 터치의 체크, 마 · 면 등의 자연 소재나 손으로 짠 직물류, 소박한 도자기 등, 나무나 대나무, 등나무 등의 질감을 그대로 살려 손질을 많이 하지 않은 것, 손에 쥐기 쉬운 소박한 형태, 인공적인 가공이 느껴지지 않고 자연 그대로의 형태를 가진 디자인

색채와 배색 | 베이지, 아이보리 계통, 황록색 계통을 중심으로 한 자연의 식물과 가공하기 전의 소재를 연상시키는 색으로, 배색은 그러데이션으로 톤을 미묘하게 변화시켜 정리하는 것이 기본이다.

음식 | 이탈리아의 라비오레 수프, 프랑스의 바게트, 한국의 만두국, 백설기 등

Casual
캐주얼

- 간결하고 컬러풀함
- 젊은 느낌
- 자유스러움
- 밝고 명랑함
- 음식 – 간결, 경쾌하여 쉽게 먹을 수 있는 것

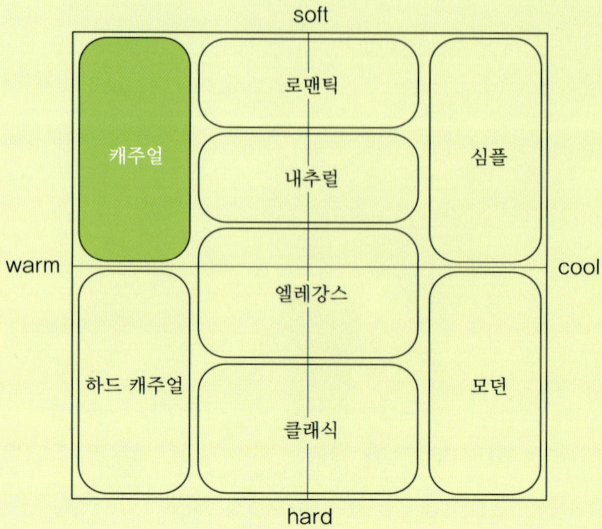

캐주얼 식공간 이미지

캐주얼 스타일

이미지 언어 | 즐거운, 번잡한, 손쉬운, 화려한, 친근한, 귀여운, 선명한, 대중적인, 유쾌한, 명랑한

소재, 형태, 패턴 | 커다란 체크나 줄무늬, 물방울무늬, 손으로 그린 듯한 단순한 무늬, 젊고 움직임이 있는 무늬, 사람이나 동물을 모티브로 한 코믹한 무늬, 플라스틱, 고무, 두께감이 있는 종이, 목면, 실용적이고 사용하기 쉬운 소재, 자연 소재와 인공 소재 등 다른 소재와의 조합, 단순한 형태, 둥근 형태나 캐릭터 디자인 등, 경쾌한 놀이 감각을 도입한 자유로운 형태

색채와 배색 | 맑고 확실한 색을 흰색과 연결시켜 시원한 콘트라스트의 느낌이 있는 것 또는 두세 가지 색을 배합한 색상으로 좀더 화려한 이미지로 한다.

음식 | 피자, 햄버거, 오렌지 주스 등

Hard Casual
하드 캐주얼

- 딱딱하고 복잡함
- Out door 감각
- 이국적인 감각
- 수제(hand made)
- 음식 – 양념이 강한 맛

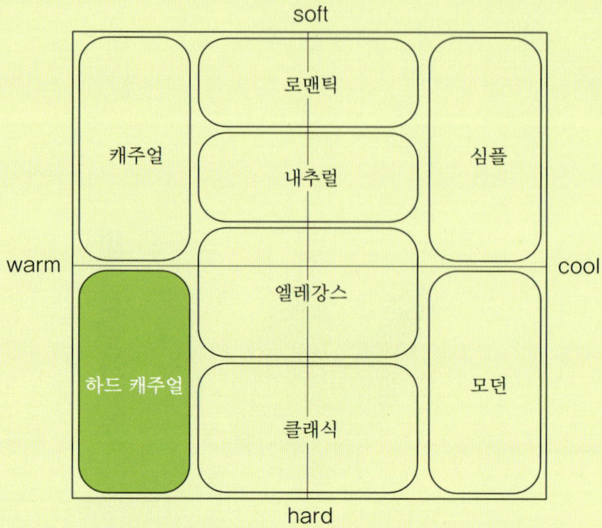

하드 캐주얼 식공간 이미지

하드 캐주얼 스타일

이미지 언어 | 활동적인, 민속적인, 와일드한, 컨트리풍의, 씩씩한, 튼튼한, 다이내믹한, 가공하지 않은, 수공예적인, 야성적인

소재, 형태, 패턴 | 전통 무늬, 거친 느낌이 있는 나무 · 자연석 무늬, 패치워크 등 수공예적인 무늬, 동물이나 식물 등 자연적인 모티브의 무늬, 진한 색의 나무 · 나무껍질 · 자연석, 두꺼운 목면, 도기, 철제물, 법랑, 두께감이 있는 소재, 실용적이고 튼튼한 소재, 오래된 느낌이 나는 자연 목재, 정감을 느끼게 하는 두껍고 둥근 형태, 수제의 부정형 형태나 디테일

색채와 배색 | 탁한 느낌의 하드한 색으로 배색은 베이지나 브라운과의 배합으로 전원적인 느낌이 나도록 한다. 또는 색채끼리 부딪히면서 좀더 캐주얼하고 화려한 민속적 느낌이 나도록 한다.

음식 | 돌솥비빔밥, 퐁듀, 민속 요리 등

simple
심플

- 심플하고 쿨함
- 젊은 느낌
- 자유스러움
- 투명 또는 반투명
- 음식 – 차갑고 산뜻한 것

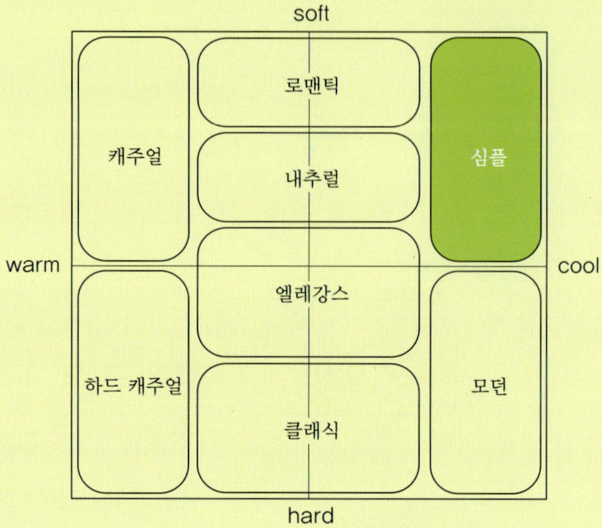

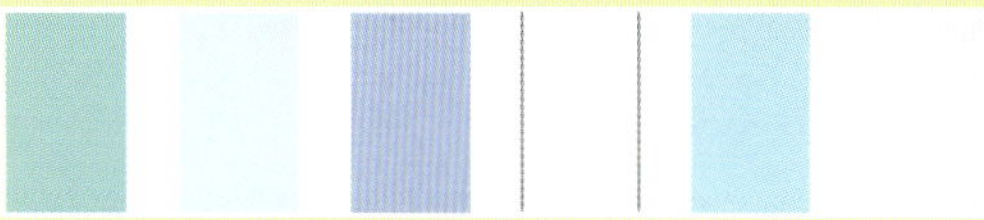

심플 식공간 이미지

심플 스타일

이미지 언어 | 간소한, 상쾌한, 청결한, 산뜻한, 신선한, 촉촉한, 밝은, 청초한, 담백한, 젊은

소재, 형태, 패턴 | 민무늬, 단순한 줄무늬, 체크, 확실한 기하학적 무늬, 단순한 직조의 목면 · 마, 가벼운 느낌의 소재인 플라스틱, 두께가 얇은 실버, 백색의 금속, 투명 또는 반투명 소재, 표면이 매끄러운 소재, 직선을 기저로 하고 곡선을 일부 도입한 디자인, 얇고 가는 재료로 구성된 경쾌감의 형태, 복잡하지 않고 단순한 형태

색채와 배색 | 흰색, 아이보리와 차가운 색 계통을 중심으로 하고, 깨끗한 인상을 주기 위해 색의 수를 줄이거나 흰색으로 구별을 해 주어도 좋다. 노란색을 첨가하면 경쾌하게 표현된다.

차갑고 매끄러운 느낌의 디저트, 생수, 오렌지 주스 등

음식 |

Modern 모던

- 심플하고 차가움
- 기계적인 느낌
- 인공감
- 기능감
- 음식 – 생활감이 없는 모양 위주의 꾸밈

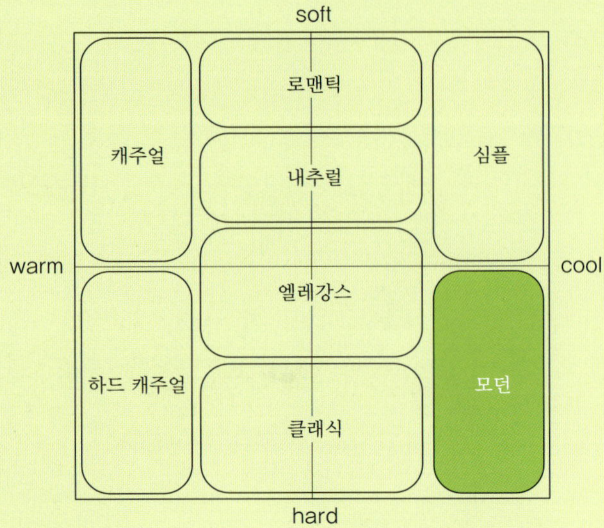

모던 식공간 이미지

모던 스타일

이미지 언어 | 도회적인, 샤프한, 합리적인, 기계적인, 이지적인, 대담한, 인공적인, 프로 감각의, 생활감이 없는, 진보적인

소재, 형태, 패턴 | 기본적으로 민무늬, 무늬가 있는 경우는 줄무늬 등 단순하고 직선적인 것 또는 기하학적으로 대담한 무늬도 색에 따라서는 혁신적으로 보이는 것, 금속 · 유리 · 인공 소재, 단단하고 무기적이고 차가운 느낌의 것, 치밀하고 광택이 있는 자연석이나 인조석, 예리하고 직선적인 선을 살린 단순한 디자인, 기계적이고 하드한 것, 과장된 느낌이 드는 디자인의 기묘한 형태

색채와 배색 | 백과 흑, 어두운 무채색, 푸른색 계통의 하드한 색, 무기질의 차가운 느낌의 색을 명암을 달리하여 콘트라스트의 강한 배색이 되게 하면 하이테크감이 강조된다. 또한 따뜻한 색에 악센트를 주면 드라마틱한 역동감을 나타낸다.

음식 | 맛보다는 직선적으로 예리하게 잘리거나 무채색으로 스타일링된 음식

Chapter 5 파 티

1. 파티의 속성과 의미

'파티(party)' 라는 말은 같은 목적을 가진 사람들의 모임, 같은 주의나 주장을 가진 사람들의 모임을 뜻하는 말로 18세기 초에 처음 사용되었다. 원어로서는 'surprise' 의 의미도 있는데, 오늘날 파티는 사교나 친목 또는 정보 교환 등을 목적으로 친척, 친구들의 소규모 모임에서부터 동창회, 결혼 피로연, 생일 축하연, 행사, 기념회 등 대규모적인 모임까지 그 영역이 확장되고 있다.

파티는 일대일의 관계를 떠나서 집단으로 즐겁게 사귀는 모임으로 사교상의 예절을 체득하고 경험하는 좋은 기회이기 때문에 즐거운 마음으로 초대하고 또 참가하는 것이 바람직하다. 오늘날 먹고 마시는 목적보다 유익한 시간을 갖거나 즐거운 시간을 보내기 위한 사람들이 늘어남에 따라 파티 플래너가 파티를 기획하여 사람들을 모이게 하고 목적에 따른 데커레이션을 하기도 한다.

2. 파티의 분류

1) 형식에 따른 파티

포멀 파티(Formal Party)

파티의 형식 중 가장 품위 있는 것으로, 미국인들조차 인구의 5% 정도만이 경험할 정도로 그 기회가 많지 않다. 엄격한 프로토콜이 요구되는 국가 간 외교 행사, 일반적인 웨딩 파티 등에서 볼 수 있다.

격식을 차리고 싶지만 여러 가지로 준비하기 어려운 환경일 때는 좀더 덜 형식적으로 해서 식사나 차로 파티를 하는 실정이다.

인포멀 파티(Informal Party)

오늘날 특정 목적에 따른 대부분의 캐주얼한 파티는 자유롭고 편안하게 약식으로 연출된다.

2) 서비스 방법에 따른 파티

테이블 서비스 파티

가장 품격 있고 격식을 갖춘 파티로, 사교적 모임이나 비즈니스 관계 또는 국제적인 행사 그리고 어떤 중요한 목적이 있을 때 개최한다. 초대장을 보낼 때도 파티의 취지와 성명을 기재하며, 초대장에 복장에 대해 명시해야 하고 특별히 명시되어 있지 않으면 정장 차림을 한다. 또한 파티의 식순이 있고, 참석자들이 혼란스럽지 않도록 파티장 입구에 테이블 배치도를 놓아 둔다.

디너 파티와 같이 식사 전 리셉션 시간을 가질 경우, 호스트가 주빈 부인을 에스코트하여 입장하고 다음으로 주빈이 호스티스를 에스코트하여 입장한다. 그 뒤로 남성과 여성이 짝을 지어 좌석순에 따라 입장하여 착석한다. 그러나 식전 칵테일 파티가 없으면 안내자를 따라 자신의 좌석에 앉게 된다.

테이블 서비스 파티에서는 요리도 5가지 코스나 8~9가지 코스까지 제공되는데, 이것을 풀코스 디너라고 한다.

뷔페 파티

뷔페 파티는 참석 인원수에 맞춰 각종 요리를 큰 그릇이나 트레이 등에 담아 서비스 숟가락과 포크 또는 젓가락을 준비하여 뷔페 테이블에 놓고, 손님들이 적당량을 덜어서 식사할 수 있도록 하는 파티를 말하는데, 일반적으로 좌석 순위나 격식이 크게 필요 없는 것이 특징이다.

찬 음식과 더운 음식을 같이 낼 수 있으며, 서비스는 대부분 셀프 형태이지만 경우에 따라서는 서비스 직원이 서비스 할 수도 있다. 서비스 직원은 음료 서비스에 신경을 써야 하고, 사용된 접시는 식사하는 데 불편함이 없도록 즉시 회수해야 한다.

테이블 스타일

- 스탠딩 뷔페 파티(standing buffet party) : 요기를 할 수 있는 요리 중심의 식단이며, 한 손에 접시를 들고 다른 한 손으로는 포크를 들고 서서 대화를 하며 즐기는 식사라 하여 스탠딩 파티로 볼 수 있다.
- 싯팅 뷔페 파티(sitting buffet party) : 음식을 미리 차려 놓아 손님이 원하는 만큼 가져다 테이블에 앉아서 즐기는 형태이다.
- 테이블 뷔페 파티(on Table buffet party) : 뷔페 음식 테이블을 별도로 두지 않고 메뉴에 따른 적정량의 음식을 작은 용기에 담아 종류별로 손님용 라운드 테이블에 직접 마련한다.

서비스 스타일

Single service는 벽 쪽에 뷔페 테이블을 붙여놓거나 좁은 공간에서 서비스 할 때의 스타일이며, Duplicate service는 넓은 공간에서 많은 사람들에게 빠르게 서비스 하기 위하여 같은 메뉴를 양편에 세팅하는 스타일이다. 테이블 서비스

single service

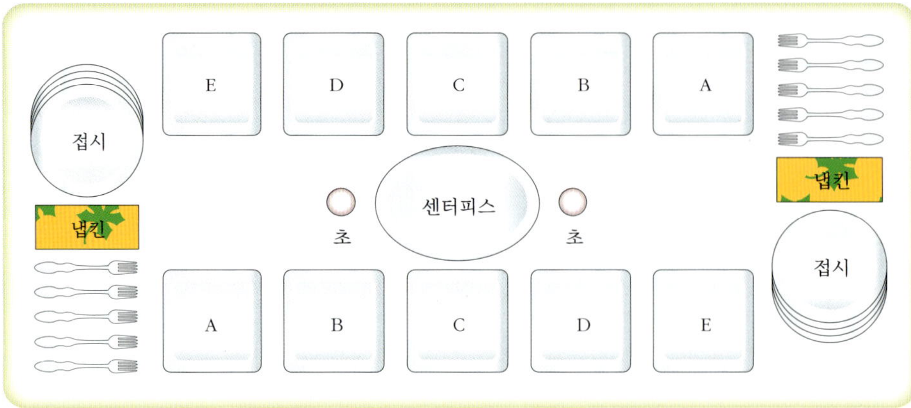

duplicate service

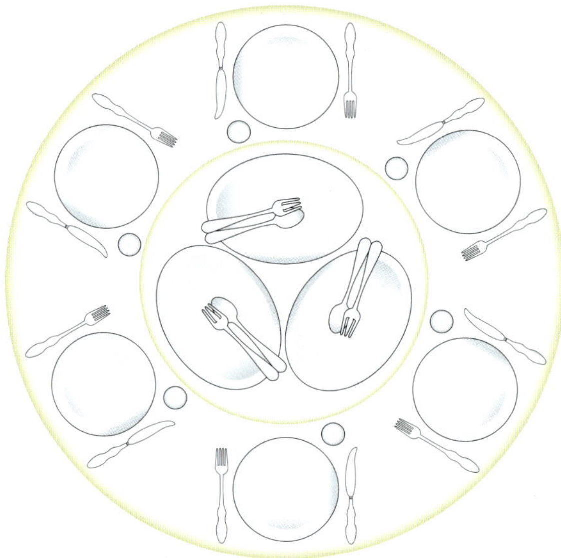

테이블 서비스(on table service)

는 한정된 인원이 테이블 위에 앉아서 요리를 가운데 모아 두고 덜어먹는 스타일이다.

3) 시간대에 따른 파티

조찬회(Breakfast Meeting, 7:00~10:00)

바쁜 비즈니스맨을 위하여 아침 식사를 함께 하면서 미팅을 하는 것이다. 이른 아침이므로 테이블 데커레이션은 화려한 장식보다 푸른색의 식물을 위주로 하는 등 심플하게 하는 것이 좋다.

오찬회(Luncheon, 11:00~15:00)

정식 오찬회이며 알코올이 적은 것이 특징이다. 손이 많이 가지 않는 데커레이션을 하며 바구니에 담긴 화분을 놓는다든지, 음식 자체가 센터피스가 되어도 좋다. 실버웨어도 레스트를 사용하고 런천 매트 등으로 간결하게 세팅한다.

오후의 티타임(Afternoon Tea Party, 14:00~)

주로 여성의 모임으로 홍차, 커피가 중심이 되는 파티이다. 격식을 갖출 수도 있고 격식을 갖추지 않을 수도 있다. 데커레이션은 영국식의 엘레강스 스타일이 기본이나 모임의 성격에 따라 바뀐다.

칵테일 파티(Cocktail Party, 17:00~20:00)

칵테일 파티는 시사회 및 공식적 · 비공식적 행사 등에 식사를 대용하여 간단하게 칵테일을 준비한 파티를 말한다. 반면에 매우 격식 있게 준비하여 정찬 행사 전에 손님들의 지루함을 달래고 대화의 창구 역할을 하도록 식사 분위기를 고조시키는 칵테일 파티도 있다.

칵테일 파티는 특정한 이벤트 성격을 띠고 진행되기 때문에 그 규모와 제공하는 메뉴 등이 다양할 뿐만 아니라, 서비스 방법도 높은 차원으로 베풀어지지 않으면 안 된다. 보통의 경우 여러 가지 주류와 음료를 중심으로 가벼운 안주가 준비되며, 초대장에 시작과 종료 시간을 적는데 언제든 자유롭게 돌아가도 된다. 주로 스탠딩 파티이므로 테이블과 센터피스의 높이 등을 고려하고 복잡한 데커레이션보다는 심플하게 연출한다.

리셉션(Reception)

신분이 높은 사람이나 유명인을 초대하는 연회로 주최자가 손님을 맞는 리시빙 라인(receiving line)이 있다. 일반적으로 리셉션 파티는 중식과 석식 전에 베푸는 것과 석식과 동시에 긴 시간 동안 베푸는 것으로 나눌 수 있다.

- 식사 전 리셉션(pre-meal reception) : 초대된 손님들이 행사가 진행되기 전에 서로 모여서 교제할 수 있도록 배려하는 데 목적을 둔다. 한 입에 먹을 수 있는 크기의 간단한 음식을 제공하는 것이 통례이다. 이때 제공되는 음식은 다양한 종류로 풍부하게 제공하기보다는 손님의 식욕을 돋우는 정도의 음식과 음료여야 한다.
- 풀 리셉션(full reception) : 리셉션의 목적, 행사의 규모와 성격에 따라 주최자가 요구하는 음식과 음료로만 준비되며 일반적으로 2시간 정도 진행된다.

주로 카나페, 샌드위치, 커틀릿, 치즈, 작은 패티 등의 손으로 집어 먹을 수 있는 음식(finger food)을 내는데 더운 음식과 차가운 음식으로 다양하게 구성해야 한다. 주류는 디너, 뷔페와 같이 와인류를 제공한다.

포멀 디너 파티(Formal dinner party, 20:00~23:00)
착석 스타일의 풀코스 디너 파티이다. 의례의 원칙에 따라 복장, 테이블 세팅, 식순, 좌석표 등을 올드 프렌치(old french) 식으로 진행한다.

4) 특정 목적에 따른 파티

가정 내 행사(약혼식, 피로연, 생일 파티, 결혼 기념 파티, 회갑연 등), 회사(취임식, 개업 파티, 창립 기념 파티, 승진 파티 등), 학교(입학 및 졸업 파티, 사은회, 동문회 등), 정부(국빈 행사, 정부 수립 행사, 국경일 기념 파티 등), 기관(국제 행사, 심포지엄, 정기 총회, 이사회 등) 등에서 갖는 파티를 들 수 있다.

5) 장소에 따른 파티

실내나 실외(정원, 산이나 들, 수영장, 해변 등 야외의 특별한 장소)에서 베풀어지는 파티, 의외의 장소(주차장, 건물 옥상, 창고 등)에서 베풀어지는 파티가 있다.

6) 메뉴에 따른 파티

양식 파티, 한식 파티, 중식 파티, 일식 파티, 에스닉 파티, 바비큐 파티, 티 파티, 칵테일 파티 등이 있다.

3. 파티를 위한 테이블 데커레이션 테크닉

파티의 기본은 파티의 목적과 의도 등에 따라 테마를 결정하는 것이다. 그리고 어떤 성향의 사람들을 초대할 것인지를 정해 멤버를 구성하고, 파티의 테마에 맞는 연출을 할 수 있는 최적의 시간과 장소를 선정한다.

1) 초대장 작성

파티에 초대받은 사람은 기대감 등으로 즐거워지므로 파티는 초대장을 받았을 때부터 시작된다고 할 수 있다. 격식을 갖춘 파티의 초대장은 형식이 정해져 있고 한 달 정도 전에 우편으로 발송하는 것이 원칙이며, 초대받은 사람은 참여 여부를 확실하게 전해야 주최측의 파티 진행이 순조롭게 된다.

보다 가벼운 파티는 전화 등으로 초대하기도 하나 요즈음은 초대장의 디자인과 내용에 따라 파티의 컨셉트, 진행 사항 등이 전달되기 때문에 포멀한 파티와 인포멀한 파티에 관계없이 파티의 느낌과 특색을 미리 알리는 독창적인 초대장을 발송하기도 한다. 파티 초대에 대해 감사 카드를 보내는 마음 씀씀이는 다시 초대받는 게스트가 되도록 한다.

목적, 장소, 시간, 형식(sitting, standing), 복장(드레스 코드), R.S.V.P (repondez sil vous plait, 프랑스어로 파티의 참석 여부를 알려달라는 의미), 초대에 대한 거절(결석자만 답을 해 달라는 의미) 등이 명시되어야 한다.

2) 파티의 매너

파티의 목적, 장소, 시간, 초대하는 손님을 고려하여 복장을 선택한다. 뷔페 스타일의 경우 특히 구두, 핸드백에 신경을 써서 양손을 쓸 수 있도록 한다. 보석을 많이 사용한 액세서리는 낮 시간대의 파티에는 피해야 한다.

테이블 싯팅 파티(Table sitting party)

파티를 위한 테이블 세팅이 되어 있어 기다리는 동안 사람들과 인사를 나누며 서로 소개를 해서 어색한 분위기를 자연스럽게 대화의 장으로 만든다. 또한 메뉴 등을 보며 식사 코스의 상황 등을 짐작한다.

테이블에서 호스트(호스티스)가 먼저 냅킨을 펼쳐 식사를 알리며, 호스트(호스티스)가 동석하지 않았을 때는 최고 연장자가 먼저 냅킨을 펼친다. 샴페인 등으로 건배를 할 때는 서서 조용히 잔을 들고 잔을 부딪치기보다는 눈인사 정도의 건배를 하는 것이 좋다. 식사를 할 때는 다른 사람들과 속도를 맞추며, 식사 중 자리를 뜰 경우에는 냅킨을 의자 위에 놓아둔다. 마지막으로 파티가 끝나는 신호가 있으면 호스트(호스티스)에게 초대에 대한 감사 인사를 한다.

홈 파티의 경우 호텔 파티장 등의 파티 매너에 준하며, 홈 파티 등에 선물을 가져갈 경우 꽃, 음식, 디저트 등은 하루 전이나 당일 아침에 도착하게 하여 준비된 것과 중복되지 않도록 해야 한다.

뷔페 파티(Buffet Party)

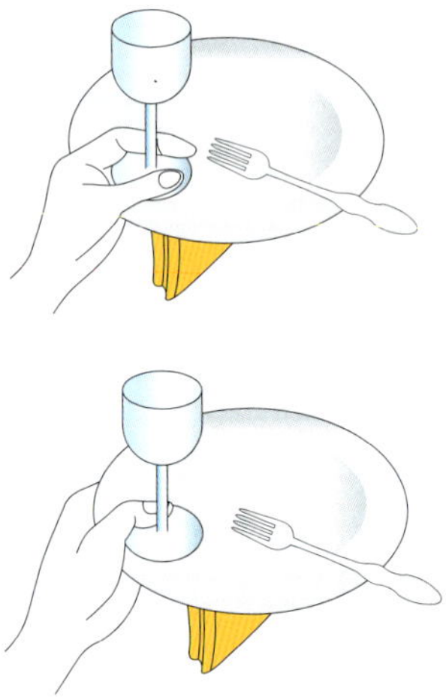

뷔페 파티에서의 접시와 글라스웨어 잡는 매너

파티장 입구에서 호스트(호스티스)에게 초대에 대한 감사 인사를 한다. 그리고 파티장 입구, 식전주 등 음료수를 위한 리셉션 스탠드바, 뷔페 음식이 세팅되어 있는 푸드 스탠드 등에서는 다른 사람들에게 폐가 되지 않도록 다른 장소로 이동하여 대화를 하도록 한다.

음식은 전채, 메인 요리, 후식 등의 코스를 전부 세팅해 놓았으므로 순서대로 가져가고, 더운 음식과 찬 음식 또는 소스가 있는 음식 등을 잘 구별하여 섞이지 않고 맛과 모양이 흐트러지지 않게 음식을 더는 것도 보기 좋은 매너이다.

접시 위에 글라스웨어를 놓고 안정감 있게 접시와 글라스웨어를 함께 잡는데, 이때 반드시 한쪽 손에는 아무것도 들고 있지 않는다.

파티의 기본 요소인 5W1H와 파티를 구성하는 디자인 요소를 식공간 전반에 알맞게 계획하여 테마가 확실하고 독창적인 상상력과 환대하는 마음이 넘치는 감동적이고 즐거운 파티가 되도록 한다.

- 5W1H : Who[호스트(호스테스)와 게스트], What(테마), Where(장소), When(시간), Why(목적), How(형식)

파티의 주요 요소

- 조명 : 파티의 분위기를 한층 고조시킨다.
- 색채 : 파티의 계절이나 테마를 강조한다.
- 재질감 : 여러 가지 재질감을 가진 소재로 파티의 스타일과 이미지를 만든다.
- 음향 : 배경 음악과 환경 음악 등의 효과음을 준비한다.
- 메뉴 : 파티 스타일에 맞는 요리와 음료를 준비한다.
- 전개 : 다양한 전개를 통해 변화를 느끼게 한다.

세계미식가협회의 파티 – 식공간디자인 황규선 리빙컬처

Who 호스트 : 롯데호텔

게스트 : 세계미식가협회

Why 정기적인 디너 파티

How 조명 : 보라, 분홍, 연두 등을 하얀 색의 오간지 패브릭 장식 위에 조명하여 전체적으로 봄의 부드러움을 강조했다.

색채 : 흰색 테이블클로스 위에 봄의 컬러를 나타내는 튤립, 수국을 올려 더욱 화사하게 장식했다.

재질감 : 실크 터치의 패브릭 장식이 주가 되어 봄의 부드러운 느낌을 살렸다.

배경 음악 : 각국의 전통 악기 연주와 노래가 주의를 끌었다.

메뉴 : 테이블 디너 스타일로 한국, 일본, 중국, 이탈리아 등 각국의 특색을 살린 메뉴를 오드블, 메인, 디저트 순으로 구성했다.

전개 : 주최자인 롯데호텔의 총지배인의 축하 메시지를 시작으로 호텔 주방에서 미리 촬영해 둔 각국의 요리 준비 과정을 영상 매체를 이용하여 보여 주고, 각국 요리에 따라 각국의 노래와 악기 연주 등을 들으며 식사를 하도록 전개하여 드라마틱한 파티를 연출했다.

리셉션을 위한 칵테일 파티장 연출

봄 이미지의 냅킨 데커레이션

디너 파티 테이블

화이트 크리스마스 갈라 디너 – 식공간디자인 황규선 리빙컬처

Who 호스트 : 크리스토플(Christofle)을 비롯한 각 유명 식기 브랜드
게스트 : 주요 고객

Why 유명 브랜드의 신제품 식기 소개

What 테이블 디너 스타일의 크리스마스 파티

How 조명 : 전체적으로 화사한 흰 조명
색채 : 호랑가시나무와 말채, 금색을 뿌린 곱슬버들을 센터피스로 하여 금색과 흰색이 주조를 이루었다.
재질감 : 부드러운 골드의 시폰과 차갑고 광택이 있는 실버의 조화
배경 음악 : 크리스마스를 주제로 한 음악
메뉴 : 풀코스의 크리스마스 요리
전개 : 파티 테이블을 높낮이를 두어 배치하고 각 테이블마다 각기 다른 특색을 가진 브랜드 식기를 돋보이게 세팅했다. 그리고 각 브랜드의 식기를 사용하여 풀코스를 서빙한 뒤 추첨을 통하여 상품을 전달했다.

40인용의 풀코스 디너 파티 테이블

크리스토플 신제품 소개

높이의 변화를 준 파티 테이블

대학교 수료 파티

Who 호스트 : 숙명여자대학교 디자인대학원 테이블 데커레이션 과정 수료생

게스트 : 친구 및 친지

Why 수료식을 축하

What 런치 뷔페 파티

How 조명 : 조명을 조각 거울 위에 비춰 천정에 빛이 반사되도록 했다.

색채 : 자작나무에 검은색을 뿌리고 검은색 테이블클로스와 검은색 돌판, 검은색 종이 낙엽 등으로 연출했다.

재질감 : 거울, 나무, 돌과 부드럽게 늘어지는 패브릭 등 서로 다른 재질감을 조화시켰다.

배경 음악 : 여러 뮤지션의 재즈

메뉴 : 계절의 재료를 이용하여 만든 핑거 푸드

전개 : 겨울을 표현하기 위해 흰 머랭으로 만든 나뭇가지를 장식한 케이크 절단을 시작으로 지도교수의 축하 메시지와 함께 건배를 하여 리셉션을 마쳤다. 그리고 파티 컨셉트에 관해 수료생들의 설명을 들으며 와인과 핑거 푸드로 뷔페 파티를 하였다.

조명과 거울을 이용한 블랙 크리스마스 파티

머랭으로 만든 겨울 나뭇가지 이미지의 케이크

고치를 이용한 핑거 푸드

Chapter 6 이벤트

1. 이벤트의 속성과 의미

어원상으로 'event' 란 라틴어 'e-(밖으로)' 와 'venire(오다)' 로 이루어진 'evenire' 의 파생어 'eventus' 에서 유래되었다. 그리고 이벤트(event)의 사전적 의미는 '우연히 발생하는 것, 사건, 결과, 실행' 을 기본으로 하며 '무언가 중요한 뜻을 가지고 발생되는 일' 의 포괄적 지시어로 사용되고 있다.

서양에서는 마케팅의 관점에서 '판매 촉진을 위한 특별한 행사' 라는 의미로 이벤트를 이해하고 있으며, 동양에서는 주로 많은 사람들이 모여서 행하는 행사를 이벤트로 표현하고 있다. 우리나라에서는 이벤트라는 용어가 일본에서 온 것으로 서양보다 포괄적인 의미를 갖는다. 즉 사람들을 모아놓고 현장에서 하는 모든 활동 형태를 이벤트로 규정함으로써 마케팅적 사고를 벗어나 보다 폭넓게 사용되고 있다. 현대의 이벤트는 행사의 폭이 넓어지고 연출 디자인도 독특하고 다양해져 가정 내의 행사, 친지, 회사 등의 행사에서도 특별한 의미의 이벤트성을 띠게 되었다.

이벤트에서 주의할 점은 유익한 활동을 전제로 해야 그 의의를 살릴 수 있다는 것이다. 즉 이벤트는 인간 생활에 필요한 자극과 의사소통에 도움을 줄 수 있는 유익한 일을 전제로 행해지는 활동이며, 경제 활동을 통한 생산적 가치를 높이고 서로 간의 의사소통으로 화합의 분위기를 조성하며, 일상에서 벗어나 새로운 체험을 통한 건전한 가치관의 정립 등 유익한 활동에 이벤트의 참다운 의의를 두어야 할 것이다.

2. 이벤트의 종류

1) 가정 내에서의 기념일

생 일

세계 각국의 다양한 생일 문화로는 서양의 베이비 샤워(baby shower), 유아 세례식, 생일, 첫 성찬식(first communion), thirteen birthday, sweet sixteen birthday, debudant 등과 우리나라의 출생 의례, 백일, 돌, 성년식, 환갑 등이 있다.

베이비 샤워(Baby shower)

결혼한 두 사람에게 새로운 가족이 탄생하게 될 것을 친지들이 출생 3~4개월 전에 축하해 주는 파티이다. 출산, 유아용품 등을 선물로 가져와서 몸이 무거운 아기 엄마를 위해 간단한 티 파티를 열고 아기의 탄생을 미리 축하해 준다. 베이비핑크, 베이비블루 등의 색깔로 여아와 남아를 구별하고 풍선 등을 이용하여 부드럽고 환한 테이블 세팅을 한다.

호텔에서의 어린이 생일 파티

어린이 생일 파티

어린이의 생일 파티는 아이들의 눈높이에 맞추어 디자인되어야 한다. 생일을 맞은 아이, 부모, 초대된 아이들의 입장을 배려하여 기억에 남는 파티가 되도록 한다. 초대한 아이는 주인의 역할, 초대받은 아이는 손님의 역할을 할 수 있도록 하여 어릴 때부터 파티 문화를 접하게 한다.

아이의 연령대에 맞는 색상을 고르고 편의성을 고려하되 일회용 식기만을 쓰기보다는 차분하게 식사할 수 있는 분위기를 만든다. 음식은 간편하게 먹을 수 있도록 핑거 푸드를 마련하고, 아이들이 관심을 갖는 놀이 기구 등의 소품을 준비하는 것도 좋다.

웨 딩

브라이들 샤워(Bridal shower)

미국에서는 결혼을 앞둔 신부를 위해 결혼식 4개월 전부터 생활필수품을 선물로 가져가 축하하는 파티로 키친 샤워(kitchen shower), 베드 앤 배스 샤워(bed & bath shower) 등이 있는데, 신혼 생활을 준비하는 데 도움이 되는 샤워와 같은 선물이 많이 들어온다는 의미이다. 바쁜 예비 신부를 위해 간단한 스낵, 와인 또는 점심 식사 등을 메뉴로 파스텔 계통의 분홍, 노랑 또는 하양 등으로 세팅한다.

결혼식

세계 각국의 웨딩 문화는 각 나라의 전통 웨딩, 웨스턴 스타일, 유태인 스타일 등으로 크게 나눌 수 있다.

현대에는 웨딩의 컨셉트 컬러로 흰색을 주로 사용하지만 전통 웨딩, 계절 웨딩 또는 개성에 따라 달라질 수 있다. 웨딩은 일생에서 가장 큰 행사 중 하나로

뷔페 스타일의 웨딩 파티

신랑, 신부와 하객들을 위하여 선택된 이미지에 맞추어 테이블과 음식을 준비해야 한다. 웨딩 테이블은 물론 웨딩 푸드도 전체와 조화를 이루도록 하고 포멀한 테이블이므로 정갈하고 품위가 있어야 한다.

현대는 라이프 스타일 웨딩이라고 할 수 있을 정도로 개성 있는 이미지를 원하는 추세이므로 거기에 대응하도록 해야 한다.

결혼 기념일

그리스도교 국가에서는 종교, 정치, 단체, 개인 등을 기념하는 날이나 창립기념일을 축하하는 풍습이 있는데 이를 애니버서리(anniversary, 기념일 또는 기념제)라고 한다. 결혼기념일도 애니버서리의 하나이며 은혼식과 금혼식이 가장 널리 알려져 있다.

미국에서는 결혼 후 1~5년째까지는 매년 기념일을 축하한다. 예를 들어 1년째는 지혼식(紙婚式)으로 종이를 이용한 물건, 그림이나 서적 등을 선물한다. 그 후 시간이 흘러 결혼 25주년인 은혼식(銀婚式)이 되면 남편은 아내에게 은제품을 선물하고 아내도 남편에게 적당한 선물을 하며, 가족이나 친지도 그 부부에게 은제품을 선물한다. 또한 금혼식(金婚式)에는 금을 선물하며, 미국에서는 결혼 75주년이 금강혼식(金剛婚式)이다.

한편 우리나라는 부부가 혼인한 지 60년째에 회혼례(回婚禮)를 올리는데 주로 자손들이 잔치를 열어 준다.

2) 계절 · 사회적 기념일

축 제

동서양 축제의 공통점은 제사 의식과 놀이 의식에 있다. 과거의 농경 · 목축 시대에는 특정한 날을 정해 신에게 감사의 제사를 지내고 마음껏 먹고 마시며 춤과 노래를 즐겼다. 끊임없이 이어지는 노동의 피로와 반복되는 일상의 무료함을 잠시 잊고, 신분 계급의 고하를 막론하고 똑같은 인간의 조건으로 돌아가 일탈 행위를 만끽하는 것이다. 여기에는 경제적 활동의 추구라는 목적이나 작위적인 연출이 있을 수 없고 원초적 본능만 있을 뿐이다.

전통적인 축제는 오늘날의 상업적 의미의 이벤트와는 확연하게 구분된다. 전통적인 축제는 상업적 의도가 개입되어 있지 않은 자발적 의미가 강하게 함축되어 있으며 그 시대, 그 지역에 살았던 사람들의 삶의 채취와 문화적 색깔을 반영한다.

한국의 전통 축제

축제라는 말 속에는 하늘이나 조상에게 드리는 경건한 제사라는 의미가 숨어 있으며, 사람들이 한데 어울려 술 마시고 노래하고 춤추는 집단적 놀이가 이어지는 연대의 의미가 담겨 있다. 우리나라의 전통 축제 역시 언제부터인가 하나의 틀로 제도화·정례화되어 왔음을 추측할 수 있는데, 제도적인 모습의 대표적인 축제는 『동이전(東夷傳)』에 나오는 부여의 영고(迎鼓)이다. 이 기록에 의하면 '많은 사람들이 모여 섣달에는 하늘에 제사를 지내고, 술과 음식을 나누며 노래하고 춤을 추며 논다' 라고 하였다.

그리고 고구려는 10월에 하늘에 제사를 지내고 사람들이 모여 놀았는데 이를 동맹(東盟)이라 하였고, 예(濊)에서도 무천(舞天)이라 하여 10월이면 하늘에 제사를 지내고 밤낮으로 술을 마시며 노래하고 춤을 추었다. 이처럼 고대 사회의 영고, 동맹, 무천 등은 평소의 질서와 관습에서 벗어나 자유로움과 즐거움을 만끽하는 공동체의 소산이었다.

이들 축제는 제천 의례와 가무의 성격이 강하여 하늘의 신에게 제사를 지내고, 음주가무로 놀이판을 벌이며, 신과의 만남을 통해 소망을 빌었다는 공통점을 지닌다. 또한 고대인들은 축제를 통해 액운을 없애고 복을 불러 풍요와 건강을 유지하고자 했다. 이러한 것을 통해 우리의 전통 축제 속에는 우리 민족의 삶의 애환과 문화적 특성 그리고 신앙적 염원이 잘 드러나 있음을 알 수 있다.

일본의 전통 축제

일본의 전통적인 축제라고 할 수 있는 마쓰리는 원래 행사의 성격에 따라 크게 두 가지로 나뉘어 치러졌다. 마쓰리는 신에게 제사를 드릴 목적으로 치르는 행사를 일컫는 말로서, 다시 말해 종교 행사의 일환으로 신과 죽은 자의 영혼을 기리기 위해 신사에서 제사를 드리는 의식이었다. 또한 다른 의미로서 마쓰리는 기념할 만한 일이나 축하할 일이 있을 때, 지역 주민들이 모두 참여하는 행사로 주로 추수할 때, 모를 심을 때, 특별한 명절 등에 다 같이 모여 그날을 축하하는 행사였다.

이렇게 예전에는 두 종류로 구별되어 치러지던 마쓰리가 오늘날에는 종교 의식이라기보다는 지역의 친목 도모나 페스티벌의 의미가 더 강하게 부각되어 풍요롭고 다양한 볼거리로 등장했다. 일본은 각 지역마다 특색 있는 마쓰리를 가지고 있다. 일본에서 가장 유명하고 인기 있는 마쓰리는 도쿄의 간다 마쓰리,

오사카의 텐진사이, 교토의 기온 마쓰리인데, 이때는 마쓰리를 구경하려는 인파로 온 도시가 붐빈다.

서양의 전통 축제

카니발(carnival)은 이탈리아의 카르네발(carneval)에서 유래하였으며, 황야에서 고행한 예수를 추모하여 술과 고기를 끊는 사순절이 시작되기 전의 3일 또는 1주일 동안 술과 고기를 마음껏 먹고 술, 고기와의 이별을 아쉬워하며 가면을 쓰고 행렬하거나 극과 놀이를 하면서 노는 축제이다. 한편 페스티벌(festival)은 라틴어 'festum' 에서 유래되었으며 '일반적인 기쁨, 환락, 흥청망청 떠들기' 라는 의미가 있다.

서구 학자들의 축제에 대한 정의를 종합해 보면, 축제는 '사람들이 누리는 모든 문화에서 발견되는 사회적 현상을 주제로 한 공공의 기념행사' 라는 뜻을 갖고 있다.

3. 이벤트를 위한 테이블 데커레이션 테크닉

이벤트 테이블은 이벤트의 특성인 공간성, 현장성, 일회성, 다기능 일시 투입성, 상호 작용, 대중성 등을 살릴 수 있도록 해야 한다. 또한 함께 즐기고 축하할 수 있게 하고, 유익한 감동을 느낄 수 있도록 해야 한다. 그러기 위하여 제한된 공간에서의 배치, 이벤트 현장에서만 주는 특별한 효과, 최소한의 경비로 최대의 효과 창출, 볼거리 제공의 다양한 기능을 위한 전시, 대중의 눈높이와의 일치 등을 테크닉과 조화시켜 이벤트를 성공시켜야 한다.

1) 떡 축제

경주 보문단지에서 열리는 '한국의 술과 떡 잔치' 에서는 다양한 우리 떡을 시절과 명절의 떡으로 나누어 전시함으로써 우리 떡의 전통을 지키고 그 맛을 전승하여 우리 음식의 보전을 꾀하고자 한다.

1월

Concept & Point

1월의 떡과 이미지를 한눈에 볼 수 있도록 아크릴 테이블에 오방색으로 물을 들인 가래떡을 백자그릇에 놓고, 소금과 흰 나뭇가지 등을 투명 아크릴 아래에 두어 흰 눈이 소복이 내린 정월 설날을 표현했다.

Menu

가래떡, 녹두찰편, 곶감편

1월

2월

Concept & Point

정월 대보름을 표현하기 위해 ㄷ자 모양의 아크릴 테이블 위에 동그란 노란색 한지를 깔고 테이블 밑에서 조명을 비추어 보름달의 밝음을 표현했다.

Menu

약식, 인절미, 감자송편

2월

3월

Concept & Point

진달래가 가득한 3월 삼짇날을 표현하기 위해 분홍색 한지를 러너로 깔고 칠기와 청화백자에 화전 등을 올리고, 진달래꽃과 돌을 이용해 3월의 떡을 강조한 테이블 세팅이다.

Menu

진달래 화전, 쑥단자, 보리떡

4월

Concept & Point

부처님 오신 날을 표현하기 위해 녹색의 실크 한복지를 러너로 깔고 아이리스와 잎새란으로 장식했으며 벚꽃 화전 등의 떡을 올렸다.

Menu

느티떡, 벚꽃 화전, 개피떡

7월

Concept & Point

한여름의 무더위가 한눈에 가실 만한 시원함을 표현하기 위해 투명한 아크릴 테이블 위에 쪼갠 대나무를 놓고 초록색 깻잎떡을 담았으며, 전체적으로 초록색으로 마무리했다.

Menu

매실편, 아카시아 꽃편, 깻잎떡

3월

4월

7월

2) 술 축제

인사동 인사아트센터에서 열린 '우리 술 축제'에서는 150여 가지의 술을 증류주, 탁주, 과실주, 전통주 등으로 분류하여 전시한다. 외식업계뿐만 아니라 각 가정에서도 다양한 종류의 주류를 즐길 수 있도록 테이블 데커레이션을 통해 제안하고 있다.

광고주와 대행사의 파티

Concept & Point

와인 석상에 익숙한 광고주에게 신선하게 다가가고자 희고 세련된 두견주 병에 맞추어 옥색의 식기, 난, 모시로 차분한 술자리를 마련했다.

Menu

두견주

Coordinator

김성실

자! 막걸리 한 사발

Concept & Point

여러 종류의 막걸리는 각각의 재료를 부각시키고, 됫박과 홉으로 탁주의 거친 느낌을 살려 캐주얼하게 세팅했다.

Menu

막걸리, 검은콩 막걸리

Coordinator

김윤수

광고주와 대행사의 파티

자! 막걸리 한 사발

성인식을 기념하며

성인식을 기념하며

Concept & Point

정월 대보름날 저녁 테이블에 여러 개의 초를 밝히고 다양한 산삼주를 현대적인 분위기에서 마실 수 있도록 연출한 테이블 세팅이다.

Menu

산삼주

Coordinator

이현실, 정현영, 김지연, 박석미

장군들이여! 건배

장군들이여! 건배

Concept & Point

추운 겨울날 뜨거운 열정으로 결의를 다지는 장군들을 위해 이강주, 장뇌산삼주 등의 귀한 술을 차리고, 한겨울에도 푸르름을 잃지 않는 소나무로 굳은 절개를 표현했다.

Menu

이강주, 장뇌산삼주

Coordinator

이현실, 정현영, 김지연, 박석미

왕가의 천렵

왕가의 천렵

Concept & Point

옛 조상들이 여름이면 술과 음식을 장만해서 강이나 개울가에 나가서 하던 천렵놀이를 표현한 테이블 세팅이다.

Menu

과하주

Coordinator

이현실, 정현영, 김지연, 박석미

전 시 Chapter 7

1. 전시의 속성과 의미

'전시(展示)' 는 '펼칠 전(展)' 에 '보일 시(示)' 가 합쳐진 말로, 여러 가지를 한곳에서 펼쳐 보이는 것을 말한다. 영어로는 display, exhibition, exposition 등으로 번역될 수 있는데, 이 중에서 가장 흔하게 사용되는 것이 exhibition이다. 이 단어가 가장 먼저 사용된 것은 17세기 로마에서 개최된 미술 전시회였고, 주로 미술과 조각 전시회에서 사용되었다. 미국에서는 exhibition이 전문 전시회라는 용어로 사용되어 왔는데, 현재 미국의 영향으로 세계 곳곳에서 공통적으로 사용되고 있다.

따라서 전시는 특정한 장소에서 전시의 주최자가 관람자에게 유형, 무형의 상품 또는 작품들의 내용과 가치를 효과적으로 보여 주어서 이해와 감동, 더 나아가 비즈니스의 효과를 얻을 수 있도록 하는 일련의 행동 및 기술 또는 커뮤니케이션이라고 할 수 있다.

거시적인 안목에서 전시란 공시적(空時的) 요소들의 복합된 구성을 통해서 목적 대상의 이미지를 부각시키고자 하는, 개인 혹은 국가 차원에서 이루어지는 적극적인 문화 활동이다. 그리고 사람과 사람의 만남, 사람과 대상물 간의 만남의 장(場)인 전시 공간은 전시의 내용, 즉 대상과 관련된 그 사회의 문화적인 정보 및 가치를 공유하고 교류를 가능하게 하는 문화적인 커뮤니케이션 기능을 한다.

2. 식공간 전시의 종류

1) 식음료를 테마로 한 전시

우리나라를 비롯하여 세계 각국의 식음료를 주제에 맞추어 전시하는 행사가 늘고 있다. 식재료를 이용하여 음식의 특성을 표현하고 여러 가지 소재의 식기를 이미지에 맞게 선택하여 식음료를 테마로 한 식공간을 디자인해야 한다. 이 때 테커레이션에 치중하여 식음료의 전시 목적을 상실하지 않도록 해야 한다.

2) 테이블 데커레이션을 테마로 한 전시

식기의 색상, 배치 등을 시각적으로 보여 주는 테이블 데커레이션의 창의성을 위한 수료전 또는 전통 상차림의 현대화, 서비스 방법의 변화, 신제품 식기 및 인테리어, 가구, 패브릭의 판매 촉진을 위한 전시 등에 적합한 테이블 데커레이션을 하여 전시의 컨셉트가 확실히 드러나게 한다. 식음료를 같이 세팅하기도 하지만, 이때 식음료의 세팅은 식기의 활용도를 보여 주는 정도에 그쳐야 한다.

3. 전시를 위한 테이블 데커레이션 테크닉

전시 디자인은 전시 참가 목적에 맞는 공간을 창조하기 위해 예술적 측면과 함께 전시의 소요 예산, 목적, 마케팅 활동과 규모, 예상 관람객 수 등이 정확하게 파악되어야 한다. 전시 참가의 목적에 부합되는 심미적이면서 기능적인 공간을 창조하기 위해서는 다음과 같은 몇 가지 사항을 유의해야 한다.

먼저 전시의 이미지는 단순하고 간결하게 표현하고 명확한 전시 주제를 갖고 있어야 한다. 그리고 관람객의 관점에서 동선 계획에 유의해야 하며, 관람객의 수를 고려하여 부스의 규모를 구상한다. 관람객의 주의를 유인할 수 있는 디자인 콘텐츠를 제안하고, 부스 디자인은 간편하고 용이한 설치 및 철거를 고려하며, 정확한 예산에 맞추어 작업을 진행한다. 또한 전시의 효과를 높이기 위해 음향 장치 및 영상물을 디스플레이 할 수도 있으며, 부스의 형태에 따라서 얻는 효과도 다양하다.

1) 음향 장치

음향 조절 기능 : 테마 음악이나 분위기에 맞는 음악을 배경 음악으로 사용하여 소음을 줄이거나 방음한다.

특수 음향 기능 : 전시 내용물의 실재감 또는 현장감을 고조시킬 목적으로 동물의 울음소리, 물소리, 동작 소리 등 전시 내용과 관계한 라이브 사운드(live sound)를 재생시킴으로써 전시 효과를 배가시킨다.

2) 영상 디스플레이

디스플레이 디자인 요소로 표현하지 못하는 커뮤니케이션을 여러 가지 영상 기술(대형 영상, 입체 영상, 쌍방향적 영상, 특수 전시 영상, 시큘레이터 영상)로 보다 효과적으로 전달함으로써 전시 효과를 배가시키는 기법이다.

영상 디스플레이 소재로는 슬라이드, 필름, 영화, VCR, 환등기, 컴퓨터, DVP, LCD 프로젝터, 아이스 홀, PDP, 빔 프로젝터 등이 있다.

3) 부스의 형태별 특징

복도 벽면에 접한 형 : 가장 보편적인 위치로 소규모 전시업체에 적합하다.

- 장점 : 비교적 경비가 덜 들고 세 면을 디스플레이 벽면으로 활용할 수 있다.
- 단점 : 한 면만 통로와 접하고 있어 관람객이 입구에서 정면으로밖에 접근할 수 없으므로 디스플레이가 한 방향으로 향해야 한다.

L형

- 장점 : 전시장의 외부 코너에서 접하는 부스의 두 면이 통로와 접하고 있다.
- 단점 : 부스 내부에서의 순환이 어렵다.

코너형 : 블록의 코너에 위치하는 부스는 접근이 용이하며 관람객의 순환에 유동성이 있다. 또한 관람객들의 눈에 쉽게 띄는 장점이 있다.

페닌슐라형 : 세 면이 개방되어 관람객의 동선이 여러 형태로 유도될 수 있다.

아일랜드형 : 네 면이 모두 개방된 형태의 부스로 관람객의 동선 흐름이 다른 형태의 부스보다 이상적이다.

양쪽으로 부스가 접하는 형 : 두 면이 통로에 접하므로 노출성이 좋다.

4) 한일 식탁 교류전

주식과 부식이 뚜렷이 구분되는 한국과 일본의 상차림은 다른 듯하면서도 유사한 점이 많다. 한일 식탁 교류전에서는 한일 양국의 상차림을 전시하여 식문화의 역사를 비교하고, 서로 영향을 주면서 발전되어 온 오늘날의 식문화를 이해하여 미래의 식탁 문화를 연구하고자 한다.

황후의 티타임

Concept & Point

청자와 진사를 유럽풍의 에프터눈 티 도구 세트로 제작하고, 궁중의 황후답게 귀하고 화사한 느낌의 목단꽃과 테이블클로스를 선택했다.

Menu

녹차, 떡, 한과, 다식, 과일

Coordinator

강귀옥

황후의 티타임

신부연석(혼인례)

Concept & Point

혼례의 음양을 따른 청홍의 실크 러너와 냅킨에 흰색을 조화시켜 좀더 밝게 연출하고, 솔가지와 대나무를 이용한 센터피스로 남녀의 절개를 나타냈다.

Menu

약식, 신선로, 생실과, 봉우리떡, 식혜

Coordinator

김운주, 장영주

신부연석

해오름

해오름(출생 의례)

Concept & Point

아기의 탄생을 축복하고 산모와 아기의 무병장수를 기원하는 의미의 테이블로, 출산 전에 삼신할머니에게 올리는 삼신상을 전통에 따라 현대적으로 재현했다.

Menu

흰 쌀밥, 미역국, 밤, 대추

Coordinator

이수연, 홍종숙

일취월장

일취월장(책례)

Concept & Point

서당의 기품 있는 분위기를 연출하기 위해 고서 느낌의 옻칠을 한 한지를 테이블클로스와 냅킨으로 사용하고 먹빛이 나는 삼베 러너를 깔았다. 그리고 백자 화기에 난을 꽂고 매트 역시 한글이 새겨진 한지를 이용해 분위기를 더했으며, 축하와 격려의 의미로 아이들에게는 붓과 공책을, 스승에게는 담배를 선물하는 풍습을 나타내었다.

Menu

닭백숙, 국수장국, 꽃떡, 오색송편, 삼색강정, 수정과, 이강주, 조청

Coordinator

김민지, 김혜정

천상으로(상장례)

Concept & Point

어둡고 우울한 상장례 의식을 존경과 정성의 뜻을 담아 나타내고자 하여 회색 벨벳 테이블클로스 위에 검정 자카드 매트를 깔고, 굽 달린 백자 식기와 잔을 올렸다. 센터피스는 흰 수국을 사용하여 세련된 이미지를 표현했다.

Menu

밥, 국, 김치, 전, 구이, 나물

Coordinator

정재간, 차은정

천상으로

5) 조선 왕조 궁중 음식 상차림

덕수궁 내 석조전에 조선 왕조의 전통 문화와 역사를 고증한 열두 가지의 다양한 주제와 궁중음식연구원의 궁중 음식을 함께 전시한 테이블 세팅전이다. 마지막 왕조의 역사를 간직한 궁궐에서 임금이 받았던 수라상을 비롯해 궁중 주안상과 궁중 잔칫상을 재현하여 궁중 음식과의 만남을 시도함으로써 전통 문화의 가치를 새롭게 찾고자 했다.

고종_고명딸 덕혜옹주와의 아침 수라

Concept & Point

고종과 옹주가 함께하는 봄날의 조반상 세팅으로, 옹주의 예복에서 배시댕기(아얌을 대신한 것)의 귀여운 이미지를 냅킨링으로 응용했다.

Menu

초조반상(장국죽, 전복다식, 매듭자반, 젓국조치)

Coordinator

송민정, 최미림, 김민선

태조_장군들이여! 건배

Concept & Point

승리를 축하하는 장군들의 모임으로 설정하여 남성적이며 웅장한 이미지의 테이블 세팅을 하였다.

Menu

전골상(두부전골, 잡채, 무갑장과, 어리굴젓)

Coordinator

정은이, 박석미, 정현영

고명딸 덕혜옹주와의 아침 수라

장군들이여! 건배

왕가의 천렵

궁중의 그름나기

세조_왕가의 천렵

Concept & Point

왕가의 여름 나들이 상을 자연에 그대로 옮겨 놓은 듯한 야외 테이블 세팅이다.

Menu

여름 궁중쌈(웅어강정, 절미토장, 새우볶음, 약고추장, 너비아니, 채소)

Coordinator

김지연, 이현실, 유은미

인조_궁중의 그름나기

Concept & Point

전통 색깔인 오방색이 조화롭게 표현되고 나물을 담은 유기합을 센터피스로 하고 겨울철에 주로 사용하던 유기그릇으로 단순하면서도 무게 있게 연출한 테이블 세팅이다.

Menu

비빔반상(골동반, 사슬적, 오색나물, 황복이탕)

Coordinator

박인화, 이인애

세자빈의 입매상

순종_세자빈의 입맷상

Concept & Point

궁중 결혼식의 화려함과 새색시의 화사함을 조화롭게 연출하고 전통과 현대를 접목시켜서 표현한 테이블 세팅이다.

Menu

봄 면상(골동면, 애탕, 죽숙채, 대합구이)

Coordinator

이승연, 이주희, 최현순

신하 초대

선조_신하 초대

Concept & Point

가을에 왕이 원로 신하들을 초대하여 국화주를 함께 나누는 기로연을 표현한 테이블 세팅이다.

Menu

가을 주안상(갈비찜구이, 두부선, 겨자채, 삼색무생채)

Coordinator

문창희, 이경아

봄철 기로회 잔치

Concept & Point

문관 2품 이상 70세 이상 원로 대신들의 친목 모임인 기로회(耆老會)의 잔치로 만년을 즐겁고 한가롭게 즐기니 당시 사람들은 이들을 지상선(地上仙)이라 불렀다고 한다. 술과 풍악을 베풀고 활쏘기, 투호 같은 오락을 즐겼던 기로회 잔치를 스탠딩 뷔페 스타일의 편암함과 색동, 꽃꽂이로 봄날의 화려함을 표현했다.

Menu

도미면, 미나리강회, 더덕 생채, 규아상

Coordinator

장영주, 강홍림

봄철 기로회 잔치

6) 숙명여대 디자인대학원 테이블 데커레이션 수료전

현대인에게 적합한 슬로푸드(slow food)를 테마로 한 수료전으로 다양한 테이블 세팅을 전시하였다.

Slow Food For Pregnant

Concept & Point

유기농 재료로 만든 정성들인 음식으로 임신부의 오감을 만족시키고 태교까지 고려하여 편안하고 부드럽게 표현한 테이블 세팅이다.

Coordinator

김하정, 김혜진, 박선희

Slow Food For Pregnant

Healing Space(치유의 공간)

Concept & Point

빠르게 급변하는 현대 사회의 치열한 경쟁에서 잠시 벗어나 여유로운 한때를 보내며 패스트푸드에 익숙해진 입맛과 몸을 치유하고자 세팅된 테이블이다.

Coordinator

조희준

Healing Space

Olive + Lemon

Concept & Point

올리브는 이탈리아 요리에서 빠질 수 없는 건강 식재료이며, 슬로푸드 운동이 싹튼 이탈리아의 지중해 연안에서는 올리브를 재배할 때 병충해 예방과 영양 공급을 위해 올리브나무 사이에 레몬나무를 심는다. 10월의 마지막 날 대학 동기들과 함께 이탈리아의 가을 정취를 느끼도록 한 테이블 세팅이다.

Coordinator

송민정

Olive + Lemon

7) 신혼을 위한 식탁전

부엌 가구를 전문으로 취급하는 회사에서 웨딩 시즌인 봄의 판매 촉진을 위해 주제를 신혼 생활을 위한 식탁전으로 하여 전시했다. 식탁의 소재, 컬러, 크기 등 식탁 자체를 강조하기 위한 테이블 데커레이션이다.

Wedding Table

Concept & Point

신혼의 분위기를 나타내기 위하여 대리석의 차가움을 연한 분홍색 등 부드러운 색과 조화시키고 오간지로 디스플레이용 냅킨을 만들었다. 장기간 전시해야 하므로 센터피스를 조화로 하고 비용 절감을 위해 다른 이미지의 패브릭, 소품 등으로 세팅했다. 식탁 판매를 위한 전시이므로 대리석 식탁을 드러내는 것이 중요하다.

Valentine Day

Concept & Point

밸런타인데이의 커플 테이블 세팅으로 식탁의 소재와 컬러가 보이도록 빨간색 부직포를 식탁에 여러 번 감아 연출했다.

Wedding Table

Valentine Day

도예가들과의 런치

Concept & Point

식탁의 색상과 어울리는 자연의 식물무늬, 식기, 잔 등으로 연출하고 한지로 젓가락을 말아 냅킨의 또다른 역할을 표현했으며, 식탁의 상판이 보이도록 더블 러너를 사용했다. 전시 디스플레이의 특성상 조화를 사용하므로 나무토막으로 화기를 대신하였다.

도예가들과의 런치

Chapter 8 디스플레이

1. 디스플레이의 속성과 의미

'display'의 어원은 라틴어 'display' 또는 'displicare'이며, '접는다'라는 의미의 'plice' 또는 'plicare'의 반의어이다. 디스플레이(display)는 '전개하다, 보이다, 열다' 등의 뜻을 나타내다가 '표시하다, 설명하다'의 의미가 강한 '전시(exhibition)' 또는 '명시(manifestation)' 라는 말과 같은 의미로 쓰이고 있다. 우리나라에서는 광고나 선전을 목적으로 옥내나 진열장에 상품을 소개하고 데커레이션하는 것이나 그 작업을 뜻한다.

디스플레이의 기능은 직접적인 기능과 간접적인 기능으로 구분할 수 있다. 직접적인 기능은 매장의 연출을 통해 고객과 접촉하고, 매장과 상품에 대한 새로운 정보를 제공하며, 고객으로 하여금 상품 구매 충동을 일으켜 판매를 촉진하는 것이다. 그리고 간접적인 기능은 상품을 위주로 하기보다는 그 시대의 사회적 배경, 유행 경향 등을 고려하여 디스플레이함으로써 고객에게 정보를 제공하는 것이라 할 수 있다.

테이블 코디네이션 분야에서 디스플레이란 쾌적하고 청결한 식공간의 이미지를 부각시킬 수 있는 명암, 색채, 음악, 소도구 등을 활용하여 미각적인 효과도 기대할 수 있는 전시를 함으로써 많은 사람들에게 주지 · 전달시키는 연출디자인의 한 분야이다. 테이블 코디네이션에서는 시각적으로 테이블 아이템을 진열하고 식탁 공간을 조화롭게 꾸며 새로운 제안을 유도함으로써 식생활의 수준을 한층 더 높이는 역할을 해야 한다.

2. 디스플레이의 종류

1) 식사 도구와 소품 등의 디스플레이

새로운 디자인 기능에 따른 식사 도구의 판매 촉진을 위하여 종류별 · 용도별로 쌓아 양적으로 강한 인상을 주는 방법이나, 식사 장면 등을 연출하여 테이블 데커레이션을 해 보고 싶은 충동을 일으키게 하는 문화적 구매력을 높이는 방법 등이 있다.

2) 식재료, 식음료 등의 디스플레이

여러 종류의 식재료, 식음료를 다양하고 풍요롭게 보이도록 함께 디스플레이하기도 하고 한 종류를 강조하기 위해 무리 지어 디스플레이하기도 한다. 또한 식음료에 적합한 테이블 아이템들을 같이 배치하여 구매력을 높이는 효과를 낸다.

3. 디스플레이를 위한 테이블 데커레이션 테크닉

디스플레이를 위한 테이블의 연출에서는 우선 소개하고자 하는 상품의 선택이 중요하다. 고객의 시선을 고려하여 테이블의 구성은 단순하면서도 입체감 있게 연출해야 하며, 상품이 돋보이도록 통일감 있게 그룹으로 배치하는 가운데 악센트를 주어야 한다. 또한 상품에 관한 정보가 전달되어야 하고, 조명을 이용하여 디스플레이된 상품을 돋보이게 할 수도 있다.

1) 디스플레이 레이아웃의 기본 원리

• 진열되는 상품은 결점이 없는 최상의 것으로 한다.

- 중요한 상품이 강조되게 한다.
- 상품을 조화롭게 구성하여 구성의 선명함을 나타내고 주의력을 집중시킨다.
- 상품의 그룹들 사이에는 충분한 공간을 둔다.
- 색채와 품질의 현명한 대비 효과로 최대의 효과를 얻는다.
- 적절한 판촉 메시지와 부합된 정연함과 청결함으로 상품의 품질과 가치를 강조한다.
- 상품 수가 적을수록 우아한 이미지를 얻을 수 있다.
- 상품은 최적의 가시성 내에 놓이도록 한다.
- 직접 판매하는 상품은 진열하지 않는 것이 좋다.
- 여러 각도에서 볼 수 있도록 주위에 충분한 공간을 둔다.
- 단순히 평면적인 진열은 피하는 것이 좋다.
- 고객의 관점에서 상품을 디스플레이한다.

2) 조명 계획

잘 디자인된 공간 연출이나 매력적인 상품도 조명이 빈약하거나 부정확하면 효과면에서나 판매력에서 대부분 실패한다. 디스플레이에 있어서 조명은 단지 밝게 하는 것보다 아름답게 보이는 것이 중요하며, 때로는 조명의 연출 효과 자체가 디스플레이의 가치인 경우가 있으므로 조명의 비중이 크다고 할 수 있다. 특히 트러스 구조에서는 조명이 엄청난 효과를 발휘하므로 시스템 구조에서는 조명 디스플레이를 잘해야 한다.

집중 기능 : 부분적으로 강조하거나 의도적으로 시선을 끌고자 할 때 이용되며 일반적으로 스포트라이트를 사용한다.

분산 기능 : 전체 분위기를 밝게 하거나 일반적인 조명을 하고자 할 때 이용되며 주로 형광등을 사용한다.

연출 기능 : 동적인 분위기나 환상적인 분위기를 창조하여 심리적인 변화를 줄 때 이용되며, 주로 편광 필터나 컬러 필터를 사용하여 발휘한다. 이 기능은 조명의 효과 창조에 중요하게 취급된다.

3) 색채 계획

전시에서의 색채는 사용된 색 재료 자체의 질과 부가적 목적으로 사용된 색 광선이나 색 조명의 성질 그리고 제작물 재료 자체의 색채와 재질감에 따라 영향을 받게 된다.

- 강한 대비의 화려한 색채를 사용한다. 단, 동시에 여러 가지 색을 조합하지 않는다.
- 반드시 상품 그 자체의 색상을 중시한다.
- 상품의 진열 방법은 색채 선택과 관계되어야 한다.
- 밝은 색은 더 커 보이게 하는데, 어두운 색은 반대의 경우에 사용하는 것이 효과적이다.

4) 그래픽 및 상징물 계획

- 대중적이고 공통적이며 사용하기에 편리해야 한다.
- 쉽게 보일 수 있어야 한다.
- 브랜드 로고의 의미가 쉽게 인식되어야 하며, 보는 사람으로 하여금 그것이 동일물로 인식되도록 해야 한다.
- 구성이 간결해야 한다.
- 디자인이 세련되고 아름다워야 한다.
- 정확하고 신속하게 읽힐 수 있어야 한다.
- 보는 사람으로 하여금 그것이 의도하는 의미가 전달될 수 있도록 디자인되어야 한다.

5) 쇼윈도 및 매장의 선반을 위한 디스플레이(One Side Display)

매장 내 테이블 세팅의 아이템별(리넨, 차이나웨어, 글라스웨어, 실버웨어, 센터피스용 소품 및 그림) 특징을 살려 매장의 컨셉트를 소비자에게 알리고, 더 나아가 잠재 고객을 확보하도록 코디네이션을 하는 디스플레이이다.

한국도자기의 젠(Zen) 디스플레이

Concept & Point

흰색의 젠 식기가 돋보이도록 검은색 테이블클로스를 사용하고, 절제미를 살리기 위해 흰색 나뭇가지만으로 테이블 위와 공간 장식을 한 디스플레이이다.

젠 스타일의 원사이드 디스플레이

행남자기의 크리스마스 시즌용 식기 디스플레이

Concept & Point

크리스마스 시즌을 겨냥한 신상품 식기를 테이블 세팅에 사용한 쇼윈도 디스플레이이다. 겨울철을 상징하는 눈밭 느낌의 실버 수직 실크와 인조털을 테이블클로스로 사용하고, 크리스마스 소품인 벨과 디너 접시로 신상품 출시를 알리고 있다.

크리스마스 시즌 디스플레이(눈, 바람 그리고 우리의 연인들, 김영희)

행남자기의 봄 신상품 디스플레이

Concept & Point

봄 신상품을 버들강아지, 튤립 등과 함께 디스플레이하여 잠재적 고객을 유도하고 있다.

쇼윈도 디스플레이

바카라의 디스플레이

Concept & Point

프랑스의 전통 있는 크리스털 식기 브랜드 바카라의 디스플레이이다. 서양의 크리스털 식기와 동양의 검은색 칠기 매트로 테이블을 세팅함으로써 우리나라 소비자에게 친숙하게 다가가고, 한국적 식기로도 사용할 수 있도록 제안한 디스플레이이다.

바카라의 '아라베스크' 제품을 이용한 디스플레이

6) 매장 내의 실용 테이블을 위한 디스플레이(All Side Display)

일상생활에서 실용적으로 이용할 수 있는 테이블 세팅을 매장으로 끌어들여 계절이나 유행 및 용도의 특징, 고객의 요구를 고려한 스토리가 있는 테이블 코디네이션을 제안함으로써 고객에게 구매 욕구를 불러일으키는 디스플레이이다.

행남자기의 가을 신상품 디스플레이

Concept & Point

매장 내에 가을을 주제로 한 신상품 식기를 나뭇잎 모양의 갈색 테이블 위에 세팅하고 나뭇잎과 목화솜 등으로 센터피스를 연출하여 가을에 출시한 식기의 판매 촉진을 유도하도록 디자인하였다.

행남자기의 혼수용 양식기 디스플레이

Concept & Point

양식기와 한식기를 용도에 따라 같은 패턴으로 함께 사용할 수 있도록 디자인하여 혼수용으로 출시한 식기를 매장 내 손님 접대용 디너 테이블에 세팅했다. 식기의 쓰임새와 스타일을 고객에게 전달하여 구매를 유도하고 있다.

가을 신상품 디스플레이(가을의 기도, 이지현)

혼수용 양식기 디스플레이

간단한 양식 디너 테이블 디스플레이(Heart & Basket)

간단한 양식 디너 테이블 디스플레이

Concept & Point

본사가 매달 출시하는 신제품에 맞춘 테이블 세팅 디자인을 각 대리점에 발송하는 수직 하향식 시스템을 위한 디스플레이이다. 20~30대 싱글 및 신혼부부를 대상으로 브랜드 이미지에 맞게 심플한 스타일의 테이블 세팅을 함으로써 소비자가 쉽게 활용할 수 있도록 제안하였다.

시즌 오프 디스플레이(Season-off display)

Concept & Point

파리에 있는 통조림 전문 매장의 디스플레이로서 파란 사과를 적당히 배치하여 통조림의 신선도를 강조하고 고객의 시선을 유도하였다.

시즌 오프 디스플레이

Chapter 9

매스미디어

1. 대중의 식탁 문화를 위한 창의적인 제안

매스미디어는 정보를 전달하는 매체로서 방송 미디어인 TV와 라디오, 인쇄 미디어인 신문과 잡지 등 주요한 네 가지 매체 외에 SP 미디어, 야외 광고, DM, POP 등이 있다. 또한 제 6의 미디어라고 불리는 인터넷은 21세기의 정보 환경을 입체화시키는 중요한 역할을 하고 있다. 점점 더 세분화되고 있는 각 미디어는 자체 사업의 일환으로서 정보, 교육을 위한 프로그램을 만들기도 하고, 기업주들이 광고 또는 PR을 위하여 미디어와 관계를 맺기도 한다.

매스미디어를 통해 특정 소수를 위한 것이 아닌, 불특정 다수인 대중에게 일상적인 식사 공간에서부터 특별한 날의 식사 공간에까지 이용될 수 있는 테이블 세팅을 교양과 상식의 범위 안에서 제안할 수 있다. 요리 정보 채널에서는 주변에서 쉽게 구할 수 있는 저렴한 소재나 소품 등을 이용한 창의적인 테이블 데커레이션을 보여 주어 대중의 식문화 수준을 향상시킨다. 또한 다른 미디어를 이용하는 광고 및 PR 등에서도 테이블 세팅과 푸드 스타일링을 접목함으로써 독특하고 대중에게 쉽고 빠르게 기억되어 구매력을 높이는 상업적 방법으로도 이용되고 있다.

2. 매스미디어의 종류

1) 텔레비전

정보의 도달 범위가 넓으며 시청자가 많은 매체이다. 단시간에 대량의 정보를 전달할 수 있고 시각과 음성을 연속적으로 보여 주며 컬러를 사용할 수 있다. 화제성이 있는 불특정 다수에게 호소력과 영향력이 가장 크다. 그러나 시간의 흐름이 빠른 속성으로 단시간에 많은 볼거리를 제공해야 하는 어려움이 있다.

지상파(공중파) : KBS, MBC, SBS(지역민방)와 EBS를 포함하며, 위성방송, 케이블과는 다르게 엄격한 공공의 책임이 뒤따른다.

케이블 및 위성방송 : 별도의 수신 장치와 수신료를 지불해야 하는 등 특정적 상업의 요소가 두드러진다.

2) 신문, 잡지

독자가 한정되어 있고 기록성과 보존성이 크다. 신문은 컬러가 제한되어 있는 경우가 대부분이고, 잡지는 컬러와 공간을 자유롭게 사용하고 제작면에서도 유연성이 있다.

신문 : 일반지(전국지, 지방지), 특수 목적지(스포츠 신문, 연예 관련 전문지, 영문지 등)

잡지 : 종합 주 · 월간지, 정보지, 여성 전문 잡지 · 남성 전문 잡지, 요리 전문지, 인테리어 전문지 등

3) 인터넷

전 세계의 컴퓨터가 서로 연결되어 정보를 교환할 수 있는 하나의 거대한 컴퓨터 통신망으로 수많은 정보들이 산재하며 신속하고 쉽게 정보를 공유할 수 있다.

3. 매스미디어의 테이블 데커레이션 테크닉

대중을 위한 매체이므로 테크닉이 과장되거나 편파적이지 않아야 하며, 모든 연령층을 위하여 교육적이고 윤리적 · 도덕적인 것을 기본으로 해야 한다. 또한 생활에 즉시 이용될 수 있고 건전한 문화를 전달할 수 있는 수준의 테크닉이어야 한다.

1) 텔레비전

KBS의 '대한민국 1교시'

Concept & Point

크리스마스를 위한 테이블 데커레이션으로, 식공간 디자이너가 TV 프로그램에 직접 출연하여 방송인 등에게 각자 크리스마스 테이블을 디자인하게끔 하고 크리스마스 세팅에 대한 설명을 덧붙였다. 특별한 테크닉을 요하지 않으면서도 최소의 비용으로 최대의 효과를 볼 수 있고 교육적인 메시지를 전달하는 테이블 코디네이션을 제안했다. 특히 테이블 코디네이션을 하는 동안 최소화된 동선과 밝은 표정을 보여 줌으로써 생방송 중 대중이 부담 없이 받아들일 수 있도록 유도한다.

'대한민국 1교시' 의 패널들과 함께한 크리스마스 테이블 세팅

'하우젠' 김치 냉장고 광고

Concept & Point

김치 냉장고 광고를 위한 테이블 세팅으로서, 눈 오는 겨울 풍경을 배경으로 김치를 깔끔하고 맛있어 보이도록 연출했다. 동영상인 TV의 특성상 한 컷을 위하여 수많은 컷을 촬영해야 하므로 넉넉한 재료의 준비 및 인내심, 순발력 등이 요구된다.

'하우젠' 김치 냉장고 광고(Kim jang Party on the First Snow Day, 고혜경)

홈쇼핑

Concept & Point

케이블 방송이라는 TV 매체를 통해 식기를 판매하기 위한 테이블 데커레이션으로, 쓰이는 용도에 따라 세팅하기도 하고 전체적인 식기 세트의 구성을 보여주는 세팅을 하기도 한다. 어떤 세팅 방법이든 단시간에 많은 양을 판매하기 위하여 식기와 조화를 이루는 컬러와 디자인의 소품을 이용하고, 동영상의 특징을 이해하여 식기가 한눈에 들어오도록 세팅해야 한다.

홈쇼핑에서 판매되는 양식기 홈세트의 풀 구성 세팅

2) 신문, 잡지

경향신문 _ 소확행

Concept & Point

신문 구독자의 특성상 실생활에서 부담스럽지 않게 이용될 수 있는 기사로서 '소확행(小確幸)', 즉 작지만 확실한 행복을 컨셉트로 하였다. 세상이 주는 기쁨을 하나씩 알아 가듯 소확행을 하나씩 늘려 가면 봄날은 매일 활짝 핀 꽃처럼 환해진다는 것을 봄꽃 한 송이로 식탁 위에 데커레이션했다.

식환경프로듀서인 황규선씨와 푸드 코디네이터로 활동중인 재민지·전현정씨(왼쪽부터). 테이블 코디네이터로도 유명한 황씨는 "꽃은 실내장식에 빠트릴 수 없는 필수품"이라며 "그만큼 꽃은 분위기 조성에 효과적"이라고 말한다.

꽃 한송이에 피어나는 '작지만 확실한 행복' 소·확·행 小確幸

》봄 분위기 물씬나는 실내 '꽃단장' 요령

수상가옥으로 유명한 태국의 차오프라야강이나 캄보디아 톤레삽 호수에 가보면 허름한 집에서도 올망졸망 꽃화분이 관광객의 호기심 어린 눈길을 반긴다. '저렇게 힘들게 살면서도 꽃을 가꾸다니…' 꽃봉오리가 올라오고 꽃잎이 펼쳐지고 작은 화분에서의 끊임없는 변화는 많은 위로를 준다. 저택의 테라스나 호텔 로비, 옥탑방 작은 창가, 공장의 높은 담장 아래… 어디에 있어도 꽃의 표정이 늘 환한 웃음이듯

'경향신문'에 실린 봄 식탁 데커레이션

'행복이 가득한 집' 에 실린 초파일 뷔페 테이블

행복이 가득한 집_초파일

Concept & Point

월간 잡지이므로 그 달에 맞는 식공간의 컨셉트를 찾아내고, 그 컨셉트에 맞는 장소의 테이블 데커레이션과 푸드 스타일링을 제안하여 독자들이 가정에서 사용할 수 있도록 아이디어가 풍부한 테이블을 제안했다. 음력 4월의 초파일을 일상에서의 뷔페 파티로 표현한 것으로, 연잎색과 비색을 컨셉트 컬러로 하여 실크 한복지를 벽에서부터 테이블 위까지 늘어뜨리고 청자와 유리 식기 및 3단 스탠드로 데커레이션했다.

Menu

증편, 화전, 어채, 어만두, 미나리강회

'행복이 가득한 집' 에 실린 가을 가드닝 테이블

행복이 가득한 집_중양절

Concept & Point

컨셉트 컬러를 황색과 적자색으로 하여 음력 9월 중양절의 테이블을 데커레이션했다. 컨셉트 컬러의 국화를 센터피스로 놓았으며, 한지와 아크릴로 매트를 만들고 정원의 벤치를 테이블 삼아 도기와 유기 식기로 세팅하였다.

Menu

국화전, 국화주

행복이 가득한 집_동지

Concept & Point

서양의 종교적 풍습인 크리스마스를 대신하여 잊혀져 가는 동짓날을 젊은이들에게 친숙한 파티로 데커레이션했다. 파티장의 넓은 계단을 이용하여 뷔페 테이블을 단계적으로 놓았으며 컨셉트 컬러를 붉은 팥죽색으로 하였다. 시폰 소재의 은색 테이블클로스를 깔고 그 위에 한국적인 식기와 함께 서양의 유리 식기를 놓아 쉽게 다가가도록 연출했다.

Menu

팥죽

'행복이 가득한 집' 에 실린 동지 파티 테이블

쿠켄_삼짇날

Concept & Point

'쿠켄' 은 요리에 관한 지식과 정보를 전하는 잡지로, 시절의 음식과 상차림을 독자에게 전달하여 전통을 현대의 생활에 맞게 테커레이션하였다. 음력 3월 삼짇날의 컨셉트 컬러를 선홍색, 남색으로 하고, 이날 옛 선비들이 계곡에서 시조놀이를 한 풍습을 현대에 맞게 검정 칠기와 분홍색 식기, 한지 등으로 표현했다.

Menu

화전, 수면, 산떡, 고리떡, 쑥떡

'쿠켄' 에 실린 3월 삼짇날 계곡의 물놀이를 표현한 야외 테이블

3) 인터넷

카페의 메뉴 소개

Concept & Point

카페의 차 메뉴를 소개 및 홍보하기 위한 세팅으로 서빙되는 은색 접시, 글라스웨어 등을 실제와 동일하게 코디하고 초록색 잎 등으로 화차를 돋보이게 연출하였다.

파티용 칠기 광고

Concept & Point

파티용 칠기 접시를 판매하기 위한 연출로 접시의 대 · 중 · 소 크기를 영상만으로도 추측할 수 있게 하기 위해 글라스웨어 등을 소품으로 올려놓았으며, 용도를 제시하여 소비자의 판매 욕구를 자극하도록 했다.

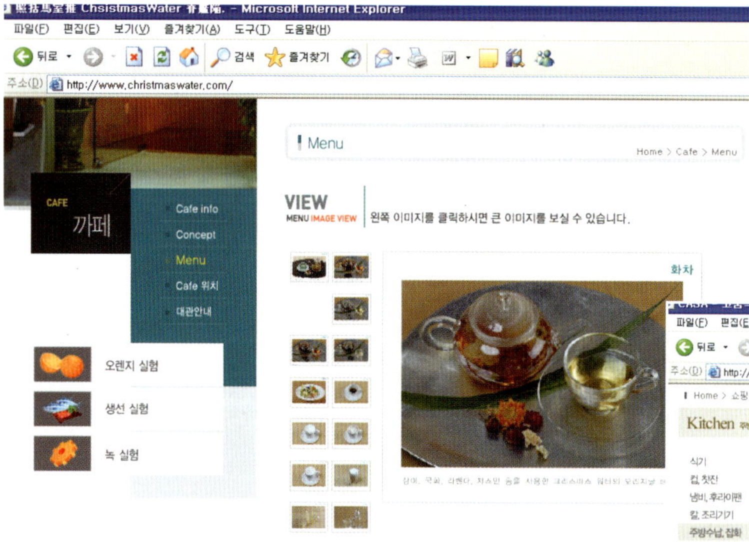

카페의 메뉴 소개

파티용 칠기 광고

Chapter 10 식기, 주방 기구

1. 제안 및 디자인

지금까지 사용해 온 식사 도구와 테이블 세팅은 다양한 라이프스타일을 가진 특정 소수 고객의 욕구를 충족시키지 못하고 있는 실정이다. 새로운 식재료를 이용한 요리를 개발하더라도 유행에 맞지 않는 식기 및 주방 기구로는 관심을 끌 수 없다. 다목적 식기의 개발 및 즐거움을 주는 서비스 방법에 따라 다양한 형태의 식기가 제작되고, 글로벌 시대에 발맞춰 세계 각 지역의 복합된 식재료에 따른 요리를 위한 식기의 개발이 요구된다. 또한 정확한 비례로 한국 식생활에 맞는 식기 및 다양한 식재료와 변화된 조리법에 적합한 주방 기구를 제안 및 디자인하고 제작해야 한다.

이러한 제품은 기능성과 디자인이 함께 고려되어 판매를 목적으로 하는 것이 우선적으로 채택되어야 한다. 또한 식기, 주방 기구 등 상품 이미지에 맞는 포장도 운반의 기능뿐 아니라 상품의 부가가치를 높이는 역할을 한다. 그러나 과대 포장이 되지 않도록 하고, 폐기할 때의 환경 문제를 고려하여 자연 소재나 재활용이 되는 소재를 사용해야 한다.

또한 지속성과 경제성을 추구하는 기존의 외식 산업, 특히 레스토랑, 호텔 등은 타 경쟁업체나 새로운 트렌드로 무장한 업체와도 끊임없이 경쟁해야 한다. 서비스 산업 중에서도 외식업은 서비스 정신이 가장 많이 요구된다. 특히 호텔, 레스토랑 등은 각각의 목적에 따른 특정 소수인들의 식사, 파티 연출을 위하여 식기의 제안 능력 및 테크닉이 요구된다.

그러기 위해서 비치된 기자재와 테이블 아이템을 분류, 파악하여 각 호텔과 레스토랑이 가진 시대적 인테리어의 특성을 살려야 한다. 새롭게 아이템을 구성할 경우 시판용 또는 수입품을 선택하기도 하고 아이템 자체를 새롭게 디자인하기도 한다. 테이블 데커레이터가 만들어 내는 식기는 스토리가 있는 호텔의 얼굴이 될 수도 있어 성취감 또한 크다. 디자인과 기능성이 겸비된 식기 제작을 위해서는 데커레이터가 각 지역 또는 각국의 여러 소재를 이용하여 생산 가능한 공장을 섭외할 수 있는 능력을 갖추고 있어야 한다. 이처럼 단지 구입뿐만 아니라 새로운 이미지를 연출할 수 있도록 하는 것이 중요하다.

2. 식기, 주방 기구의 제안 및 디자인을 위한 테크닉

1) 식기의 제안 및 디자인

식기류의 개발 및 디자인에 필요한 요소로서 현재 생산되는 식자재, 요리의 취향, 식사 방법 등을 먼저 생각해야 한다. 그리고 신소재의 대두, 기술의 향상으로 조리 방법과 소요 시간에 따른 혁신적인 디자인의 식기가 나올 수 있다. 식기는 주택의 인테리어, 식공간의 규모, 테이블의 크기, 의자의 형태(입식, 좌식), 취향 등에 따라 소재, 색, 형태, 크기, 촉감 등이 결정된다. 또한 서비스 정신이 중요시되는 21세기에는 장애인, 병자를 위한 기능성 식기 등의 유니버셜 디자인도 요구되고 있다. 이 모든 디자인 요소는 비용, 안전성 등을 고려하여 제안 및 개발되고 환경 문제로 식기 세정에 따른 요소도 추가되어야 한다.

호텔 연회를 위한 파티 테이블 식기

Concept & Point

롯데호텔 연회장의 인테리어와 최근의 경향을 반영한 새로운 식기 및 테이블 데커레이션을 제안하기 위해 유행하고 있는 금색 유리로 된 서비스 플레이트와 한국의 롯데라는 의미를 강조하고자 한국적 식기 소재인 유기를 콘소메 수프용 또는 오드블용으로 사용했다. 센터피스는 많은 시간이 소요되지 않고 연회장 전체의 세팅이 완성됐을 때 산뜻하고 화사한 느낌이 들도록 용수초와 해바라기로 했다. 또한 냅킨은 둥글게 말아 엽란으로 묶어 초록색과 밸런스를 맞추었다.

연회용 식기와 센터피스

서빙 방법의 변화에 따른 식기 디자인

계란판을 식기화하여 여러 가지 음식을 담을 수 있고 한 가지 음식도 꼬치 등을 사용하여 파티 음식으로 담을 수 있는 식기로서, 한 가지 음식을 각각의 그릇에 담는 서빙 방법을 변화시킬 수 있는 디자인이다.

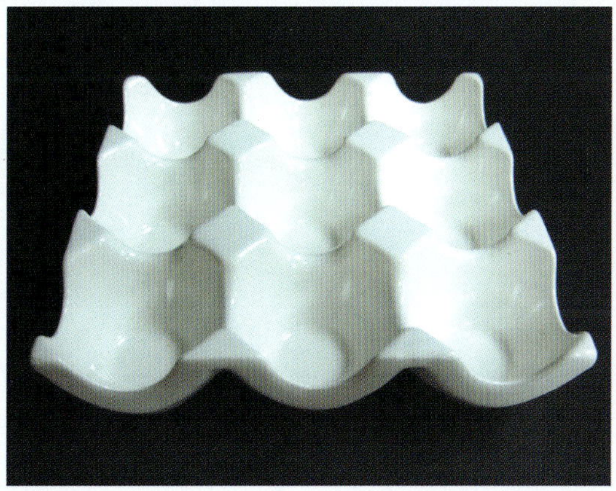

계란판형 도기 식기

특정한 음식을 위한 식기 디자인

치즈가 한국의 식탁에 자주 오르게 됨에 따라 치즈를 세팅하기 쉽게 치즈 보드와 나이프가 디자인 된 것이 필요하게 된다.

치즈 보드와 커팅 나이프

전통 소재를 현대화한 식기 디자인

현대적 감각의 디자인을 위해 컬러를 첨가하여 만든 컬러 칠기는 방부, 방습, 방충 등의 역할을 하는 옻칠을 하여 건강식기로서 실용화시킨 식기이다.

칠기 찬기 세트

2) 주방 기구의 제안 및 디자인

주방 기구의 개발은 식기와 마찬가지로 생활 취향을 중요시해야 한다. 다양한 식재료에 따라 전통 조리 방법과 유행 음식의 변화된 조리 방법, 조리시간과 조리를 위한 에너지의 선택 등을 중요하게 고려하고 신소재 주방 기구는 생산 과정, 비용도 계산한다. 이러한 요소들은 안전성, 환경 문제, 재활용까지도 미리 생각하여 개발 및 생산해야 한다.

유행 건강 음식을 위한 조리 기구

오늘날에는 조리시 가능한 기름을 사용하지 않는 것이 건강에 좋다고 알려져 있다. 스팀 조리기는 찌는 번거로움과 세척의 불편함을 해소할 수 있도록 제안된 21세기의 조리 기구이다.

테팔 스팀 조리기

소비자의 생활 취향을 위한 조리 기구

물기를 제거하는 채반의 기능 외에 사용시 즐거움과 키친 인테리어의 효과를 함께 충족시킬 수 있도록 디자인되었다.

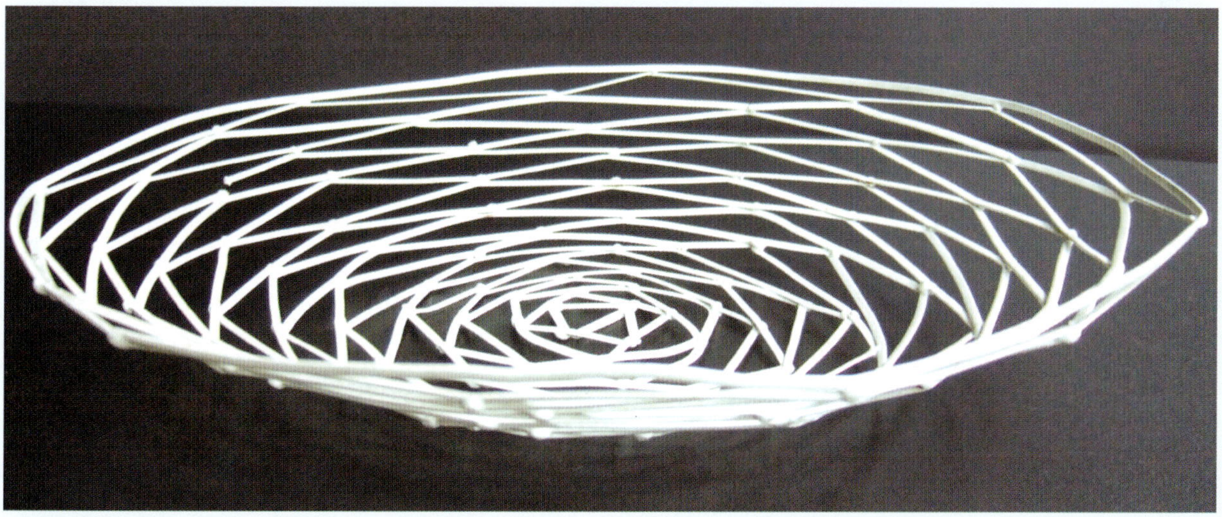
장미꽃형 철제 채반

참고문헌

국 내

간자키 노리타게, 김서희 옮김, 습관으로 본 일본인 일본 문화, 청년사, 2003
강명관, 조선 사람들, 혜원의 그림 밖으로 걸어 나오다, 도서출판 푸른역사, 2004
강인회 외, 한국의 상차림, 효일문화사, 1999
강진형 외, 이야기가 있는 아름다운 우리 식기, 교문사, 2006
구미래, 한국인의 상징 세계, 교보문고, 1996
김기숙, 한경선, 교양을 위한 음식과 식생활 문화, 대한교과서, 2003
김기영, 추상용, 연회기획관리 실무론, 현학사, 2003
김용안, 키워드로 여는 일본인의 향, J&C, 2004
나가사와 가르도시, 이재성 옮김, 실크로드의 역사와 문화, 민족사, 1990
로미스트롱, 강주헌 옮김, 권력자들의 만찬, 넥서스 Books, 2001
류정아 외, 유럽의 축제문화, 연세대학교출판부, 2003
맛시모 몬타나리, 주경철 역, 유럽의 음식문화, 새물결출판사, 2001
송정일, 이벤트 플래닝, 백산출판사, 2005
와타나베 미노루, 일본 식생활사, 신광출판사, 1998
원융희, 세계의 음식문화, 자작나무, 1995
윤열수, 코리안 아트북 민화 Ⅱ, 예경, 2002
이연자, 이연자의 우리 차 우리 꽃차, 랜덤하우스중앙, 2005
이영지, 석대권, 구자봉, 박물관 전시의 이해, 학문사, 2000
이춘자 외, 통과 의례 음식, 대원사, 2001
이화여자대학교 미술대학, 도예연구, 이화여자대학교 미술대학 도예연구소, 1986
이화여자대학교 박물관, 廣州 分院里窯 靑畵白磁, 1994
이화여자대학교 박물관, 粉靑沙器, 이화여자대학교출판부, 1984
조현호, 문화이벤트기획론, 대오아사, 2004
조후종, 윤숙자, 통과의례와 우리 음식, 한림출판사, 2002
조후종, 윤숙자, 세시절식과 우리 음식, 한림출판사, 2002
주영하, 음식전쟁 문화전쟁, 한국문화총서, 2000
주영하, 그림 속의 음식, 음식 속의 역사, 사계절, 2005
최지혜, 엔틱 가구 이야기, 도서출판 호미, 2005
한미라, 전경숙, 한국인의 생활사, 일진사, 2004
한복려, 궁중음식과 서울음식, 대원사, 1998
한복려, 조선왕조 궁중음식, 궁중음식연구원, 2003
한복선, 명절 음식, 대원사, 2002
한지원, COLORIST, 안그라픽스, 2004

호림(湖林)박물관 학예연구실, 朝鮮白磁名品展, 호림박물관, 2003
홍진숙 외, 고급 한국음식 코스 및 응용 상차림, 교문사, 2003
황규선, 식공간연출가 황규선의 아름다운 식탁, 중앙 M&B, 2002
황혜성 외 2인, 한국의 전통음식, 교문사, 1994

국 외

社団法人日本ホテル, レストランサービス技能協會, 中國料理のマナーマニュアル, チクマ秀版社, 1997
神通梅子, 四季のおもてなし, 江戸風懷石, 株式會社 主婦の友社, 1989
世界文化社, おいしい, ヘルシー, 樂しいアジアンティータイム中國茶に強くなる, 世界文化社, 2000
日本フードコーディネーター協會, プロのためのフードコーディネーション技法, 平凡社, 2002
日本フードコーディネーター協會, フードコーディネーター教本, 柴田書店, 1998
丸山洋子, テキストブック・テーブルコーディネート, 優しい食卓出版部, 2000
大石尚, 夢と伝統のテーブルセッティング, 求龍堂, 1999
日本フードスペシャリスト協會, 新版フードコーディネート論, 建帛社, 1999
サトウタダコ, インターナショナル・エチケット&おもてなしのテーブルマナーズブック, 共立速記印刷株式會社, 2001
社団法人日本ホテル, レストランサービス技能協會, 中國料理のマナーマニュアル, チクマ秀版社, 2002
古屋典子, 須賀白惠, 文化出版社, 1994
Goma's Party book, Goma, 株式會社 アスペグト, 2002
Jacqueline maillard, Pascal hinous, HISTOIRES DE TABLES DE GALLO ROMAIN A L'ART-DECO, Penelope, 1992
Sheila Chefetz, Modern Antiques for the Table, Penguin Studio, 1998
Suzanne von Drachenfels, The Art of the Table, Simon & Schuster, 2000

논 문

아파트 식공간의 단위평면 특성 및 만족도 분석, 전현정, 경기대학교 관광전문대학원 석사논문, 2005, 98p
전시영역에서의 그래픽 디자이너의 역할, 황혜영, 이화여자대학교 디자인대학원 석사논문, 2002, 11p, 15p

찾아보기

저자소개 **황 규 선**

식공간연출가. 고려대학교 영어영문과를 졸업하고 일본으로 건너가 테이블 코디네이트와 플라워스쿨, 푸드 코디네이트 등 식공간연출 전반에 관한 공부를 하였다. 후쿠오카와 고베 등지에서 한국의 아름다운 식탁을 소개하는 전시회를 가졌으며, 한국에 돌아와서도 숙명여대와 동국대 등에서 후학양성에 힘쓰는 동시에, 레스토랑의 메뉴 개발과 식기 디자인 식공간 연출 등 식환경 전반에 관한 코디네이션과 다양한 강연 및 활동을 하고 있다. 현재 한국식환경디자인협회 회장으로, '식공간연출가 황규선의 아름다운 식탁' (2000), '테이블 디자인' (2007), '소중한 날의 상차림' (2007) 등의 저서가 있다.

테이블 디자인 - 식탁문화와 새로운 스타일 제안

2007년 2월 3일 초판 발행
2012년 10월 30일 4쇄 발행

지은이 황규선
발행인 류제동

디렉터 양계성
책임교정 조현주
편집 이연순
표지디자인 반미현
제작 김선형

발행처 (주)교문사

우편번호 413-756
주소 경기도 파주시 교하읍 문발리 출판문화정보산업단지 536-2
전화 031)955-6111 / FAX 031)955-0955
등록 1960.10.28 제406-2006-000035호
홈페이지 : www.kyomunsa.co.kr
E-mail : webmaster@kyomunsa.co.kr
ISBN 978-89-363-0822-3 (93590)

값 23,000원

※ 잘못된 책을 바꿔 드립니다.